Edition Delta

Koreanische Literatur

Herausgegeben von Juana Burghardt

Die Übersetzung und Veröffentlichung der Erzählungen von *Kim Yujong* erfolgt mit freundlicher Förderung des *Koreanischen Instituts für Literaturübersetzungen* (KLTI) in Seoul

한국문학번역원

www.edition-delta.de
info@edition-delta.de

Originalausgabe: Kim Juyong
Dongbaeckggott
Changbi, Seoul 1995

Umschlagbild: Juana Burghardt
Herstellung und Druck
in Deutschland

ISBN 978-3-927648-50-0

Kim Yujong

Kamelien

Aus dem Koreanischen
und mit einem Nachwort
von Yunhui Baek

Edition Delta

INHALT

Die Vagabundin	9
Der Junggeselle und die Quakfrösche	23
Regenschauer	34
Frühling, ach Frühling	49
Das Bohnenfeld	65
Die Goldmine	81
Das Bergdorf	93
Der Schurke	108
Meine Frau	139
Kamelien	153
Kleine Leute	161
Die glühende Sonne	186
Das Kind	194
Nachwort der Übersetzerin	219

DIE VAGABUNDIN

Bis in die späte Nacht verirrte sich kein einziger Schnapsbruder in dieses Gasthäuschen. In dem vorderen Zimmer stank es wie nach gärendem Sojabohnenmalz. In dem hinteren Zimmerchen quiekten Mäuse. Die alleinstehende Mutter saß vor einem Ofen, dessen oberer Rand abgebrochen war, umarmte diesen beinahe und grübelte einsam über etwas nach. Das Lampenlicht, das ohnehin nur schwach leuchtete, begann zu flackern, als der Wind durch die Löcher der einflügeligen Tür des Zimmers hindurchdrang, und erlosch schließlich gänzlich. Sie verstopfte das Loch einfach mit einem alten Boson-Strumpf. Und dann nahm sie gedankenlos aus dem Nähkorb, der unter der Lampe lag, eine Nadel in die Hand.

Warum ist nur der Herbst in diesem Bergdorf so gottverlassen? Am vorderen und hinteren Zaun des Hauses fielen die Herbstblätter knisternd herunter. Das hörte sich so an, als ob die Blätter ihren Ohren leise etwas zuflüstern wollten. Noch weit bösartiger klang aber das plätschernde Geräusch des Wassers, das rund um die Bergschlucht herum floss und eine merkwürdige Melodie summte.

Von draußen waren ganz verhaltene Schritte zu hören. Die Mutter spitzte die Ohren und riss die Tür des Zimmers leicht auf.

„Bist du's, Dockdol?"

Obwohl sie den Kopf aus der Tür des Zimmers ausstreckte, um fröhlich ihren Sohn zu empfangen, blieb es dennoch still.

Der Wind wirbelte im Wald herum, der gegenüber dem Vorhof lag, und die abgekühlte Luft fegte die Herbstblätter ans Gesicht. Der Wind pfiff am Dachziegelfirst. Vor diesem wilden Getöse erschreckte sich sogar ein in der Nacht umherstreifender Hund und begann zu bellen.

„Ist jemand zu Hause?"

Als die Mutter sich umdrehte und wieder das Garn ergriff, war diesmal wirklich ein Zeichen einer nahenden Person zu hören. „Wer ist da?", rief die Mutter, richtete sich hastig auf und öffnete die Zimmertür.

„Was wollen Sie, bitte?"

Eine wildfremde Frau näherte sich bis zu dem hölzernen Fußboden im Vorraum, blieb dann aber stehen. Ihr dunkelrotes Gesicht sah im leuchtenden Mondlicht abgemagert aus.

Sie schien zu frieren. Mit einer Hand nahm sie das japanische Handtuch, in das der Kopf umhüllt war, ab, kämmte mit der anderen

Hand die zerzausten Haare, nahm diese zusammen nach oben und zögerte ein wenig vor Schüchternheit.

„Haben Sie ein Zimmer nur für eine Nacht?"

Die Mutter dachte bei sich: Was soll das, eine Frau in solch tiefer Nacht hier und ohne Strümpfe in den Strohschuhen. Na ja, meinetwegen...

„Kommen Sie schon mal herein und gehen Sie zum Ofen."

Die Reisende betrat zaudernd das Zimmer, setzte sich neben den Ofen und schlug ein Bein über das andere. Sie legte den abgetragenen Rock zurecht, um ihre Haut zu bedecken, und danach drehte sie den Oberkörper ein bisschen zur Seite. Sie war dann still und schweigsam. Als die Gastwirtin sie zunächst nur ruhig anstarrte und dann fragte, ob sie ihr ein wenig Essen servieren solle, blieb sie trotzdem schweigsam. Aber als die Gastwirtin ihr dennoch Essen anbot, indem sie ein paar Reisreste und ein paar Stückchen gesalzenen Rettich als Beilage vor sie hinstellte, nahm die Fremde das sehr dankbar an. Eilig verschlang sie den Reis, ohne auch nur einen Schluck Wasser zu sich zu nehmen, und kratzte den Boden der Schüssel restlos aus.

Sobald die fremde Frau den Löffel auf den Esstisch legte, fing die Gastwirtin an, sie auszufragen. Nach diesem und jenem bohrte sie so lange, dass sie mit und von ihrer Fragerei selbst ganz ermüdete. Die Fremde zeigte weder eine angenehme noch eine unangenehme Regung und sprach ganz offen über alles. Sie schilderte kurz ihre Lebenslage, dass sie keinen Ehemann, niemanden im Leben habe, und senkte aus Scham den Kopf.

„Ich lebe davon, dass ich hier und dort das Essen erbettele."

Erst als ein Hahn am frühen Morgen krähte, kam Dockdol, der ausgegangen war, zurück. Er zögerte kurz mit aufgerissenen Augen, als er seinen wild frisierten Kopf in das Zimmer hineinsteckte und im Zimmer überraschenderweise eine fremde Frau vorfand. Durch die offene Tür strömte der starke Wind hinein, der das Zimmerlicht abermals beinahe zum Erlöschen brachte. Die Gastwirtin schritt bis zur Tür, tätschelte die Schulter ihres Sohns, um ihn um sein Einverständnis zu bitten. Es war schließlich keine anständige Sache, wenn man in einem Zimmer, in dem eine junge Frau schläft, auch einen ausgewachsenen Junggesellen übernachten ließe.

„Du Dockdol, geh bitte heute Nacht ins Dorf und übernachte irgendwo, komm morgen wieder nach Hause zurück."

Es war gerade Erntezeit, so dass doch die Gelder in dem Dorf in gewissen Mengen in Umlauf sein mussten. Man wusste aber nicht, wo das ganze Geld angestapelt wurde, jedenfalls konnte man in diesem Gasthäuschen von dem Geschmack des Geldes irgendwie überhaupt nichts kosten. Selbst wenn die Gastwirtin Schnaps verkaufen würde, blieben ihr lediglich 50 bis 60 Zon pro Gefäß als Marge. Und um ein Gefäß zu verkaufen, dauerte es ohnehin drei, vier Tage, und selbst diese lächerliche Einnahmequelle lag zurzeit brach. Auch die Anschreibungen der Gäste der vergangenen Tage wurden von niemandem beglichen.

So hatten die Geldsorgen die alleinstehende Mutter wütend gemacht, so dass sie schon am frühen Morgen losging, um die ausstehende Zeche höchstpersönlich abzukassieren. Aber der Fußmarsch hatte sich gar nicht gelohnt. Die Anschreiber waren zwar von sich heraus bereit, die Zeche gerne zu begleichen, aber was ihr die Zecher letztlich nicht vorenthalten konnten, war, dass sie die Zahlung weiter unabdingbar aufschieben müssten. Dennoch konnte sie nicht darauf verzichten, zu ihnen hinzugehen und ihnen die Zeche abzuverlangen. Vor allen Dingen machte ihr selbst täglich zu schaffen, dass ihr eigenes Essen knapper wurde und ihr von der Zweigstelle eine Zwangsvollstreckung oder sonst was angedroht worden war.

„Auch ich muss jetzt gehen."

Als sich die Gastgeberin nach dem Frühstück zum Ausgehen umgezogen hatte, stand auch die Reisende auf. Die Hausherrin ergriff einfühlsam ihre Hände und sagte:

„Sie sind bestimmt noch müde, also bleiben Sie ruhig noch ein paar Tage hier, um sich zu erholen",

aber die junge Frau erwiderte:

„Ich muss doch gehen, wie kann ich Ihnen so lange zur Last fallen?"

Die Gastwirtin drückte sie sanft mit der Hand und bedeutete ihr, sich wieder hinzusetzen.

„Machen Sie sich keine Sorgen", und beruhigte ihren Gast, sie könne ruhig bleiben und dabei auf das Haus aufpassen; dann verließ sie selbst das Haus.

Die Mutter Dockdols ging über den Beckduhügel in Anmal und wanderte bis zum Sonnenuntergang herum. Obwohl die Sucherei auch mal fehlschlug, gelang es ihr doch, ein paar ausfindig zu machen. Sie kam erst während der Abenddämmerung mit müdem und gebeugtem Körper nach Hause zurück. Sie kassierte von einer Person nur fünf Maß Hirse und sonst nichts. Die anderen scheuchten sie fort, indem sie ihr drohten, sie wollten dann nie mehr bei ihr gastieren, geschweige denn auch nur daran denken, die angeschriebene Zeche zu begleichen. Dennoch war sie froh, dass sie wenigstens etwas kassiert hatte. Das war jedenfalls nicht nichts. Es war immerhin eine Mahlzeit. Die Mutter wusch die Hirse, die Reisende machte eilig unter dem Herd Feuer und deckte den Esstisch.

Als sich die beiden nach dem Abendessen ausruhten, strömten plötzlich einige durstige Saufbrüder in das Gasthaus herein.

Was war denn nur los? Am Anfang kam nur einer, dann kamen gleich drei Personen, und wieder zwei Leute, die allesamt zu den Jüngeren gehörten. Aber weil die Gastwirtin nicht genügend Zimmer hatte, um jeder Schar ein eigenes anzubieten, zögerte sie ein wenig und bat die Männer schließlich um ihr Einverständnis, sich zusammen an einen Tisch zu setzen. Daraufhin sagten die Männer, sie seien alle aus ein und demselben Dorf und es mache ihnen daher nichts aus, auch hier zusammen zu sitzen.

Jetzt winkte ihr endlich einmal der Glücksgott zu. Sie goss Reiswein in eine Schüssel aus Bronze und bat die Reisende, ihn schnell aufzuwärmen. Und die Wirtin selbst vollführte den Spagat, das Ende ihrer langen Rockseite der Tracht ständig am Gurt festzuschnallen und zugleich die Beilagen zum Schnaps-Trinken zuzubereiten. Es gab gesalzenen Rettich, flüssigen Rettichsalat, Peperonipaste und auch gekochte Esskastanien, die sie als spezielle Zugabe anbot. Die Esskastanien waren ihr von ihrer Cousine vor einigen Tagen zum Ausprobieren gebracht worden und sie hatte sie behutsam aufbewahrt. In dem Zimmer war es mittlerweile laut geworden. Es gab einen Kerl, der an die Wand klopfend „Arirang“ sang, ein anderer gab oberflächlich ein schallendes Gelächter von sich, und noch ein anderer munkelte etwas. Als die Wirtin Schnaps in beiden Händen haltend in das Zimmer eintrat, nahmen sie alle gleichzeitig ordentlich die Sitzplätze ein, als hätten sie das vorher so abgesprochen. Unter ihnen war auch ein lustiger Bursche, mit einem breiten Gesicht und Kurzhaarschnitt, und er flüsterte ihr, während er den für Schnaps gedeckten Esstisch von ihr entgegennahm, nun ins Ohr:

„Tante, Sie haben doch eine junge Hure gekauft, oder? Zeigen Sie sie mir mal.“

Von diesem Gerücht wusste sie nichts! Eine Hure? Was für eine Hure meint er denn? Sie war verdutzt, dann fiel ihr aber ein, dass das gar kein so unbegründeter Verdacht sein könne. Der Wirtin blitzte eine Idee auf, ging zur Küche und nahm sanft den Kopf ihres Reisegastes, der vor der unteren Feuerstelle des Herdes hockte, in ihren Arm.

„Hören Sie mal. Diese Schar sieht Sie anscheinend irrtümlich als Hure an und ist Ihretwegen hierher gekommen. Natürlich ist es für Sie, junge Frau, eine fürchterliche Beleidigung und geradezu eine Schändung, aber für meine Kneipe, in der seit über einem Monat nur selten ein Kunde aufgetaucht ist, ist es ein hereinprasselnder Regenfall des Glücks. Ihnen wird nichts passieren und es ist auch keine Schande, einen Schöpflöffel für Schnaps in die Hand zu nehmen, also verkaufen Sie bitte heute Schnaps für mich, nur heute." Die Wirtin überredete die junge Frau bittend und einfühlsam. Am Gesichtsausdruck der Reisenden war keine besondere Regung zu erkennen. Wie sie immer so war, stimmte sie einfach zu.

Erst als sich der Schnaps in den Körpern ausbreitete, wurde den Säufern das Nachtrinken pro Glas berechnet. Ein Glas kostete 5 Zon. Das schien aber allen zu teuer zu sein und den Erwartungen der Gäste nicht wirklich zu entsprechen. Ein beschwipster Mann mit einer Knotenhaartracht ergriff daher prompt das Handgelenk der Frau und zog sie an sich.

„Sing doch mal ein Trinklied! Wieso bist du denn so schüchtern? "

„Trinklied? Was ist denn das?"

„Was ein Trinklied ist? Diese Dirne weiß nicht einmal, was ein Trinklied ist!" Dann rieb er seinen raubärtigen Kiefer an ihre Wangen, und sie senkte ihren Kopf aus Verlegenheit ganz tief. Trotz der beharrlichen Aufforderung zum Singen neigte sie den Kopf zur Seite und biss sich auf die Unterlippe. Singen konnte sie anscheinend wirklich nicht. Aber für die Männer war sie doch eine willkommene Frau, die am Trinktisch als Blume diente, ein Augenschmaus, auch wenn sie nicht singen konnte. Die junge Frau reichte den Männern schnapsgefüllte Gläser vor die Nase und setzte sich auf Befehl wechselweise auf diesen oder jenen Schoß.

Die Männer hatten mittlerweile schon tief ins Glas geguckt. Zwei von ihnen waren bereits umgekippt und schnarchten. Als die Frau auf dem Schoß des Kerls mit der modernen Kurzhaarfrisur saß und ihm eine angezündete Zigarette reichte, lächelte er höhnisch, dann griff er mit seiner groben Hand nach der Haut ihres Unterbauchs. Die Frau schrie „Aua", sprang plötzlich auf, fiel aber wieder zurück in seinen Schoß.

„Du, Kerl, bist du denn der einzige, der hier herumzecht?"

Einer mit Haarknoten, der ihm gegenüber saß, verzog die Nase. Und dann ergriff er mit beiden Händen die beiden Füße der Frau, spreizte ihre Beine in einem Ruck, und zog sie schnurstracks bis zu seinem Schoß hoch. Die Frau brummte heftig. Erst bildeten sich in ihren Augen ein paar Tränen, dann floss das Wasser in Strömen.

In dem Zimmer brodelte es.

„Na, sieh sich einer mal den Schurken an", lachte jemand.

Zwar wurde der aufgewärmte Schnaps von der Wirtin immer wieder ins Zimmer gebracht, aber es überkam sie doch mehr und mehr das zaghafte Gefühl, dass ihre Gäste es ein wenig zu weit trieben. Als sie sich ein wenig entspannt hatte, wurde es bereits ziemlich hell. Die Spatzen pfiffen laut. Die Strohmatte sah aus wie eine Geschwulst auf der Haut. Auf die Matte lagen Schnaps, Stücke gesalzenen Rettichs, Schleim, Zigarettenasche – ja, es war ziemlich dreckig.

In einer Ecke sitzend rechnete die Wirtin die Tageseinnahmen ab. Angeschrieben wurden zwei Won, als Bargeld kassierte sie 85 Zon. Sie zählte die Groschen und wiederholte es noch einmal.

Im Vorhof grüßte die junge Frau die Zecher knapp zum Abschied, als zöge sie das Wort wieder ein, anstatt es mit der Zunge hinauszuschieben.

„Auf Wiedersehen."

„Wenigstens küsse ich sie mal."

„Ich auch", und die anderen Männer stürzten auch gleich zu ihr.

Die Frauen arbeiteten.

„Der Kopf der Mühle ist schwer für Sie, oder? Ist es noch nicht fein genug gemahlen? "

„Nein, es ist noch immer zu grob. Das muss noch feiner gemahlen werden."

„Aber was ist mit meinem Kind Dockdol los?"

Dockdol war in die Kreisstadt geschickt worden, aber bis zur Abenddämmerung noch immer nicht nach Hause zurückgekommen. Daher äußerte sich die alleinstehende Mutter besorgt, als sie gerade die verstreute Hirse mit den Händen in die Höhle der Tretmühle hineinschob. Zurzeit kühlte das Wetter immer weiter ab, so dass die Wölfe und Tiger von den Bergen hin und wieder in Menschennähe herunter kamen. Was wäre, wenn der Sohn in dunkler Nacht auf den Hügeln verunglückt wäre, ohne um Hilfe geschrien zu haben?

Die Reisende neigte die Mühle schrag, stieg von der Muhlbeinen herunter, schöpfte die Hirse aus der Höhle der Mühle und tat sie in den Holzkorb hinein. Die Gastwirtin machte der jungen Frau die Haare zurecht, zog ihre Schürze aus, kraulte ihren Kopf und zog die Schürze über ihr Haar. Obwohl eine neunzehnjährige Frau in ihrer Blüte stehen sollte, schien ihr Aussehen, betrachtete man ihre rauen

Haare oder das abgemagerte Gesicht, schon zu welken. Vielleicht lag es daran, dass ihr bisheriges Leben eine einzige Plackerei war. Die Wirtin fand es sehr lieb, wie sich die Reisende mit ihrer schlanken Taille ohne jegliche Pause in die Arbeit stürzte. Aber die Gastwirtin empfand auf der anderen Seite auch ein gewisses Mitleid mit ihr. Wie sehr wünschte sie sich, dass sie als ihre Tochter lange bei ihr bleiben würde. Wenn ihr das gelingen sollte, würde sie dafür sogar ein Rind eintauschen, dachte sie.

Das Leben der Gastwirtin, die nur mit einem Sohn zusammenlebte, war sehr einsam. Außerdem redeten die Leute im Dorf aus Unwissenheit über sie. Sie wolle ihren Sohn, den alten Junggesellen, einfach nur altern, aber nicht heiraten lassen. Nun war es aber so, dass sie wegen ihrer aussichtslosen Haushaltslage es kaum hätte wagen können, jemanden für ihn zu suchen. Erst in diesem Frühling hatte sie sich schließlich tatkräftig darum bemüht. Unerwartet schien die Sache zunächst glatt zu laufen. Erst wurde der Heiratswunsch ihres Sohns hier und dort publik gemacht, dann hatte sich ihr Sohn mit einer zweiten Tochter irgendeiner Familie, die auf dem Namsan-Berg lebte, verlobt. Trotz großer Umstände war die alleinstehende Mutter sogar vier Wegstunden zu Fuß zur Braut gelaufen, um sie zu sehen. Die Wirtin zeigte ihre Liebenswürdigkeit ihr gegenüber, indem sie ihre Handrücken rieb.

„Das Mädchen sieht aber gut aus!“, hatte die Mutter Dockdols vor lauter Freude vor den Eltern der Braut wiederholt hervorgehoben.

Aufgrund ihrer klammen Haushaltslage hatte sie für die Hochzeit Schulden aufnehmen müssen, aber immerhin waren die Kleider schon genäht. Nur zwei Tage vor der Vermählung war die Sache dann aber doch noch schiefgegangen. Zwar war am Anfang keine Rede davon, aber dann verlangten die Eltern der Braut urplötzlich 30 Won als Verlobungsgeschenk. Von den drei Won, die sie entliehen hatte, und den fünf Won, die sie bei sich hatte, zahlte sie den Aushilfen Lohn beziehungsweise das Fahrgeld, und darüber hinaus hatte sie noch die Festkleidungskosten zu bezahlen, und ihr blieben letztlich nur zwei Won übrig, die nur für das Fest vorgesehen waren. Woher also die 30 Won nehmen, die sie kaum auszusprechen wagte. In jener Nacht wälzte sie sich hin und her und machte kein Auge zu.

„Mutter! Der Tisch ist gedeckt.“

Die Gastwirtin träumte immer wieder davon, von der frischgebackenen Schwiegertochter etwas Derartiges zu hören, das klang unheimlich lieb. Das war ihr einziger Wunsch.

„Ihnen tun die Beine weh, oder? Ich habe Sie zu viel arbeiten lassen..."

Die Gastwirtin schob die für das Abendessen vorgesehene Hirse in die Höhle der Mühle hinein, dann schaute die Reisende, die an den Mühlbeinen beim Mahlen zappelte, ernst hinauf. Da die Mühle schwer war, konnte sie die Mühlbeine, die wackelten, nicht leicht aufheben, weil sie so zierlich war. Sie keuchte und die Durchblutung ließ ihre Wangen gänzlich erröten. Abgesehen vom Rock war der obere Teil ihrer Tracht aus Seide so mürbe geworden, dass sich auf der Schulterseite ein handtellergroßer Teil prompt aufzulösen begann. Die Gastwirtin nahm sich nun vor, ihr zu helfen, zuerst die Unterwäsche, die in alle Richtungen Zerfallserscheinungen aufwies, durch neue zu ersetzen, indem sie Dockdol fünf Fuß langen japanischen Kattun kaufen ließ.

„Das mahlen wir zusammen."

Auch die Gastwirtin stieg nun auf eines der Mühlbeine auf. Dann versuchte sie die Hand der Reisenden, die sich an der Querstange balancierend festhielt, subtil zu ergreifen. Wie schön wäre es, dachte die Mutter, wenn eine junge Frau wie diese ihre Schwiegertochter sein könnte, und sie wünschte sich weder eine bessere noch eine schlechtere, sondern ganz genau diese! Als sich die Blicke der Wirtin mit denen der Reisenden trafen, geriet die Wirtin aber doch ein wenig in Verlegenheit, so dass sie dann den Augen der jungen Frau auswich.

„Schauen Sie einmal dahin, dort ist es so düster, nicht wahr?"

Die Gastwirtin zeigte mit der Hand auf die Landschaft außerhalb des Zauns. Es war kurz vor Sonnenuntergang, der wie eine Esskastanie aussah. Die Berge, die sich so verfärbt hatten, als trügen sie bunte Oberteile einer Tracht, übermittelten den Leuten die imposanten Geräusche des Mahlens der Mühle.

Die Gastwirtin ging mit der Reisenden sorgsam um, als wäre sie ein großes Goldstück. Sie bot ihr trotz der eigenen Knappheit an Mitteln ihr Kleid an. Beim Schlafen nahm sie sie oft unter der Bettdecke fest in die Arme, als wäre sie ihre eigene Tochter. Dennoch hatte ihr die Gastwirtin ihr geheimes Inneres noch nicht kundgetan. Wenn die junge Frau ihrem Wunsch folgen würde, wäre es gut, aber ansonsten wäre es lediglich eine peinliche Angelegenheit, die ihnen beiden aus Verlegenheit nur die Röte ins Gesicht steigen lassen würde.

Dann bot sich der Wirtin aus reinem Zufall endlich eine willkommene Gelegenheit, die sie nicht forciert hatte. Es geschah vier Tage, nachdem die junge Frau zu ihr gekommen war. Die Familie

Yonggil, die am Berghügel Gumunkwany wohnte, bat die Wirtin, zu ihnen zu kommen und die Reisähren zu mahlen. Weil die junge Frau alle Nächte hintereinander kein Auge zugemacht hatte, ließ die Hausherrin sie zu Hause, damit sie wenigstens tagsüber ruhig schlafen konnte, und sie verließ allein das Haus.

Als die Gastwirtin von weiß-gelblicher Spreu überzogen völlig erschöpft nach Hause kam, dämmerte es schon. Sie machte überrascht einen Ruck, als sie sich mit ihren ermüdeten Beinen träge in den Hof schleppte. Das kann nicht sein, dachte sie, dass Dockdol in das Zimmer, in dem die junge Reisende allein schlief, hineingegangen war, und doch vernahm sie die Stimme von dem Kerl. An der Kante des hölzernen Fußbodens der Diele lagen die Schilfschuhe von Dockdol achtlos hingeworfen neben den kleinen Strohschuhen der Reisenden. Und aus dem Zimmer kamen leise Gesprächsfetzen. Die Gastwirtin spitzte die Ohren unmerklich zur geschlossenen Zimmertür.

„Weshalb lehnen Sie mich dann so ab? Befürchten Sie, dass ich Sie nicht ernähren könnte?"

„..."

„Meine Mutter ist als Mensch gutherzig. Wenn ich in diesem Jahr nur tüchtig arbeite, dann kann ich im kommenden Jahr ein Rind kaufen, und was den Ackerbau betrifft, ernten wir jedes Jahr acht Scheffel Reis und zwölf Scheffel Hirse, das ist doch genug! Können Sie mich denn nicht leiden? "

„..."

„Sie werden doch wieder heiraten, wenn Ihr Mann gestorben ist, oder?"

Es war ein Geräusch rasch aufgehender Kleider zu vernehmen. Es raschelte.

„Ach! Nein! Oh, nein! Lassen Sie mich los."

Dann war alles mausetot. Die Gastwirtin grinste die Herbstblätter an, die in der Luft leicht flatterten, und überlegte. Sie schritt leise aus dem Vorhof hinaus.

Nachdem die Wirtin mit dem Abendessen fertig war und den Esstisch abgeräumt hatte, versuchte sie sich zu verstellen und der jungen Reisenden auf den Zahn zu fühlen.

„Für Sie als junge Frau kann es nur eine große Mühsal sein, überall allein herumzuwandern. Und die Männer sind ja ohnehin..."

So erzählte ihr die Gastwirtin dieses und jenes in logischen Zusammenhängen, schließlich fragte sie ganz offen: „Wie wär's, wenn Sie meine Schwiegertochter würden?"

Die Reisende, die ihren Rock beim Sitzen eingeklemmt hatte und ihren Kopf nur halbwegs aufgerichtet hielt, senkte beim Zuhören bloß die Stirn und biss auf ihre Rockschnur. Dann wurden ihre zwei Wangen ganz rot.

Welche junge Frau könnte auch vorwitzig vortreten und sagen, ich möchte heiraten. Also war ihr Verhalten sicherlich als abgeschlossene Vereinbarung und Einwilligung zu einer Hochzeit zu verstehen, dachte sich die Wirtin.

Über die Mitgift machte sich die Gastwirtin keine Sorgen, weil sie diese schon bereitgestellt hatte. Alles war fix und fertig, wenn sie nur die Brautkleidung, die sie ebenfalls schon hatte, ein wenig abändern ließe.

Mit zwei Won würde sie dann eine silberne Haarnadel und einen Ring aus Silber kaufen und der Braut schenken und...

Wenn es um ein Fest geht, dann gilt: Je länger man es aufschiebt, desto mehr Pech und Pannen hat man. Blitzschnell legte die Gastwirtin also einen Tag fest und hatte schon die Hochzeitszeremonie im Detail durchdacht.

In einer Ecke wurden die Nudeln gemacht. Die Frauen, die kamen, um dem Hochzeitsfest zuzuschauen, nahmen die Nudelsuppe schnell entgegen und machten schlurfend das Kompliment, die Braut sehe proper aus.

Die Gastwirtin trank vor großer Freude innerlich schon einmal vor. Das war wirklich ein sehr fröhliches Ereignis. Sie konnte selber gar nicht Hand anlegen, weil sie so sehr damit beschäftigt war, sich durch die Menschenmenge zu zwängen, um die ein- und ausgehenden Hochzeitsgäste zu empfangen und deren Bewirtung anzuweisen.

„Du, meine Schwiegertochter! Bringst du bitte noch eine Schüssel Nudeln her!"

Irgendwie klingt das ein wenig unnatürlich, dachte sie sich. Also noch einmal.

„Schwiegertochter, du! Bitte bring doch noch schnell Nudeln hierher!"

Dockdol, der nun im Alter von 30 Jahren endlich heiraten konnte, nahm vor lauter Stolz sogar eine ein wenig arrogante Haltung an. Er hatte die erste Hochzeitsnacht hinter sich gebracht und wurde täglich kräftiger. Während die anderen Feldarbeiter noch beim zweiten Reisstrohbündel Körner herausschüttelten, löste er schon das dritte Bündel. Er zuckte die Schultern hin und her, und zugleich feuchtete er ständig den Handteller mit Speichel, um weitere Kräfte zu sammeln.

„Keuch! Keuch! Keuch! Haue, rolle, keuch! keuch!“

Es handelte sich um die Arbeit bei seinem Freund, man half sich gegenseitig. Fünf dunkelbraune, junge Bauern hoben die Reisgarbenbündel wechselweise. Sie ließen keuchend die Körner in die Steh-Mörser hineinfließen.

„Du! Lädst du uns nach der Heirat nicht ein?“

„Deine Frau sah ja wirklich schön aus. Wir wollen tüchtig essen. Vielleicht Hähnchen? Oder lieber Schnaps trinken? Wenn nicht, dann zumindest Nudeln?“

„Ausgerechnet Nudeln? Du kennst nur Nudeln, was?“

Seine Freunde redeten untereinander so, wie sie nur wollten. Sie legten die Arbeit nieder und wuschen sich den Schweiß von den Kleiderkragen ab.

Der Bergwind wurde von der aufgewirbelten Spreu diesig. Vom Berg nebenan flog ein Fasan flatternd über die Köpfe hinweg. Der Mann mit dem breiten Gesicht, der eben harkte, legte die Heugabel nieder, grinste und stürzte dann auf Dockdol. Er spielte gern Streiche. Mit Hilfe der anderen Leute schob er Dockdol einen alten Strohschuh in den Mund. Dockdol widersetzte sich hartnäckig. Der Witzbold nahm dann die Ohren von Dockdol ganz fest, schleppte ihn zur Halmhalde und drückte seinen Kopf in den Halmhaufen hinein nach allen vier Richtungen, um ihn tief zu verbeugen.

„Aua!”

„Aber ja doch. Wenn du dich vermählt hast, solltest du das doch dem Berggeist irgendwie melden, ärgerst du ihn unvorsichtigerweise, dann schickt er dir einen Tiger mit großen Augen.“

Es brach ein gemeinsames Lachen der Umstehenden aus.

„Und wie läufst du eigentlich herum als frischgebackener Ehemann? Sein Po ist sogar gelöchert!“

Es gab Personen, die über ihn spotteten. Aber Dockdol staubte nur die Spreu von seinem Haarknoten ab, nahm die lange Gombang-Pfeife in den Mund, zündete sie an und brachte es fertig, einfach nur zu lächeln. Dockdol ließ die neuen guten Kleider im Schrank liegen. Eine Weste, ein Oberteil der Tracht aus Seide, eine weiße doppelschichtige Hose aus Kaliko hatte er zwar, aber er schonte sie. Bei der Arbeit trug er die alte Kleidung und zu Hause beim Rasten die neue. Vor dem Schlafen zog er sie jedoch wieder aus, faltete alles ordentlich und legte sie vor das Kissen, damit nichts verknitterte.

Mit schäbiger Kleidung macht man bei anderen Leuten einen schmuddeligen Eindruck. Wenn Dockdol schon mühsam eine hübsche Frau erworben hat, so sollte er sich besser früher um sie kümmern als später, damit sie sich von ihm nicht abwendet. Dass er zum ersten Mal in seinem dreißigjährigen Leben erst gestern auf seine gelben Zähne Salz zum Putzen aufgetragen hatte, hatte also einen triftigen Grund.

Als Dockdol wieder ein Reisgarbenbündel anhob, näherte sich ihm sein Nachbar Dolsche und übernahm das Bündel.

„Du, Dockdol! Kannst du bei mir Hirse dreschen?"

„Wie redest du mit mir?", brüllte Dockdol ihn an und machte eine Grimasse.

„Sind wir per Du? Na? Du, Kerl, ich knall dir eine!"

Bis gestern waren die beiden miteinander ebenbürtig befreundet, aber sieht Dolsche denn nicht, dass Dockdol am heutigen Tag eine Haartracht für Verheiratete trägt?

Das geschah genau an dem Tag, an dem sich etwas Besonderes zutragen sollte. Die alleinstehende Mutter, die an der oberen Seite des Zimmers allein und eingekrümmt schlief, riss plötzlich die Augen auf. Es war spät in der Nacht, die Natur ringsum lag ruhig und still.

„Mutter! Das Subjekt ist abgehauen! Auch meine Kleider sind verschwunden..."

Die Mutter konnte kaum einen Satz sprechen, ging bestürzt „was?" schreiend dazu über, in der Dunkelheit den Boden des Zimmers abzutasten. Sie fragte ihn aufgeregt, indem sie eine Leuchte hastig anzündete:

„Wohin ist sie denn gegangen?"

Ihr Sohn, der nackt nur seine vordere Seite mit einer Decke bedeckte, jammerte. Neben ihm befand sich nur ein leeres Kopfkissen und dessen Besitzer war nicht mehr da. Ihr Sohn sagte, er sei selbst nach der ganztägigen schweren Feldarbeit auf Grund der Müdigkeit sofort in tiefen Schlaf versunken. Und auch seine Frau habe natürlich neben ihm ganz nah und ausgezogen geschlafen. Sie habe sich wie immer spröde neben ihn hingelegt und nur die Zimmerdecke angeschaut. Aber dann, während des Schlafens, habe er plötzlich Wasser lassen wollen, so dass er sie darum gebeten habe, ihm den Nachttopf zu geben. Dann habe er sogleich bemerkt, dass es neben ihm leer war. Trotz seiner Bitte habe er keine Antwort bekommen. Erst dann habe er verzweifelt nach seiner Kleidung getastet, die er an der Kopfseite des Betts hingelegt hatte. Sie befand sich nun nicht mehr dort.

Wahrscheinlich hatte sie sich während seines Schlafs leise angezogen und sich mit ihren Kleidern samt Boson-Strümpfen aus dem Staub gemacht.

„Diebin!"

Mutter und Sohn gingen mit einem angezündeten Kiefernholz in der Hand los. Sie suchten nach ihr in der Küche und in der Aschekammer. Und obwohl sie dann sogar das Innere des Waldes vor dem Hof durchkämmt hatten, fanden sie nicht die geringste Spur von ihr.

„Wir suchen dennoch noch einmal im Zimmer."

Die Mutter mochte noch immer nicht ihre Schwiegertochter als Diebin ansehen. Mit einer fast weinerlichen Stimmung trat sie hastig in das Zimmer ein. Nachdem sie sich vom ersten Schock ein wenig erholt hatte, hob sie das Kopfkissen der Schwiegertochter hoch, und darunter befand sich, wie erwartet, die teure silberne Haarnadel. Wenn die Frau hätte abhauen wollen, hätte sie diese doch nicht da liegen lassen. Mit Sicherheit war ihr irgendetwas zugestoßen. Die alleinstehende Mutter, der etwas eingefallen zu sein schien, brach erneut mit ihrem Sohn auf, sie zu finden.

An der Eingangsstraße, durch die man von dem Dorf zu dem Bergpfad hindurch gehen konnte, lag ein krummer Weg zwischen den beiden dichten Waldseiten. Genau über diesem Weg befand sich eine tiefe, blaue Wassergrube, die eine steinerne Mauer säumte, und von diesem breiten Bergbach her floss das Wasser zirka vier Kilometer vielschichtig den Berg herum, bis es die mittlere Stelle des Shinyon-Ufers durchbrach. Die großen Felsen, die von feinem Sand umgeben und eingegraben glänzten, umrahmten den Bach beidseitig breit und flach. Der krumme Weg verlief in dieser Lücke. Es war ein kieseliger Weg, auf dem man ganz schlecht laufen konnte. Es gab erst einen begehbaren Weg, nachdem man einige Bergbäche durchwatete und raue Berge ungefähr drei Kilometer überstiegen hatte. Und von diesem Ort noch einigermaßen weit entfernt befand sich eine einsame Hütte an einem Gießbach. Das war eine Wassermühle. Aber diese Wassermühle war jetzt in eine eintägige Unterkunft für die Nicht-Sesshaften, die auf der Suche nach Essen überall herumwanderten, umgewandelt. Dieses Mühlhäuschen, von dem alle vier Wände einfach abgefallen waren und lediglich vier Säulen verblieben, lag entkräftet und einsam einfach quer am Bach.

Auch ein Landstreicher lag neben dieser Mühle auf einer dünnen Decke und bedeckte seinen Körper nur mit einer Strohmatte. Er seufzte immer wieder schwer. Zwischen den Dachsparren floss das Mondlicht kühl hinein. Ab und zu flogen vertrocknete Blätter.

„Liebling, schläfst du? Steh auf, aber schnell."

Als er die Stimme seiner Frau hörte, richtete er sich zaudernd auf. Und dann machte er den Kragen seiner nicht gefütterten Tracht, dessen Ränder aufgegangen waren, zurecht und zitterte vor Kälte.

„Wollen wir jetzt aufbrechen?", keuchte er.

So sah er mit seinem abgemagerten Gesicht seine Frau fragend an.

Ungefähr zehn Minuten waren vergangen. Der Landstreicher hatte sich festlich die neuen Kleider, die unter dem Mondlicht glänzten, angetan und verließ, seinen Stock schleppend, das Wassermühlhäuschen. Die Frau folgte ihn stützend, und er hüstelte dauernd. Die Frau war die Schwiegertochter der Wirtin des Gasthauses.

„Die Kleider sind mir zu groß. Wenn sie ein wenig kleiner wären..."

„Lass die Nörgelei, gehen wir, aber schnell..."

Seine Frau spornte ihn hastig an und vergaß dabei nicht, stets zurückzuschauen.

Die beiden schlugen einen Weg ein, der dem Ufer entlang verlief. Sie wateten in diesem und bogen um eine plötzlich hervortretende Kante eines Berges. Weit hinter ihnen erklangen knappe, missgetönte Geräusche von Leuten. Die Stimme wurde vom Wind zwar verzerrt, so dass man keinen Inhalt verstehen konnte, aber die Frau konnte ziemlich sicher davon ausgehen, dass es diejenige Dockdols war.

„Ach, kommen Sie doch bitte zurück!"

Die Frau zog ihr Handgelenk von ihrem Mann hastig zu sich. Und der Landstreicher, der wegen seiner Krankheit torkelte, ließ sich von ihr auf die andere Seite des weltentlegenen Berges führen. Quecksilberglanzartige Wassertropfen quollen aus dem Bergfels heraus. Irgendwo von weitem rollte das Heulen irgendwelcher Wölfe raschelnd herunter.

Aus: *Jeilseon*, 3. 1933

DER JUNGGESELLE UND DIE QUAKFRÖSCHE

Auch heute ersehnte jedes einzelne Blatt Regen, aber er kam nicht. Auf den Pflanzenblättern wiegte sich der Staub im Winde hin und her. Am klaren Himmel riss die feuerballartige Sonne ihre Augen ganz weit auf. Die Erde war so aufgeheizt, dass der heiße Bodendunst bis zu den Kiefern der Menschen stieg. Jedesmal, wenn man mit einer Hacke in den Boden hineinschlug, stieß man einen lauwarmen Atem aus.

Die Dürre ließ die Blätter der Kolbenhirse so schwach werden, dass sie nur noch miserabler Abfall waren und den Bauern das Leben schwer machten. Die Blätter stachen in die Nase und in die hervortretenden Augenpartien, wenn sie sich beim Pflügen bückten. Hin und wieder machte es „kling", als ob die Hacke zerspringen wollte. Es waren die Steine, die überall verstreut in der Erde steckten. Bei den üblichen Feldern reichte einmaliges Hacken aus, um die Erde aufzulockern, aber hier musste drei, vier Male gehackt werden. Von Nasenrücken und Kiefer rann der Schweiß wie fließendes Wasser, bis er den Hackengriff befeuchtete und schließlich in die Erde eindrang.

Die Bauern waren schweigsam. Sie arbeiteten mit gesenktem Haupt in der Furche des Kolbenhirsefeldes und liefen gebückt die Furche entlang, als grüben sie sich wie Maulwürfe in die Erde. Sie waren so schweigsam, weil sie befürchteten, dass noch ein Tropfen Schweiß mehr fließen würde, wenn sie nur den Mund aufmachten. Dann brach einer von ihnen das Schweigen und sprach den anderen an.

„Oh, heiß, es war entsetzlich, als ich auf den Stein getreten bin."

„Diese beschissene Erde ist auch ein Feld, von dem der Verpächter den Pachtzins fressen will."

„Nach diesem Mal werde ich mit dir auf keinen Fall mehr Feldarbeit zusammen verrichten, selbst wenn ich sterben müsste", fuhr einer auf, dann erwiderte ein anderer:

„Um den Preis des Saatguts zu zahlen, machen wir so eine Furchenarbeit? Dockman, gib dem Verpächter das Feld zurück!"

„Ohne dieses Feld hätte ich gar nichts zu essen."

Dockman war unzufrieden. Er legte die Hacke auf den Boden und strich seinen Kiefer mit der Lasche des oberen Teils seiner Kleidung ab. Dann drehte er langsam den Kopf und wandte sich an die Leute auf dem Feld.

Es war eine brutale Teilpacht. Drei Scheffel Reis und knapp fünf Scheffel Gerste, Bohnen und Linsen waren der gesamte Ertrag.

Das war einfach zu dürftig, damit jeder Arbeiter die Menge bekam, die er zur Selbstversorgung brauchte. Ursprünglich war dieses Feld kein Feld gewesen. Der Platz hatte im Sommer als Pavillon gedient, auf dem die Bauern, die an ihm vorbei gingen, im Schatten einer Ulme eine Pause einlegen konnten. Der Grundstücksbesitzer ließ ihn nun unvernünftigerweise mit einer übermäßigen Anstrengung bearbeiten, um Pachtzins zu gewinnen. Sät man Bohnen, so erntet man normalerweise nur die Blätter und keine Früchte. Die Freunde von Dockman nannten ihn einen Dummkopf, und sie spuckten sogar auf diesen Platz. Aber Dockman machte nur die Bohnen, die nicht richtig zu werden schienen, dafür verantwortlich und versuchte es in diesem Jahr mit Kolbenhirse.

„Machen wir mal eine Pause!"

Nachdem Dockman mit der Bearbeitung einer Furche fertig war, richtete er sich auf und ging zu einem alten Baum. Ihm folgten die anderen Leute, die klatschnass vor Schweiß waren, und sammelten sich hier und da in kleinen Gruppen. Auf dem Stein ruhten sie sich eine Weile aus, bis sie wieder Leben in ihren Gliedern spürten. Einige von ihnen steckten sich eine Gombangpfeife in den Mund. Ein anderer ging mit seiner Pfeife in der Hand laut gestikulierend zwischen den Leuten umher, um sich ein bisschen Tabak zu erbetteln.

„Der Nordwind weht! Das diesjährige Ackern ist wahrscheinlich wieder vergebens!"

Viele von ihnen wandten sich auf einmal dem zu, der das sagte, und auch ihre Blicke folgten ihm. Sie schauten auf die grünen Reispflanzen, die weit in der Ferne zu sehen waren und sich im Wind bewegten, jedoch schauten sie aufgrund der Dürre mit einem besorgten Blick drein.

Der junge Mann mit dem Haarknoten war sehr hungrig geworden. Er hockte, von der Schar getrennt, einsam am Boden. Sein tief gesenktes Haupt zeugte von großer Unzufriedenheit.

„Verdammt, ich habe so einen Hunger, dass ich nicht mehr arbeiten kann!"

„Ich sterbe, mein Bauch ist völlig eingefallen!", entgegnete einer, der neben ihm saß.

„Wie können wir ohne jegliche Zwischenmahlzeit arbeiten, nachdem wir so geschwitzt haben? Das kann selbst der Förderverein nicht machen und auch dessen Leiter nicht!", knurrte er wieder, und als es keine Erwiderung gab, fauchte er schließlich mit Stentorstimme, im Streben nach zustimmendem Beifall der anderen: „Ein Kerl, der nicht einmal einen Schwanz besitzt, überredet einen, der die Familiensteuer zu zahlen hat, dass es ohne Zwischenmahlzeit leichter zu überleben sei!"

„Übrigens: Kann Dockman überhaupt die Familiensteuer zahlen?"

Der Raufbold Mungtae blickte spöttisch auf ihn herab, indem er seine Nase runzelte. Er dachte, was können Dorftrottel wie du und ich schon machen, selbst wenn sie sich wehren wollten.

Schließlich sagte er:

„Hört mal, wisst ihr eigentlich, dass heute eine fliegende Schnapsverkäuferin in unser Dorf gekommen ist?"

Auf dieses Wort hin spitzten die Junggesellen, die alt genug zum Heiraten waren, ihre Ohren. Das war mal eine erfreuliche Nachricht. Sie klebten an seinem Mund und warteten gespannt auf weitere Erklärungen. Einerseits war es für sie eine willkommene Abwechslung, andererseits kam es ihnen aber auch merkwürdig vor.

So fragten sie sich einträchtig: Wozu und warum kommt sie denn ausgerechnet jetzt, wenn die Männer mit dem Ackern so sehr beschäftigt sind und schuften müssen?

Diese Bemerkung ignorierte Mungtae, der sich seitlich schräg an den Baum lehnte, er schaute nur blinzelnd in den Himmel. Dann pries er die Schnapsverkäuferin in höchsten Tönen.

„Sie hat eine saubere Haut und ist ganz knackig. Selbst wenn ich sie durchkauen würde, würde sie nicht einmal nach Mensch muffeln! Vor allem ist ihr runder Popo..."

„Wie alt?"

„Zweiundzwanzig. Sie steht gerade in voller Blüte!"

„Hat sie einen Kerl?"

Von hier und dort wurden Fragen gestellt, um Näheres über die Frau zu erfahren.

„Nein. Nachdem sie ihren Mann verloren hat, hat sie aus Ärger damit angefangen, als Schnapsverkäuferin überall herumzuwandern, habe ich gehört!"

„Dann ist sie in diesem Gewerbe wahrscheinlich ziemlich ausgebufft, oder?"

„Na, man sollte ihr Alter bedenken. Sie ist noch immer ziemlich arglos."

„Schön. Dann sollten wir mal ein Glas zusammen trinken."

Hier und da wurde geflüstert. Es herrschte eine festliche Atmosphäre, als hätten sie eine reiche Ernte. Dockman, der bisher in einer Ecke gesessen hatte, stand auf, ging zu Mungtae und verlangte von ihm, indem er ihn mit seiner Hand anstieß, unter vier Augen zu sprechen. Hinter der Ulme fragte er ihn dann:

„Bruder, hat sie wirklich keinen Ehemann?“

„Nein, natürlich nicht!“

„Bitte, dann hilf mir, sie zu heiraten. Ich werde dich auch zu einem Trinkfest einladen.“

Dockman musterte Mungtae vorsichtig, um seine Gedanken zu lesen. Mungtae war ein Mann, mit dem Dockman Bruderschaft getrunken hatte, und daher konnte Dockman über alles mit ihm sprechen. Dennoch wurde er rot.

„Keine Sorge, aber es wird dich ein wenig Geld kosten.“

In diesem Moment kam Dockmans Mutter über den Bach herüber. Sie trug einen Korb mit dem Mittagessen auf dem Kopf und keuchte vor Hitze. Die Bauern standen auf und schrien vor Freude. Es gab sogar einen Kerl, der den Griff aus der Hacke herauszog und auf den Rücken der Hacke schlug, um die Bauern-Marschmusik zu spielen.

Ein anderer rief:

„Das Mittagessen. Es ist das Mittagessen. Man braucht Essen, um zu leben.“

Als es Abend wurde, wehte der Wind sanft. Mungtae saß auf einer Matte aus Gerstenstroh und wartete im Hof vor seinem Haus auf seine Freunde. Dockman kam eilig als Erster an. Er setzte seinen Hintern neben den von Mungtae, zögerte kurz und sagte dann zu ihm:

„Das, was ich vorhin gesagt habe, ist mein voller Ernst. Hilf mir, sie zu heiraten.“

„Na, klar, verlass dich nur auf mich. Meinst du, dass ich dich anlüge?“

„Ich verlasse mich auf dich, Bruder. Du musst mir unbedingt helfen“, verlieh er seiner Bitte um Unterstützung Nachdruck und stammelte „Ich, ich werde mich am kommenden Hacken-Waschtag angemessen bedanken, wenn ich meine Hähne verkaufe.“

Die Männer, die zu den Jüngeren gehörten und sich bei Mungtae mittags flüsternd angemeldet hatten, kamen nach und nach. Wie abgesprochen waren sie am Ende insgesamt zu sechst. Alle standen auf, bildeten eine Gruppe und fingen an zu diskutieren. Die Meinungen waren sehr verschieden und die Auseinandersetzung nahm kein Ende, als hätten sie eine großartige Sache zu erledigen. Es ging aber nur um die Frage, wie man ein Trinkfest kostengünstig organisieren könnte.

Einer sagte: „Wir brauchen nur ein bisschen Reiswein zu kaufen und mitzunehmen. Und dann überlassen wir der Frau das Eingießen, geben ihr nachher ein wenig Geld und fertig." Ein anderer bestand auf seiner Idee: „Nein, nicht doch, wir gehen zu ihr nach Hause, gucken tief ins Glas und dann gehen wir einfach hinaus, ohne zu bezahlen." Schließlich trug Mungtae seinen Vorschlag vor. Nämlich: „Wir lassen die Frau in mein Haus kommen. Und wir lassen uns von ihr nur drei Flaschen Schnaps mitbringen, um für jedes Gläschen einzeln zu bezahlen, was am vornehmsten ist."

Als sie ihre Meinungen darüber austauschten, ob jeder für sich bezahlen oder ob eine Gruppe die Kosten für den Schnaps und eine andere für die Beilagen übernehmen solle, meldete sich Dockman schnell zu Wort. Er wolle für heute Abend alle Kosten allein tragen, sagte er. Zusätzlich wolle er auch ein Huhn mitbringen, aber Mungtae möge dafür bitte alles tun, um die abgesprochene Sache zustande zu bringen.

Mungtae ging hinaus, um die Frau zu holen, von dem er gesprochen hatte. Dockman mahnte ihn zur Vorsicht. Dann überquerte er einen Bach und stieg den Hügel hinauf, in dessen Richtung sein Zuhause lag.

Sein Haus stand an einem Bach, der am Fuß eines Berges verlief. Es bestand aus einem kleinen Zimmer und einer ebenso kleinen Küche, die einfach mit Steinen aufgeschichtet und dann oben mit geflochtenem Stroh zugedeckt worden waren. Die Familie bestand nur aus seiner Mutter und ihm als ihrem einzigen Sohn. Wenn der Sohn am frühen Morgen zur Arbeit hinausging, verließ auch die Mutter das Haus. Sie streifte überall im Dorf herum, um Arbeit zu suchen. Sie hatte ihr Leben lang davon gelebt, dass sie den ganzen Tag über in fremden Häusern mahlte und als Lohn etwas zum Essen bekam, mit dem sie ihren kleinen Sohn Dockman ernährte und das ihn gut schlafen ließ. Ihre Tochter hatte nur Hochzeitsgeschenke vom Bräutigam bekommen, die Mutter selbst hatte sie ohne Hochzeitszeremonie und Mitgift ziehen lassen. Die Ersparnisse, die sie bei der Heirat ihres Sohnes hatte ausgeben wollen, waren schon bei der Tilgung der Schulden nach und nach wie Eis in der Sonne dahingeschmolzen und verschwunden. Vor den Leuten sagte Dockmans Mutter zwar „Ich denke nicht daran, eine Schwiegertochter zu haben, wozu braucht man so eine?", aber sie scheute sich auch nicht zu klagen, sobald sie sich umdrehte: „Wann werde ich endlich genug

Geld haben, um meinen Sohn heiraten zu lassen?" Denn eines stand für sie fest: „Heiraten muss er!"

Dockman zog seine Schuhe vor dem Haus aus, das an einem steilen Hang stand. Dann trat er, seine große Gestalt vorsichtig beugend, ins Haus ein. Die Zimmertür fiel auf einmal herunter und doch war kein Empfangswort von seiner Mutter zu hören.

Das Haus schien still zu sein. Seine Mutter war anscheinend schon eingeschlafen. Dockman machte die Tür des Hühnerstalls ganz vorsichtig auf. Er streckte seine Hand in den Stall, tastete nach dem Bauch der Hühner, die gerade in der Nähe seiner Hand waren und kraulte sie sanft. Er erwischte dann das Huhn, das er eigentlich hatte verkaufen wollen, um ein ärmelloses Oberteil für den Sommer zu kaufen.

Als er mit der einen Hand den Hals dieses Huhns fest im Griff hatte und mit der anderen Hand die Flügel packen wollte, verfehlte er sie. Weil das Huhn nun flatterte, fingen die anderen Hühner an zu gackern und schlugen gleichfalls mit ihren Flügeln.

Plötzlich schrie die Mutter:

„Husch husch! Diese Scheißkatze, dieses Mistvieh!", als schlüge sie gerade der Katze auf den Kopf, und es war zu hören, wie sie aus dem Zimmer herausspringen wollte, aber Dockman sagte: „Ich habe sie hinausgejagt. Keine Sorge. Schlafen Sie gut!"

„Riegel bloß die Tür des Hühnerstalls gut ab."

Dann wurde es wieder still. Er konnte sich von seiner schweren Atmung befreien. Er nahm das Huhn unter den Arm und sprang aus dem Haus. Während er zu Mungtaes Haus eilte, gingen ihm einige Spinnereien durch den Kopf. `Wenn Mungtae sie als schön bezeichnet, kann sie nur unheimlich schön sein. Ich könnte mir nichts Besseres wünschen, als mit so einer Schönen Schnaps zu verkaufen. Betreiben wir das Geschäft vielleicht zwei Jahre tüchtig, könnte für uns davon ein Rind abfallen. Vor allem muss ich auch einen Sohn auf die Welt bringen, was ich mir wirklich sehnlichst wünsche.´

Mungtae war bereits ziemlich betrunken. Die Flaschenverkäuferin nahm er allein in seinen Arm und amüsierte sich bis zum Überdruss. Er verzog seine Schmolllippen und sagte:

„Schätzchen, sing doch mal. Arirang, Arirang", und klopfte dabei mit seinem Kopf auf das Gesäß der Frau.

Der enge Vorraum war voll besetzt. Die betrunkenen Gesichter saßen melancholisch eng nebeneinander rund um einen Esstisch im Vorhof, in dessen Mitte ein gedämpftes Lampenlicht aufgestellt war.

Die Augen der Männer ließen nicht von der Frau ab. Auf dem leeren Strohsack wimmelte es von Flöhen, die Dockman ungeniert in den Rücken und in die Waden bissen. Aber Dockman dachte sich, dass man sich beim Jucken kratze, gehöre nicht zum guten Benehmen eines Mannes, und man verliere dabei nur sein Gesicht. Er verkniff sich also das Kratzen und wartete sehnlichst darauf, dass die Frau einmal zu ihm kommen würde und er es in Besitz nehmen könnte.

„Gießen Sie doch weniger Schnaps ein. Wenn alle Flaschen leer sind, womit sollen wir uns dann vergnügen?", sagte ein Mann mit dunkelbraunem Gesicht.

„Wenn nicht, sollen wir die ganze Nacht über trinken? Nachdem alle Flaschen geleert sind, kann man ja ins Bett gehen!"

Die Frau lächelte ihn mit einem seitlichen Blick an. Auch er schmunzelte ein wenig.

Der Mann mit dem dunkelbraunen Gesicht lauerte eine Weile auf eine Gelegenheit, dann zündete er eine Mako-Zigarette an und gab sie ihr. Und er zog sie gewaltig an sich und küsste sie, als wolle er den Anwesenden etwas beweisen. Die Frau nahm die Zigarette in den Mund und lächelte wieder, als wäre es für sie eine ganz gewöhnliche Sache.

Den übrigen Männern war zum Kotzen zumute. Einer sagte, der Rauch der westlichen Zigarette sei zu stark, ein anderer meinte, wenn schon, dann solle sie ihnen einen Gefallen tun und am besten ihre Unterhose aufmachen, und es gab auch noch andere derbe Bemerkungen.

„Gib sie uns auch mal! Streichelst du sie alleine?"

Alle machten sie große Augen und schrien, als verlangten sie durstig nach Wasser. Angesichts des heftigen Protests stand die Frau auf, schwankte mit einer Flasche hin und her und wusste nicht, zu wem sie sich setzen sollte.

Dockman hockte einsam am Rande des Vorraums. Er klopfte nur mit dem unschuldigen Tabakbehälter auf einen Stein. Trotz des langen Wartens amüsierte sich Mungtae noch immer allein mit der Schnapsverkäuferin und stellte sie Dockman nicht vor. Und obwohl Dockman die Kosten des Trinkfestes zu übernehmen bereit war, schenkte sie ihm nicht die geringste Aufmerksamkeit, so als wäre er für sie unsichtbar. Das kränkte ihn und er grämte sich besonders darüber, dass er sie nicht ansprechen konnte.

Vor dem Vorraum nahmen die weißen hübschen Schuhe einen festen Platz ein. Dockman betrachtete sie mit großer Aufmerksamkeit.

Er drehte sich um und schaute nach, ob er von den Leuten beobachtet würde. Dann steckte er seine Füße, die mit puderartiger schwarzer Erde beschmiert waren, in die Schuhe, und schloss sanft die Augen. Es waren die Schuhe der Frau. Er zog sie wieder aus und freute sich riesig.

Die Nacht war erfrischend wie eine kühle Quelle. Das Mondlicht, das zwischen den herunterhängenden Ästen der Trauerweide hindurchschien, war hell und klar. Die Quakfrösche sangen aus voller Kehle. Es war ein Liebeslied, das die Männchen und Weibchen freundlich austauschten. Als Dockman dieses Lied hörte, stieg ein Groll aus seinem Innern empor. All die bisher unterdrückte stinkende Erbitterung des Junggesellen drängte aus ihm heraus. „Ach, mein belangloses Leben!", klagte er sich selbst an, stürzte dann plötzlich zur Frau und kniete vor ihr nieder. Er legte beide Hände höflich auf seinen Schoß.

Sein Verhalten kam seinen Freunden so verlegen und merkwürdig vor, dass sie erstaunt waren und große Augen machten.

„Ich habe Sie seit einer Weile gesehen, aber ich grüße Sie erst jetzt", sagte ihr Dockman in einem resignierten Ton. Er musste wirklich seinen ganzen Mut zusammennehmen.

„Ich heiße Dockman Kim und bin im unterem Viertel von Jungli, Gemeinde Shinnam, Landkreis Chuncheon, Gangwon-Provinz wohnhaft. Der Familienname meines Vaters ist auch Kim und dieser Kim stammt aus Kwangsan."

Er rieb sich mehrmals seine beiden Hände, dann fuhr er fort:

„Meine ganze Familie besteht aus meiner Mutter und mir. Ich danke Ihnen vielmals, dass Sie eine unwichtige Person wie mich besucht haben. Ich bin zwar schon vierunddreißig Jahre alt, aber immer noch Junggeselle."

Die Frau war verblüfft, weil sie nicht wusste, was das bedeuten sollte, dann, als Dockman seine Stirn nah an den Boden gebeugt sagte „Das war's", drehte sich ihr Kopf wie von selbst zur Seite, was sie sich bis dahin verkniffen hatte. Aber sie musste sich auch weiterhin das Lachen verkneifen, das ihren Bauch platzen lassen wollte. Schließlich stieß sie die Luft mit einem heftigen Niesen aus.

„Das war sozusagen ein Gruß von dir, oder? Warum denn ‚Das war's', mach das doch ruhig noch länger...", sagte ein Mann. Von hier und dort kicherten die anderen Männer. Es gab auch eine Bemerkung, dass man solch eine Begrüßung nachher machen könne.

Er hatte eine Ansprache versucht, die missglückt war, die er normalerweise nie gemacht hätte. Dockman, der sich noch nicht wieder von seinem Platz erhoben hatte, errötete, senkte den Kopf und saß fast unbeweglich da wie eine Buddhastatue.

Es war nun kurz vor der Morgendämmerung. Der Mond ging unter. Es wurde ganz düster, als käme draußen ein dunkler Vorhang herunter. Drei der Männer waren schon im Vorraum eingeschlafen. Sie waren weniger vom Schnaps betrunken als vielmehr von der lustigen Stimmung und vom vielen Schwatzen. Die drei restlichen Personen, Mungtae, Dockman und der Mann mit dem dunkelbraunen Gesicht, saßen einander gegenüber. Jeder von ihnen lauerte auf eine Gelegenheit, aber es ergab sich keine, und daher grämten sie sich nur.

Mungtae griff schließlich ganz fest nach der Schulter der Frau und bewegte sich seitlich nach links und rechts. Er war eigentlich nicht besoffen, aber er spielte die Trunkenheit vor. Er pickte sie einige Male wie ein Falke, dann flüsterte er ihr etwas ins Ohr, knuffte sie einmal in die Seite und sagte:

„Ach, ich bin blau, ich gehe mal pinkeln!“, erhob sich plötzlich und ging schwankend durch die geflochtene Tür hinaus. Nach einem Weilchen folgte die Frau; sie wolle auch zum Pinkeln gehen.

Dockman fühlte sich ein wenig verraten und rollte entnervt die Augen. Wie die Sache bisher gelaufen war, gefiel ihm überhaupt nicht. Ihm war langweilig, weil Mungtae, auf den er sich verlassen hatte, stets nur versuchte, sie an sich zu reißen und sich allein mit ihr zu vergnügen. Und die beiden, die angeblich zum Pinkeln gegangen waren, kamen immer noch nicht zurück, als müssten sie ihren Urin erst herstellen.

Es ist verdächtig, dass die beiden noch nicht wieder hier sind, dachte Dockman bei sich. Er richtete sich plötzlich auf und ging ebenfalls nach draußen. Der Boden, auf dem er stand, war vollkommen dunkel. Dockman durchkämmte tastend den Aschenraum, den Kornährenhaufen und all die Lücken der Brennholzhaufen. Er kam dann zurück zu den Furchen in der Nähe des Hauses von Mungtae und fing damit an, weiter zu suchen. Seine Augen funkelten vor Wut.

Allmählich dämmerte der Morgen. Der milchweiß-saubere Himmel breitete seine Arme aus. Der schöne Gipfel eines Berges auf der einen Seite und ein rauer Gipfel auf der anderen Seite kamen nacheinander zum Vorschein. Die handtellerähnlich aussehenden Bohnenblätter voller Tau waren geschlossen. Jedesmal, wenn Dockman an den Blättern vorbeiging und sie berührte, spritzte Wasser.

Nachdem er eine Weile umherstreifend nach ihnen gesucht hatte, entdeckte er den Zipfel eines Kleidungsstücks, das unter Bohnenblättern auf der Furche in der Mitte des Feldes versteckt war.

Ohne irgendeine Warnung fiel Dockman über die beiden Menschen her:

„Was machst du denn? Was hast du mir vorher gesagt?", rief er und blieb dann zwei Schritte vor ihnen stehen, weil er sich irgendwie selbst schämte. Es war ein Fehler gewesen, sich auf Mungtae, mit dem er Bruderschaft getrunken hatte, zu verlassen. Mungtae hielt sich überhaupt nicht zurück und war auch nicht verlegen. Er drehte nicht einmal seinen Kopf herum, sondern schrie vielmehr mit donnernder Stimme:

„Geh weg! Wie kann sich ein Mensch so verhalten, ohne die Lage zu erkennen?"

Dockman war nun eher von Mungtae in die Ecke getrieben, was ihm die Sprache verschlug. Er war einfach verblüfft. Aber dann brüllte er doch, Mungtae dabei in nichts nachstehend:

„Hast du mir etwa nicht fest versprochen, dass du sie mir vorstellen wirst?"

Als die Frau daraufhin ihre Hand ausstreckte und sagte:

„Zahlen Sie die Kosten der Getränke. Ich muss gehen!", erwiderte Dockman:

„Wenn Sie mit mir nicht zusammenleben wollen, kann ich das nicht bezahlen", und verweigerte hochmutig die Zahlung. Er, dessen Augen feucht waren, schaute sie in großem Zorn scharf an.

Die Frau zankte nun laut mit Dockman über dies und jenes, unter anderem fragte sie, wo es denn so etwas gebe, dass man nach dem Schnapstrinken nicht bezahlen wolle. Danach versuchte sie aber, Dockman mit einem gemäßigten Ton davon zu überzeugen, dass sie hierher gekommen sei, um Schnaps zu verkaufen und nicht, um seine Ehefrau zu werden. Für Mungtae klang das alles wie Lärm in den Ohren. Er schlug ihr vor, die Kosten für den Schnaps zu übernehmen, zog ihre Hand an seine Seite und ging mit ihr, indem er die Bohnenblätter auseinanderschob, auf die Straße.

Dockman protestierte ein wenig, aber auch dieses allerletzte Vorhaben ging schief. Er machte vor Enttäuschung ein langes Gesicht, blieb entgeistert in der Mitte des Bohnenfeldes stehen und nahm von ihnen nur Abschied, indem er ihren Gestalten hinterherblickte.

Als die beiden auf die Straße gingen, rannte auch der Junggeselle mit dem dunklen Gesicht, der bisher in Mungtaes Haus sehnsüchtig auf sie gewartet hatte, der Frau hinterher.

Als Dockman ihnen nachsah, wurde er noch verbitterter als vorher. Er fragte sich, wie kann sich ein Mensch so verhalten, dass er vor den Augen seines Freundes mit der Frau einfach so weggeht. Ihm rollten schließlich die Tränen durch den rauen Kinnbart bis auf den Fußrücken.

In der Ferne waren hier und dort Bauern zu sehen, die ihre Häuser verließen. Sie verteilten sich mit den Werkzeugen in der Hand auf den Feldern und Reisfeldern. Es war jetzt völlig hell geworden.

Dockman sprang schnell aus dem Bohnenfeld heraus. Er stolperte neben dem Aschenraum und nahm einen großen Stein in die Hand, um ihn zu werfen. Dann jedoch schloss er die Augen und verzichtete anscheinend auf die Sache, indem er den Stein einfach in einen schmalen Graben warf. Mit der Faust wischte er seine Tränen ab, dann schrie er in die Richtung des Aschenraums:

„Ich möchte jetzt nicht mehr mit Ihnen zusammenleben, selbst wenn Sie es wollten!“

Und er schritt lebhaft den Hügel hinab nach Hause.

Die Quakfrösche krächzten immer noch. In einer engen Rinne sendete ein Quakfrosch listig ein „Qu!“ und ein anderer erwiderte einschmeichelnd ein „Ak!“, als würden sie ihn in höchstem Maße verspotten.

Aus: *Sinyosong*, 9. 1933

REGENSCHAUER

Kalt-düstere Wolken türmten sich über dem Himmel auf und kündigten einen baldigen Platzregen an, aber die gehässige Sonne erhitzte dennoch das abgelegene Bergdörfchen, das zwischen vielen Bergen eingemauert und versteckt lag, als wollte sie es auf einmal voll und ganz verschlucken. Der Wind schien von einem wankelmütigen Berggeist befallen, der die Bäume bei den Reis- und Gemüsefeldern wie verrückt schüttelte, als würde es ihm ab und zu einfallen, so zu wehen. Die Atmosphäre in Anmal, aus dem die Bauern weit weg über diese Berge hinaus zur gegenseitigen Nachbarschaftshilfe geschickt worden waren, lag nun einsam und verlassen. Es war nur das herzzerreißende Zirpen der Zikaden zu hören, als würden die immer unwirtlicher werdenden Bauernhöfe im langgestielten Pappelwald summen.

Chunho saß auf der Zimmerschwelle seines Hauses – es war eigentlich eine heruntergekommene Hütte, die er in diesem Frühling für fünf Won gekauft hatte und in die er eingezogen war – und stützte sein Kinn auf die rechte Faust, wobei er seiner Ehefrau schweigsam einen strengen Blick zuwarf. Sie wusch im Vorraum die Kartoffeln, die ausschließliche Speise für das Abendessen. Sein Gesicht, das ohnehin durch den Ackerbau früh gealtert war, sah noch abgemagerter aus als sonst, weil er seit über drei Tagen kein Auge zugetan hatte.

Immer wieder hatte er seine Frau gedrängt, und nun versuchte er es noch einmal. Diesmal mit einem drohenden Ton:

„Du, kannste für mich nich´ irgendwie noch mal versuchen, zwei Won aufzutreiben?"

Seine Frau antwortete auch diesmal nicht. Sie wusch nur weiter die Kartoffeln, ohne ein Wort zu sagen, wie eine frischgebackene schüchterne Braut, die kurz zuvor herbeigeschafft worden war. Weil es weder eine bejahende noch eine verneinende Antwort gab, wurde Chunho wütend. Er war hier nicht beheimatet, daher kannte er keine Person, die bereit war, ihm das Vertrauen zu schenken, Geld mit einem Zinssatz von 50 Prozent pro Jahr zu leihen. Er befand sich ganz und gar in einer Sackgasse, denn selbst wenn er sein „so gutes" Haus verkaufen wollte, fände sich kein Interessent, der dafür zumindest zwei bis drei Won bezahlen würde. Chunho dachte sich, dass es für seine Frau einfacher wäre, eine so kleine Menge Geld wie zwei Won irgendwie zu beschaffen, weil sie jung und schön war, aber da sie sich benahm, als hätte sie es nicht gehört, hegte er sichtlich Groll gegen sie.

Er streckte seinen Bauch vor und kreischte:

„Willste für mich nich´ ´n wenig Geld besorgen?"

Aber auch diesmal kam keine Antwort. Chunho wurde so wütend, dass er plötzlich aufsprang, als würde er die Türschwelle nach hinten schleudern wollen. Er richtete seine weit aufgerissenen Augen nach oben, nahm einen Holzstock von der Wand und fiel in Windeseile über seine Frau her.

„Du, Weib, wozu soll'n Weib gut sein? Es soll seinem Ehemann auch die Sorgen abnehmen. Ist´n Weib etwa nur dazu da, um mit dem Ehemann zusammen ins Bett zu gehn?"

Der Stock traf brutal ihre weiche Taille. Ihr Schreien drang durch die Lücken der geflochtenen Tür, die verzogen war, weit hinaus. Der hölzerne Stock ging immer wieder auf die Fersen und das Gesäß der Frau nieder, die schon auf dem Boden saß und nach vorn gekippt war.

„Du, Weib, wie lang hab´ ich dich schon beharrlich gebeten?"

Als er seine Frau wie ein Tiger anbrüllte, erneut den Stock in die Luft streckte und neue Kraft sammelte, schrie sie:

„Oh, mein Gott!"

Bevor sie weiter von ihm geschlagen werden konnte, stürzte sie durch die geflochtene Tür nach draußen. Tränenüberströmt rannte sie den Hügel hinab, watete durch einen Bach und betrat den unwegsamen Pfad eines gegenüberliegenden Bohnenfeldes.

„Wohin kannste schon gehn, um mir auszuweichen?"

Wegen seiner Brüllerei, die klang, als wollte er sie vom Gehen abhalten, flüchtete sie, aber dann hielt sie doch kurz an. Sie drehte sich um und schaute ihren Mann an, der mit dem Stock in der Hand immer noch in der Eingangstür stand. Sie verzog nur das Gesicht wie ein Kind, das etwas angerichtet hat. Sie öffnete kaum den Mund, weil sie sich davor fürchtete, dass ihr Mann wieder auf sie stürzen würde. Zögernd redete sie sich heraus:

„Ich geh´ mal zu Shedols Mutter", und folgte dann eilig weiter dem Weg, den sie schon eingeschlagen hatte.

Es war nicht so, dass sie als seine Frau nicht gewusst hätte, wie dringend ihr Mann zurzeit die zwei Won brauchte. Aber sie war noch nicht einmal in der Lage, von der großen Summe von zwei Won auch nur zu träumen, weil sie weder ein Zeugnis hatte noch eine einfache Arbeit finden konnte.

Ihr Verdienst zum Leben war ja winzig. Jeden Tag stieg sie im Morgengrauen, gleich nach dem Aufstehen, heiter gestimmt und schnell wie ein flüchtender Mensch auf den Berg, denn keiner sollte ihr zuvorkommen. Sie trug ein kleines Körbchen um die Taille und suchte nach Ballonblumen- und Glockenwindenwurzeln, die in hohen und dicht bewaldeten Bergen steckten. Sie scheute sich nicht einmal davor, in abgelegenste Orte und düstere Felsspalten vorzudringen. Wenn sie mit ihrer zierlichen Gestalt, die nackten Füße in Strohschuhen, auf dem steilen Bergrücken herumwanderte und an schwer begehbaren Orten zwischen den feuchten Steinspalten die Wurzeln suchte, war sie schweißgebadet, als hätte sie alle Kraft, sogar die, die sie von der Mutterbrust bekommen hatte, in diesem Schweiß geschmolzen.

Ihr nicht gefütterter, abgetragener Rock, von dem sie einfach umhüllt war, verhedderte sich klebrig wegen des Schweißes an der Taille und den Beinen, was beim Gehen sehr störte.

Ihre Unterschenkel, an denen die schweißnasse Kleidung hing, zerkratzten in dem verwilderten Wald oftmals, so dass sie sehr unter brennenden Wundschmerzen zu leiden hatte. Dazu stieß der erhitzte Geruch der Erde bis zu ihrem Herzen, so dass ihr Atem manchmal schlagartig ins Stocken geriet. Aber sie, die ums Überleben kämpfte, war ein so redlich denkender Mensch, dass ihr nicht einfiel, sich zu beklagen. Sie lächelte schon mit großer Fröhlichkeit, wenn sie ab und an zumindest ein paar Sprossen der Ballonblumenwurzel, die hier und dort im Wald zwischen zahlreichen anderen Pflanzen aus der Erde spitz emporstanden, zu sehen bekam.

Sie kletterte manchmal sogar auf Felsen. Wenn ein solcher zu steil zum Hinaufklettern war, musste sie sich mit den Händen auch mal an den Ranken der Kopoubohnenwurzeln festkrallen. Sie zog sich dann das schmutzbefleckte Oberteil ihrer Tracht aus Baumwolle aus, steckte es einfach an den Gurt, wanderte überall in den abgelegenen Bergdörfern der Gangwon-Provinz, die als Tigerwald berühmt war, umher und sammelte die Pflanzen ein. Diese Strapazen zehrten ihre Kräfte völlig auf.

Jedesmal, wenn der Bergwind wehte, flog der einfache Rock, der einzig ihren nackten Körper umhüllte, in die Luft. Wenn jemand sie gesehen hätte, wie sie mit ihrem entblößten dunkelroten Popo schamlos an den Kopoubohnenwurzeln hing, wäre er vor Lachen geplatzt und gar nicht mehr zum Zuschauen gekommen. Glücklicherweise waren es nur die Kuckucke, die dieser Erscheinung spotteten, weil sich alles in einem abgelegenen tiefen Bergtal abspielte. Schuftete sie unter solchen Umständen schwer bis zur Abenddämmerung, gelang es ihr, von den Ballonblumen- und Glockenwindenwurzeln anderthalb oder noch seltener zwei Schüsseln zusammenzusammeln. Dann kam sie erst in ihr Dorf zurück, ging in das Kneipen-Viertel und tauschte ihre Ausbeute gegen eine gleich große Schüssel mit Gerste. Aber zurzeit konnte sie nicht einmal das bisschen erreichen, weil es nicht die Jahreszeit für diese Wurzeln war. Stattdessen mahlte sie täglich von früh bis spät die Gerste in einem fremden Haushalt, bekam ein paar Schüsseln gekochte Gerste dafür und kam dann zurück nach Hause, teilte sie mit ihrem Mann, der ohne Arbeit die Zeit totschlug, weil er keine Pacht bekam. Das war ihr Alltag.

Unter diesen Verhältnissen litt sie, und man konnte daran zweifeln, ob überhaupt noch Blut aus ihrer Kehle fließen würde, wenn man diese durchtrennte.

Wenn sie die Absicht hätte, zwei Won aufzutreiben, hätte sie nichts anderes machen können, als Gerste von einem Bekannten zu entleihen und diese dann zu verkaufen. Außerdem konnte sie außer Shedols Mutter, auf die alle Dorffrauen in subtiler Weise eifersüchtig waren, weil man munkelte, dass sich ihr Schicksal allein durch weibliche Kungeleien gewendet habe, keine menschliche Seele finden, die ohne Arbeit Geld verdiente. Chunhos Ehefrau, die im Vergleich zu Shedols Mutter unvergleichlich viel schlechter lebte, mochte trotz ihrer miserablen Lage aber auf keinen Fall zu ihr hingehen, weil sie sich von dem Reichtum von Shedols Mutter, die in Hülle und Fülle lebte, erdrückt fühlte.

Shedols Mutter war ja anfangs die Ehefrau eines Bauern von niederer Herkunft, aber sie war eines Tages mit dem reichen Schreiber Yi heimlich durchgebrannt, wobei der Himmel geholfen hatte. Somit war ihr das Los beschieden, wie im Schlaraffenland zu leben, sich jetzt schminken und herausputzen zu können und sich keine Sorgen mehr ums Essen machen zu müssen. Sie lebte also seitdem auf großem Fuß. Auch ihr Mann, der Shedols Vater war, drückte alle Augen zu, dass er seine Frau frei herausgegeben hatte, als würde er unangebracht stolz sagen `Hurra! Was für ein Glück habe ich ergattert, von nun an lebe ich bequem davon, dass der Schreiber Yi mir Kleidung und Reis gibt', und er zierte sich von da an bei der Arbeit, so dass er schließlich von seinem Ackerbau, der eh nicht gewinnbringend war, ganz und gar die Finger ließ.

Der wahre Grund, warum Chunhos Frau keineswegs zu Shedols Mutter gehen wollte, war aber ein ganz anderer.

Es war an irgendeinem Tag des letzten späten Frühlings, an dem der Mond so hell schien, als wäre ein Loch in den dunklen Himmel gestanzt worden, als folgendes passierte.

Weil Chunho, der zur halbmonatlichen Vollversammlung in ein abgelegenes Bergdorf gegangen war, bis spät in die Nacht nicht zurückkam, schickte sich seine Frau an, nicht länger zu warten, sondern ins Bett zu gehen, denn sie dachte, er wolle vielleicht da übernachten und erst morgen zurückkommen. Sie war kurz vor dem Einschlafen, da stürzte plötzlich und unerwartet ein bullenähnlicher Kerl ins Zimmer und fiel über sie her. Er drückte Chunhos Frau eilig und grob, ergriff dann aber die Flucht, weil sie in ihrer Not „Ach!" ausgerufen hatte. Das geschah in einem Dorf, wo man die Sache nicht so genau nahm, so dass das Ganze ohne zu munkeln unter den Teppich gekehrt wurde, aber sie hatte nach ein paar Tagen schließlich gemerkt, dass es der Schreiber Yi gewesen war.

Angesichts dieser Geschichte fühlte sich Chunhos Frau verlegen und errötete, wenn sie Shedols Mutter begegnete, als hätte sie sich ihr gegenüber schuldig gemacht, obwohl das mit Shedols Mutter überhaupt nichts zu tun hatte.

Wenn sie vor allen Dingen die Haltung von Shedols Mutter ansah, die mit dem Kopf wackelte und ihr fröhlich erzählte:

„Junge Frau, ich habe drei Unterhosen, und Boson-Strümpfe habe ich sogar vier Paar", konnte Chunhos Frau nicht einmal ihren Kopf heben, weil sie dem kleinkrämerischen Gedanken verfiel, Shedols Mutter verspotte sie wegen heimlicher Unzufriedenheit.

Auf der anderen Seite bereute sie bitter, dass sie sich selbst die Gelegenheit eines glücklichen Lebens vermasselt hatte, und wenn sie es besser gemacht hätte, dann würde sie vielleicht jetzt wie Shedols Mutter auf Rosen gebettet leben können. Trotz der damaligen Schändung hätte das erträglicher sein können als die brutalen Schläge ihres Mannes, die von Tag zu Tag schlimmer wurden.

Heute wollte sie mit Entschlossenheit zu Shedols Mutter gehen.

Chunhos Frau ging in den Rain eines Reisfeldes hinein, der von Trauerweiden gesäumt war und überlegte besorgt, ob dieser Schritt zu Shedols Mutter vergeblich sein könnte. Chunhos Ehefrau war für eine Dorffrau wirklich tadellos schön. Sie hatte lediglich eine ein wenig abgemagerte Figur, und außerdem stand sie nach dem „Fachchinesisch" der Dörfler in dem Ruf, sie neige zu freizügiger Männerfreundschaft. Aber ihre schäbige Kleidung und der stinkende Geruch waren mit dem eines Bettlers zu vergleichen. Sie lief sehr vorsichtig, indem sie mit der linken und rechten Hand abwechselnd den Saum des Trachtenrocks zusammenhielt, weil sie sich davor fürchtete, dass die Haut unter dem Rock entblößt werden könnte.

Die drohend aussehenden Wolken bedeckten von links und rechts den Himmel und sanken allmählich auf die Erde herab, dann sammelten sie sich auf dem Berggipfel, wodurch eine unheimliche Landschaft entstand. Die Berge rings um das Dorf warfen das Echo von fernem Hundegebell zurück. Langsam fielen die ersten Regentropfen, dann wurden sie immer dicker und dicker, und schließlich goss es in Strömen.

Um dem Regen auszuweichen, flüchtete Chunhos Frau unter einen Kastanienbaum am Straßenrand und schaute zum Haus von Shedols Mutter hinüber, das in der Ferne zu sehen war. Es war ein gemütliches und schick aussehendes Haus am Fuß des Berges. An der Nordseite war es von einem hohen Zaun umgeben. Shedols Mutter schien noch nicht vom Landwirtschaftsamt, in das sie das Abendessen brachte, zurückgekehrt, denn die geflochtene Tür war geschlossen. Chunhos Frau wartete auf ihre Heimkunft, indem sie einfach stehen blieb.

Von den Blättern tropfte das Regenwasser auf ihre Wangen und drang bis zu ihrer Brust vor. Jedesmal, wenn der Wind auf sie zuwehte, trafen sie kalte, starke Regengüsse.

Der Rock, den sie anhatte, war vom Regen klatschnass geworden und klebte völlig an ihrem Körper, so dass sich deutlich ihr Hintern und ihre Beine unter der Kleidung abzeichneten.

Sie hatte zwar schon sehr lange gewartet, aber Shedols Mutter kam noch immer nicht zurück nach Hause. Als sie, der Warterei überdrüssig, gähnte und ratlos stehen blieb, hörte sie die Schritte eines Menschen, der vom linken Hügel kam. Sie drehte ihren Kopf und sah ihn an. Aber sie versteckte sich gleich ganz schnell zwischen den Bäumen. Der Schreiber Yi, der einen Bauch hatte wie ein Tonkrug, stieg auf dem Weg zum Haus von Shedols Mutter hinunter. Er hatte einen Regenschirm aus eingeöltem Papier aufgespannt und schwenkte beim Gehen seinen Hintern. Obwohl er klein war, sah er mit dem dichten Bart und dem Unterhut, der im ganzen Dorf einzig war, wie ein pompöser Herr in den Fünfzigern aus. Als er die geflochtene Tür erreichte, ging er, ohne zu zögern, direkt ins Haus hinein und warf die Tür hinter sich zu, als wäre es sein eigenes Haus.

Als Chunhos Frau dies sah, fühlte sie sich wieder ganz unangenehm. Sie wurde von ihrem Mann wie ein Hund oder wie ein Schwein behandelt und wie ein armer Teufel stets geschlagen. Sie konnte sich dessen gewiss sein, dass zwischen ihr und der Mutter Shedols, die von Innen und Außen doppelt geliebt wurde und deshalb stolz sein konnte, in jeder Hinsicht zwei verschiedene Welten lagen.

Jetzt wurde es Chunhos Frau so richtig bewusst, dass Shedols Mutter in Hülle und Fülle lebte. Sie wurde so neidisch, dass sie bereute, es damals mit dem Herrn Yi nicht besser gemacht zu haben. Noch mehr als je zuvor quälte sie die unerfüllbare Hoffnung auf ein besseres Leben. Während Chunhos Frau das Haus der Mutter Shedols eine Weile lang aus der Ferne betrachtete, stieß sie unbewusst ein langes Seufzen aus.

Das vom Hügel herunterströmende Schlammwasser floss geräuschvoll bis zu ihren Füßen und bedeckte sie mit Schmutz. Ihr Körper, der von dem Regen pitschnass geworden war, fing allmählich an zu zittern. Sie bebte leicht vor Kälte. Und sie schaute verwirrt mit einem lauernden Blick in alle Richtungen. Niemand war zu sehen. Wieder blickte sie das Haus scharf an und geriet ins Grübeln. Innen ist bestimmt nur der Schreiber Yi alleine da, dachte sie. Aus dem Umstand, dass die geflochtene Tür bis zu seiner Rückkehr fest geschlossen und die Wäsche an der Leine noch nicht abgenommen war, folgerte sie, dass auf jeden Fall kein anderer Mensch außer dem Schreiber Yi im Haus sein konnte.

Sie rannte daraufhin beruhigt im strömenden Regen zum Haus hinüber. Sie stieg willig bis zum Vorraum und machte ihr Kommen bemerkbar, indem sie sagte:

„Is´ Shedols Mutter da?"

Natürlich gab es keine Antwort. Stattdessen streckte der Schreiber Yi seinen Kopf blitzschnell aus der Damenzimmertür heraus, als er ihre Stimme gehört hatte. Er rollte wahrscheinlich vor Überraschung seine Augen und musterte heimlich und hinterlistig ihren Busen, der sich von der Kleidung abhob, den Bauch, die Beine bis hinunter zu den Füßen, dann schmunzelte er mit einem ein wenig berauschten Gesicht. Und er kam langsam zaudernd in den Vorraum und murmelte:

„Meinst du Shedols Mutter? Sie ist eben gerade weggegangen. Sie sagte, sie komme gleich, also, du kannst auf sie im Damenzimmer warten", als würde er die Sache mit der Warterei bedauern.

„Wohin isse denn bei diesem Regen gegangen?"

„Gerade ist sie in die Nachbarschaft gegangen. Sie wird gleich zurückkommen."

„Ich dacht´, se wär´ zu Haus..."

So murmelte Chunhos Frau in einem enttäuschten Tonfall vor sich hin, machte ein langes Gesicht und stieg zögernd vom Vorraum hinunter, als wollte sie gleich gehen, ohne auf sie zu warten. Sie verabschiedete sich vom Schreiber Yi so eindeutig und klar, wie eine Schwalbe im Flug auf die Wasseroberfläche schlägt.

„Dann komm ich ein anderes Mal wieder. Auf Wiedersehn."

„Sie wird gleich kommen, warte doch ein wenig..."

„Ich komme wieder."

„Sei nicht so, warte doch. Liebe Frau, hallo, du!"

Weil die Frau von Chunho sich anschickte zurückzugehen, regte er sich auf, ohne dabei zu fürchten, sein Gesicht zu verlieren. Eilig versuchte er sie abzuhalten, aber er hatte wenig Hoffnung, dass es ihm gelingen würde, sie kurz zum Bleiben zu bewegen.

Für ihn war es ein Wunder, dass Chunhos Frau ihn hier aufgesucht hatte, und vor allem zu einem Zeitpunkt, als es an diesem abgelegenen Ort donnerte und blitzte. Er dachte, so eine gute Gelegenheit ergebe sich für ihn nie wieder. In diesem Moment geriet er außer sich, zog die lange Pfeife heraus, die er im Mund hatte, warf sie ins Zimmer und nahm dann plötzlich einfach die Taille der Frau von hinten in seinen Arm und schleppte sie in den Vorraum.

Die Frau erschrak sehr:

„Was machense, lassense mich los", und schrie, um ihn abzuschütteln.

„Na, nur 'nen Moment, ja."

Der Schreiber Yi ließ sie dennoch nicht los und beschwichtigte sie, indem er hastige Augenbewegungen vollführte, als wäre er im siebten Himmel. Er zog mit seiner linken Hand ständig den Gürtelbereich seiner rutschenden Hose hoch und hielt sie mit der rechten Hand ganz fest, aber damit war er überfordert. Mit knapper Not schleppte er sie ins Zimmer hinein. Kaum waren sie darin, verriegelte er in Windeseile die Tür.

Draußen hörte man, wie die erbarmungslosen Regentropfen auf die Blätter des Chinakohls schlugen und die Bäume im Wind sehr laut zitterten. Manchmal gab es raue Donnerschläge, die am Zimmerboden widerhallten. Es hörte sich an, als würden mehrere Blechfässer herunterrollen, und es wurde dann allmählich düster.

Eine Weile war vergangen. Der Schreiber Yi dachte sich beruhigt, dass sie also jetzt aber besänftigt sei und er atmete erst einmal tief aus. Dann lächelte er sie zufrieden an. Sie war bloß dankbar, dem Regen entkommen zu sein, und lag entkräftet vor seinem Schoß ohne jeglichen verrückten Protest oder mürrischen Widerstand. Der Frau schien es sehr warm zu sein, denn sie hatte viel geschwitzt. Er nahm das Trachtenoberteil von Shedols Mutter, das an der Zimmerwand hing, und fing an, ihren Körper damit sehr sorgsam abzutrocknen, von den Fußspitzen bis zum Gesicht.

„Du bist neunzehn Jahre alt, stimmt's?", fragte der Schreiber Yi mit einem berauschten Gesicht, aber ruhig.

„Ha scho...", antwortete sie nicht angebracht und bäurisch. Die Frau blieb reglos liegen, als wäre sie gestorben, ohne sich dabei aufrichten zu können, weil sie von den Händen des Schreibers Yi niedergedrückt wurde.

Nachdem der Schreiber Yi den Körper der Frau vollkommen abgetrocknet hatte, atmete er aus und zündete sich gelassen eine Zigarette an.

Er fragte erneut:

„Sag mal, wirst du von deinem Mann immer noch geschlagen?", aber weil er keine Antwort von ihr bekam, fuhr er fort:

„Na, wie kann man denn so leben, das geschieht ja nicht ein oder zwei Mal, wer weiß, ob dir noch was Schlimmes zustoßen kann? Wenn du einmal verprügelt wirst und dabei verunglückst, kannst du nicht einmal eine Klageschrift erheben. Also, wenn du dich um deine Lebensdauer scherst, wäre es besser, dich schlicht und einfach von ihm scheiden zu lassen", so redete er scheinbar besorgt um sie, dann fiel ihm abrupt eine neugierige Frage ein:

„Du, hör mal, ist es wahr, dass du dein Kind bei der Geburt verloren hast?"

„Ja--a..."

„Hattest dann nicht einmal das Gefühl gehabt, dass du ein Kind geboren hast, oder?"

Die Frau wurde rot wie eine Tomate und wandte ihren Kopf schweigsam von ihm ab.

Der Schreiber Yi ging dann auf solch eine Lappalie nicht weiter ein. Dann stieg plötzlich irgendein säuerlich-stinkender Geruch in seine Nase wie von verfaultem Rettichsalat. Er konnte nicht anders, als sein Gesicht zu einer Grimasse zu verziehen. Anfangs hatte er es zwar nicht gemerkt, aber jetzt ging es ihm sehr schlecht. Er nahm seine Pfeife aus dem Mund, zeigte mit dem Pfeifenkopf direkt auf den Bereich des Bauchnabels und sagte:

„Du, schau dir diesen Schmutz mal an. Wasser hat man ja im Überfluss, und warum kannst du dich dort nicht waschen?", so schnalzte er mit einem unbehaglichen Gesichtsausdruck ärgerlich mit seiner Zunge, als hätte er sich geärgert, weil seine vor kurzem noch gute Stimmung nun dahin war. Aber als die Frau mit ihrer Geduld am Ende war, sich peinlich berührt aufrichtete und sich anschickte, ihren Rock anzuziehen, fuhr er schnell auf. Er nahm eilig ihre Kleidung weg, schmiss sie in eine Ecke hin und zog sie dann wieder an den gleichen Platz, wo sie vorher war. Und er rügte sie sehr hochmütig, als wäre sie seine eigene Tochter.

„Wie kann ein Weib so zappelig sein? Du kannst nicht ruhig bleiben..."

Eine Stunde, nachdem Chunhos Frau das Haus betreten hatte, verließ sie es wieder. Es fiel immer noch der gleiche Platzregen. Sie hatte vorhin im Haus stark geschwitzt. Aber die heutige Sache war für sie unerwartet erfolgreich, nein, ein Geschenk des Himmels. Sie lächelte und vor Freude schüttelte sie ihren ganzen Körper. Das war eine Blamage und Beleidigung, die sie nie zuvor in ihrem Leben erfahren hatte, und vor allem eine unglaubliche Verrücktheit, die nie wieder passieren dürfte, aber ihr Versuch war jedenfalls ein Erfolg. `Wenn man Glück haben will, sollte man unbedingt vorher schuften´, dachte sie sich, als wolle sie solch eine leichte Sache sogar noch einige hundert Male hinnehmen und nicht verweigern, wenn sie nur mit ihrem Mann zusammen friedlich leben könnte, ohne geschlagen zu werden.

Sie sah den Schreiber Yi sogar als einen Lebensretter oder einen Gott an. Nicht nur für den Vorschlag, dass er ihrem Mann sein Ackerfeld gerne verpachten wolle, sofern sie dafür seine Nebenfrau werden würde, war sie ihm dankbar, sondern auch für das Wort, dass er ihr zwei Won geben wolle, wenn sie ihn morgen zum selben Zeitpunkt wie heute im Haus von Shedols Mutter heimlich träfe. Dafür war noch mehr zu danken. Sie fühlte sich nun sehr erleichtert, als wäre sie eine aufgebürdete Last losgeworden, die sie überfordert hatte. Dennoch war sie beunruhigt darüber, dass sie von schlimmeren Schlägen getötet werden könnte, wenn ihr Mann sie bei einem solchen Verhalten ertappte.

Sie eilte im strömenden Regen einerseits fröhlich, andererseits angespannt, nach Hause.

Chunho saß allein und deshalb mit einem mürrischen Gesicht, weil sein Groll noch immer nicht verraucht war. Es waren schon drei Jahre vergangen, seit er seinen Heimatort Insae verlassen hatte. Angesichts der sich Jahr für Jahr wiederholenden Missernte war bei der Ernte in jenen Jahren nicht einmal ein Sack angefallen, und folglich war das Drängen und Drohen der Gläubiger immer unerträglicher geworden. Schließlich hatten sich die beiden eines Nachts in die Flucht geschlagen, indem sie, wie es nicht anders sein konnte, ihr Haus und Hab und Gut aufgegeben hatten. Er hatte diesen und jenen Berg, das Handgelenk seiner blutjungen Ehefrau haltend, mit der Ausrede angesteuert, er wolle einen Ort aussuchen, wo man gut leben könne. Aber er war ausgerechnet in dieses Dorf geraten, das ebenso wie seine Heimat war, was das handfeste Einkommen betraf. Unabhängig davon, wo er war, konnte er sich mit keinem Bergdorf, wo er mit der Hacke das Feld bearbeitete, verbunden fühlen, vielmehr nahmen ihn nur kalte Unruhe und Hunger mit ausgestreckten Armen in Empfang. Er hatte dazu nur Absagen erhalten. Es sei töricht, ihm etwas zu verpachten. Ihm könne man keine Lohnarbeit geben, weil es einfach keine einzige gebe. Es gebe kein Essen, das man mit ihm teilen könne. So erging es ihm bis heute. Doch mittlerweile schwebte er im siebten Himmel, denn er hatte das Glücksspiel, in das die verarmten Bauern immer wieder versanken, für sich entdeckt. Er merkte, dass große Glücksspielpartien in jüngster Zeit jede Nacht jenseits des hinteren Berges veranstaltet wurden. Er hatte zwar umhergeschnüffelt, um an dieser Kartenspielpartie teilzunehmen, aber er war vor allem nicht in der Lage gewesen, das für das Spiel nötige Grundkapital aufzutreiben.

Zwei Won! Wer weiß, ob diese zwei Won magisch wären und er gleich von riesigem Glück gesegnet würde! Es war sein hochmütiger Plan, dass er erst drei bis vier Won gewinnen und dann die Schulden einigermaßen zurückzahlen, neue Kleidung anziehen und dieses Bergdorf, von dem er die Nase voll hatte, verlassen würde. In seinem Kopf ging diese Spinnerei weiter: In Seoul ließe er seine Frau bei einer Familie als Haushaltshelferin arbeiten und er selbst würde Lohnarbeit ausführen, und wenn die beiden auf diese Weise schufteten, könnten sie gemeinsam sehr komfortabel leben. Er mochte nicht in diesem abgelegenen Bergdorf am Hungertuch nagen. Daher hatte er von seiner jungen Ehefrau verlangt, ein wenig Geld aufzutreiben, aber seine Frau wich ihm immer wieder auf die eine oder andere Weise aus, ohne seiner Bitte Gehör zu schenken, was der Grund war, gegen sie nicht wenig Groll zu hegen.

Als seine Frau klatschnass, wie ein ins Wasser gesprungenes Mäuschen, hereinstürzte, schlug er ihr mit zusammengebissenen Zähnen, um Kraft zu sammeln, mit der Faust auf die Wange, bevor sie überhaupt den Mund aufgemacht hatte.

„Du Schlampe, du weichst den Schlägen jedesmal so und so aus, und wo haste gesteckt?"

Nachdem sie abrupt eins von ihm auf die Wange bekommen

hatte, war sie ganz entgeistert.

Dennoch konnte sich der Ehemann noch nicht beruhigen, und als er wieder im Begriff war, eine Rute in die Hand zu nehmen, erschrak sie, rang um ihr Leben und flehte mit den Händen und machte endlich den Mund auf:

„Morgen wird´s gehn, morgen. Das Geld bring´ ich morgen."

Ihre Stimme war fast weinerlich, als sie ihm unterwürfig mitteilte, dass das Geld besorgt werden könne.

Ihr Mann verdrehte seine Augen, weil er an ihrem Wort zweifelte.

„Morgen?"

„Ja, morgen soll ich wieder hinkommen."

„Biste sicher?"

„Ja doch, morgen werd ich´s kriegen..."

Ihr Mann, der sich genug in den dörflichen Verhältnissen auskannte, fragte sie nicht aus, wie und woher sie überhaupt plötzlich ganze zwei Won besorgen könne. Er hockte sich mit einem ziemlich beruhigten Gesicht auf die Zimmerschwelle und zündete sich seine Pfeife an.

Erst dann beruhigte sich auch seine Frau, und als sie sich anschickte, in die Küche zu gehen, um Pellkartoffeln zu kochen, hielt ihr Mann sie davon ab, als hätte er ihr gegenüber nun Mitleid.

„Du kannst krank werden. Geh ins Zimmer und trockne nur deine Kleidung. Die Kartoffeln koch ich."

Eine Nacht, pechschwarz wie Tusche, brach an. Das Geräusch der Regenfälle, das immer lauter wurde, hallte innen und außen an den hageren Zimmerwänden wider. Vom Dach drang zwar kein Regenwasser durch, aber der Zimmerboden war doch schmuddelig feucht, weil das Haus schon sehr alt und folglich der Boden abgesunken war, was schließlich dazu führte, dass er nicht tapeziert werden konnte. Auf den Boden wurden einfach nur zwei raue Strohmatten hingelegt, was ihr Platz zum Schlafen war.

Weil ihnen das Petroleum ausgegangen war, gab es kein Licht im Zimmer, so dass es nicht mehr als eine dunkle Höhle war. Die Flöhe kamen aus allen Richtungen und krochen stets überall herum.

Aber sie, die sich daran gewöhnt hatten, ohne Schlafdecke und Schlafanzüge hier und dort und überall zu schlafen, legten sich unbekümmert nebeneinander hin und schenkten dem nächtlichen Platzregen, der unaufhörlich niederprasselte, Gehör. Ihre Ehe, die unter der Armut ohne einfühlsame gegenseitige Zuneigung und unter den täglichen Schlägereien, der Unzufriedenheit und dem Groll gelitten hatte, wurde in dieser Nacht nun ganz plötzlich friedlich und lieb.

Sie träumten wieder einmal von dem Geld, von den zwei Won, das in einer fremden Geldbörse steckte...

„Wann gehn wir nach Seoul?"

Seine Ehefrau lag da, den Kopf auf die linke Hand ihres Mannes gestützt, und fragte ihn wie ein kleines Mädchen, das sich kindisch benimmt. Sie hatte zwar schon mehrmals von den brillanten Straßen und der Großzügigkeit der Menschen in Seoul von ihrem Mann gehört und stets sehnlichst von der Hauptstadt geträumt, aber sie hatte sie in Wirklichkeit noch nicht gesehen. Sie sehnte sich danach, so schnell wie möglich von dieser täglichen Plackerei befreit zu werden und nach Seoul umzusiedeln, wo man bequem leben könne.

Er ergriff jetzt das Wort.

„Wir werden bald dort hingehen. Wie schön, wenn wir wenigstens keine Schulden mehr haben, dann sind wir erleichtert."

„Gehn wir doch gleich dorthin, selbst wenn wir die Schulden erst später zurückzahlen", entgegnete seine Frau.

„Keine Sorge. Auf jeden Fall können wir diesen Monat hingehen."

Ihr Ehemann versicherte es ihr. Er war ja ohnehin ein im Dorf bekannter Hasardeur, der so ausgebufft war, dass eine Sache wie die Ziehung von neun Punkten mit den Tujonkarten für ihn kinderleicht war, wie Sojabohnensprossen aus einem Siru-Topf zu ziehen. Insgeheim genoss er schon mal mit Wonne den Gedanken, morgen mit den zwei Won wie der Blitz zu der Glücksspielpartie zu eilen und mit dem ganzen Geld, das er in der Partie sicher sammeln würde, nach Hause zu kommen. Und er war für sich selbst stolz darauf, eine so raffinierte Handfertigkeit zu haben.

„Wäre es für dich das erste Mal, nach Seoul zu gehen?", so fragte er sie angeberisch, nur weil er ein paar Male Hauptstadtluft geschnuppert hatte, während er ihren Kopf mit seiner Hand tätschelte. Er hatte so einen hitzig-eiligen Charakter, dass er gleich alles auf einmal für die Umsiedlung nach Seoul vorbereiten wollte. Was ihm vor allen Dingen Sorge bereitete, war, dass seine Frau, die an einem abgelegenen Ort ohne jegliche Erziehung und Manieren aufgewachsen war, in Seoul gehänselt werden könnte und ihr auch andere unbehagliche Dinge passieren könnten. Daher konnte er nicht anders, als seiner Frau die unerlässlichen Einzelheiten, die sie unbedingt in Seoul einhalten sollte, ausführlich zu erklären. Zuerst fing er mit einer Predigt gegen den Dialekt an. Dass die Bauern von den Seoulern mit dem Spitznamen Dumm-Dörfler bloßgestellt würden, liege vor allem am Dialekt, also solle sie sich den Dialekt abgewöhnen, `machense?´ durch `machen Sie?´ und `ich mach´ durch `ich mache´ ersetzen und das Ende des Satzes nicht zu stark betonen. Und der, der sich auf der Straße unsicher umschaue, offenbare sich selbst als einer, der vom Dorf komme, also solle sie eilig den schon eingeschlagenen Weg weitergehen und die Augen fest auf das Ziel richten, das sie erreichen wolle, und so weiter und so fort.

Seine Frau antwortete mit ihrer leisen Piepstimme wie die von einer Maus ständig „ja, ja", während sie all seine schrecklichen Predigten mit gespitzten Ohren anhörte.

Der Ehemann prägte seiner Frau ungefähr zwei Stunden lang ununterbrochen die feinsinnigen Vorsichtsmaßnahmen ein, erzählte weiter beliebig über Sitten, Gebräuche und Lebensweise der Seouler und kam dann irgendwie bis auf die Kunst des Schminkens. So fuhr er fort, wenn eine Frau aus dem Dorf in ein Familienhaus in Seoul einziehe und im Haushalt tüchtig helfe, dann könne man in ein paar Jahren sogar ein Haus geschenkt bekommen, wofür die Frau aber nach einem Gerücht, das er früher gehört habe, ein sehr hübsches Gesicht brauche.

„Also musst du Tag für Tag deine Haare einölen, dein Gesicht pudern und die Boson-Strümpfe anziehen, um dem Hausherrn ja sehr zu gefallen!"

Er zählte ihr weiter aufgeregt dies und jenes eine Weile auf, dann drehte er seinen Kopf, und als er die leisen, schnaufenden Atemzüge an seiner Seite hörte, bemerkte er erst, dass seine Frau schon tief eingeschlafen war.

„Na, du Göre, während ich mir den Mund fusselig rede, schläfst du einfach ein!"

Der Ehemann murmelte vor sich hin und hob seinen rechten Arm, um über ihre Haare zu streichen, die unordentlich auf ihrer Stirn hingen. Das, was das unschätzbar Wertvollste auf der Welt war, war seine Frau! Wie hätte er allein ohne seine Frau bisher leben können! Seine Schuld, die ihm sehr groß vorkam, quälte ihn, dass er immerhin als ihr Ehemann sie bisher nur in Plackereien getrieben hatte, ohne ihr auch nur ein einziges mittelmäßiges Kleidungsstück gekauft zu haben. Er zog die Taille seiner Frau mit seinem rau-muskulösen Arm ganz nah an sich heran.

Der heftige Regen, der die ganze Nacht über ununterbrochen geräuschvoll fiel, hörte erst in der Morgendämmerung auf, und mittags kam sogar ein frischer Sonnenschein zutage. Es war aber das sehr laute Geräusch zu hören, mit dem das Regenwasser fortwährend vom Reisfeld herausrann. Das Geschrei der Kinder am Bach beim Fischen und die Volkslieder, die die Bauern fröhlich und kräftig sangen, hörten sich sehr lebhaft an.

Heute zeigte Chunho sich fröhlich, als hätte ihm der Regen seine Sorgen weggewaschen.

„Es is´ vielleicht höchste Zeit für die abendliche Zwischenmahlzeit. Kämm dir schnell deine Haare und geh mal hin."

Chunho drängte seine Frau unverblümt aus Geldgier.

„Es is´ noch nich´ die Zeit dafür."

„Noch nich´ sagste. Du bist schon spät dran."

„Nich´ doch!"

Seine Frau fing schon damit an, sich die Haare zu kämmen, wie ihr Mann es sich wünschte, aber es dauerte ziemlich lange, weil sie sich seit über einem Monat nicht um ihre Frisur gekümmert hatte und deshalb ihre Haare zerzaust waren. Über ihr Gesicht flog ein Ausdruck von Heiterkeit, der seit langem nicht da gewesen war, weil sie von ihrem tigerähnlichen Mann zärtliche Zuneigung so selten bekam. Sie lächelte ihn daher auch mal unangebracht an.

Chunho fand, dass seine Frau sehr zauderte, träge war und seine Geduld auf die Probe stellte. Er nahm den groben Kamm auf einmal schnell aus ihrer Hand und kämmte ihre Haare gekonnt und in langen Zügen nach unten. Nachdem er die Haare ganz gekämmt hatte, benetzte er sie mit Wasser aus einer Schüssel, die neben ihm stand, indem er es mit seiner Handfläche schöpfte. Dann drückte er ihre Haare und strich sie glatt. Er machte geschickt einen Haarknoten, steckte ihn mit einer Haarnadel fest, zog ihr die Strohschuhe an, die er heute vom frühen Morgen an mit großer Sorgfalt geflochten und mit seiner Hand sanft in die richtige Form gebracht hatte.

„So, jetzt kannste losgehn!"

Und er fügte noch schnell hinzu:

„Komm direkt nach Hause zurück, ja?"

So schickte er seine Frau, deren Toilette er eigenhändig gemacht hatte, hinaus, damit sie ja nicht minderwertig wirke und Misserfolg habe – und zwei Won „unversehrt" heimbringe.

Aus: *Chosunilbo*, 29.1.1935-4.2.1935

FRÜHLING, ACH FRÜHLING

„Schwiegervater! Es ist vielleicht langsam Zeit..."

Jedesmal, wenn ich so aus Verlegenheit meinen Hinterkopf kratzte und meinen zukünftigen Schwiegervater ansprach und ihm andeutete, dass seine Tochter für die Hochzeit nun vielleicht alt genug sei, dann fauchte er mich nur an:

„Du, Kerl! Um Hochzeit oder sonstwas zu halten, sollte man schon ausgewachsen sein!"

Was mein Schwiegervater hier gesagt hatte, man solle schon ausgewachsen sein, bezog sich nicht auf meine Gestalt, sondern auf die von Jomsun, die einmal meine Frau werden wird.

Seit ich hierher gekommen bin – im Übrigen ohne einen einzigen Groschen für meine Arbeit bekommen zu haben – sind schon genau drei Jahre und sieben Monate vergangen. Dennoch, wenn er sagt, dass sie noch nicht ausgewachsen sei, dann weiß der Himmel, wann ihre Gestalt hochzeitsreif sein wird. Es wäre mir lieber, wenn er offen sagen würde, ich solle die Arbeit noch besser als vorher verrichten oder weniger essen (denn er beklagt sich ja stets darüber), dann hätte auch ich viel dazu zu sagen.

Aber gerade sein Argument, dass Jomsun noch zu jung und nicht ausgewachsen sei, um sie zu vermählen, machte mich stutzig, denn dagegen konnte ich einfach nichts tun.

Und ich begriff nur allmählich, dass der Vertrag von vornherein falsch angelegt war. Ich hätte lieber nach einer festgesetzten Frist arbeiten sollen, zwei oder drei Jahre, je nachdem, wie lange ich bei ihm arbeiten wollte. Es ist vom Schwiegervater lediglich gesagt worden, dass er mich Hochzeit feiern lassen werde, sobald seine Tochter wächst, aber wie konnte ich nun wissen, wann sie wächst, ich kann ja nicht dauernd neben ihr stehen und ständig ihre Größe messen. Bis zum Vertrag wusste ich nur, dass die Gestalt des Menschen immer zügig nach oben wächst, und wie hätte ich ahnen können, dass es auch einen Körper gibt, der sich mit einer unveränderbar festgesetzten Statur nur seitlich ausdehnt.

Bei meinem zukünftigen Schwiegervater hatte ich mich bisher darauf verlassen, dass er von sich aus eine Hochzeit in die Wege leitet, wenn die Zeit dafür reif ist, und ich habe ihm daher einfach gehorcht und ohne Meckerei nur gearbeitet. Ja, so sehr habe ich ihm vertraut. Aber er sollte dann doch von sich aus Einsicht zeigen und mir sagen:

„Du hast wirklich viel geschuftet, jetzt kannst du meine Tochter heiraten." Und darüber hinaus sollte er für seine Tochter einen eigenen Haushalt einrichten, was mir ebenfalls zu Gute käme.

Jomsuns Vater verstellte sich, als wüsste er davon gar nichts und war immer willens, mich anzufauchen, um zu vermeiden, von mir bedrängt zu werden.

Ich war sein so genannter einheiratender Schwiegersohn, was gut klingt, aber es war für mich nicht nur fade, die Feldarbeit auszuführen, sondern auch wirklich für die Katz.

Zwar war ich gutmütig, aber ich hatte auch nicht unendlich viel Geduld, um nur darauf zu warten, dass Jomsuns Statur wachsen werde, ohne seine Absicht zu erkennen.

Eines Tages hatte ich einmal aus einem erstickenden Gefühl heraus versucht, ihre Gestalt zu messen, indem ich mit einem Lineal auf sie stürzte. Aber ich und Jomsun standen uns noch nicht einmal gegenüber und wir wechselten auch kein Wort miteinander, weil mein Schwiegervater uns behutsame Distanz strikt vorgeschrieben hatte. Wenn sie ab und zu auf dem Weg zum Brunnen aufkreuzte, schätzte ich ihren Wuchs mit Augenmaß knapp ab, danach schritt ich ein Stück weit weg und spuckte mit dem Wort „Ver-dammt, so ein Wuchs!" auf den Abhang des Reisfeldes.

Selbst bei großzügiger Aufrundung reichte ihre Gestalt knapp unter meine Achsel, zwar bin ich etwas größer als die anderen, aber sie blieb immer so.

Dies bereitete mir einige Zeit lang wirklich Kopfzerbrechen, weil ich mich fragte, warum diese Person nicht schneller wächst, wo doch selbst Hunde und Schweine so sprunghaft und zügig in die Höhe schießen.

Einmal bin ich auf den Gedanken gekommen, dass ihre Knochen vielleicht deshalb schrumpfen könnten, weil sie ständig einen Wasserkrug auf dem Kopf trägt, und daher schöpfte ich hin und wieder ganz heimlich, wortlos und leise an ihrer Stelle das Wasser aus dem Brunnen und brachte es ins Haus. Und nicht nur das: Wenn ich, um Brennholz zu sammeln, auf den Berg ging, legte ich extra einen Stein als Weihgabe auf den schamanischen Altar Sonangdang und betete nicht nur ein- oder zweimal:

„Lass bitte Jomsuns Statur größer werden. Dann werde ich beim nächsten Mal Reiskuchen als Weihgabe darbringen."

Ich wusste nicht, was mit ihrer Gestalt los war, jedenfalls verharrte sie in immer gleichem Zustand.

Darum hatte ich gestern mit meinem Schwiegervater gestritten, und nicht etwa, weil ich ihn gehasst hätte.

Aber dann fiel mir ein, als ich während des Gießens der Reispflanzen grübelte, dass es mir schon wieder fade vorkam. Wenn diese Reispflanzen aufwachsen, kann Jomsun sie essen und größer werden; dann ja, aber wenn nicht, wozu soll ich sie dann anpflanzen? Um den Bierbauch des Schwiegervaters zu stopfen, der sich jährlich immer weiter nach vorne wölbt – und was er als Magenkrankheit bezeichnet, ohne zu wissen, dass seine übermäßige Gefräßigkeit daran schuld ist –, nein, dazu mochte ich den Reis gar nicht einpflanzen.

„Au, ich habe Bauchweh!"

Plötzlich ließ ich die weitere Bepflanzung des Reisfeldes sein, streichelte meinen Bauch und kroch dann auf den Fußweg am Rande des Reisfeldes. Und ich warf den mit Reispflanzen gefüllten flachen Korb, den ich unter dem Arm gehalten hatte, einfach hin und setzte mich ebenfalls auf den Boden. Trotz aller Dringlichkeit der Arbeit ist es dann Zeit, Schluss zu machen, wenn mein Bauch weh tut. Welcher kranke Mensch kann schon arbeiten. Ich zupfte eine Handvoll Gräser, die frisch-grün emporstanden und rieb mir die Blutegel von den Beinen ab, während ich dem Schwiegervater ins Gesicht sah. Der schaute merkwürdig drein, warf mir von der Mitte des Reisfeldes eine Weile einen scharfen Blick zu und sagte dann:

„Du, Kerl, was ist denn schon wieder?"

„Ich habe so Bauchschmerzen!", sagte ich und fiel gleich kraftlos ins Gras, weshalb mein Schwiegervater verdrießlich wurde.

Auch er kam den Feldweg hinauf, packte mich am Kragen und verpasste mir einfach eine Ohrfeige.

„Du, Kerl, wenn du die Arbeit unterbrichst, willst du mich in den Ruin treiben? Kerl, ich schlage dir deinen Schädel ein!"

Bei meinem Schwiegervater kam beim Aufgeregtsein so eine ganz böse Angewohnheit mit den Händen ins Spiel. Und wo gab es denn solch einen beschissenen Schwiegervater, der seinen Schwiegersohn mit „Kerl" anredet. Die Leute unseres Dorfes sagten sogar, dass der, der von ihm nicht beschimpft wird, nur kurz lebt. Er stand so weit in Verruf, dass sogar die kleinen Kinder hinter seinem Rücken mit dem Finger auf ihn zeigten und ihn Schimpfpil nannten, in Abwandlung seines Vornamens Bongpil. Aber der eigentliche Grund, weshalb er sich einen schlechten Ruf verdient hatte, waren nicht seine Schimpforgien, sondern vielmehr seine ehemalige Tätigkeit als Pachtverwalter bei einem gewissen Unterbeamten Herrn Bae in unserer Gemeinde. Es war doch klar, dass man als Pachtverwalter ohnehin nur solche Personen einstellen konnte, die gut schimpfen, Leute oft schlagen können und deren Aussehen einem Mops ähneln, und die Erscheinungsform meines Schwiegervaters war dazu bestens geeignet. Falls ein Pächter ihm einmal nicht zur Hand ging oder beim ersten Pflügen seines Reisfeldes im Frühling für ihn nicht gearbeitet hatte, wurde dem Pächter von ihm gleich im Herbst desselben Jahres ohne Ausnahme das Pachtrecht für Grund und Boden entzogen. Dann hat ihn irgendein Kerl, der ihm rechtzeitig Schmiergeld gegeben hatte, zum Trinken eingeladen und sich in alle Richtungen für den Erwerb dieses Pachtrechtes eingesetzt und dann dazu getrieben, diesen Boden unmerklich sich selbst einzuverleiben.

Mit einem solchen Verhalten machte mein Schwiegervater von den Pächtern automatisch so großen Gewinn wie etwa ein Bulle, der mit großen Augen freiwillig in den Stall hineinkriecht, und die Leute im Dorf hielten ihm dennoch die Treue, obwohl sie von ihm all diese Schimpfereien ertragen mussten.

Aber mir gegenüber konnte der Schwiegervater bis jetzt doch nicht dermaßen mutig und angeberisch auftreten. Er schluckte aus Verlegenheit ganz unaufgeregt nur den bitteren Speichel hinunter, nachdem er mir, ohne an die Konsequenz zu denken, einfach eine auf meine Wange gegeben hatte. Ich kenne sein Inneres ganz gut. Bald sollte die Zeit kommen, um Blätter und junge Baumzweige für den Dünger abzuschneiden und auch Reis zu pflanzen, so dass man sehr viel zu tun haben würde, und ich konnte ja ausgerechnet in dieser Saison einfach nach Hause zurückkehren, ohne die Arbeit fortzusetzen. Auch im letzten Jahr hatte ich ihn um dieselbe Zeit einmal angemeckert, und als Strafe hatte er mich, als ich schlief, angeblich wegen der Langschläferei, mit einem Stein beworfen, der meinen Fußknöchel verletzte.

Als ich so vier Tage lang krank und stöhnend dalag, ist er zuletzt fast weinerlich geworden.

„Du, steh jetzt mal auf und arbeite doch. Nur so kann der Reis in diesem Herbst gut werden und dann kannst du doch heiraten, nicht wahr?"

Auf dieses Wort von ihm hatte ich meine Ohren plötzlich gespitzt, so war ich dann am selben Tag aufgestanden und alleine zum Reisfeld gegangen und habe, was bei anderen zwei Tage dauert, an einem Tag geeggt, so dass der Schwiegervater die Augen groß aufriss, so überrascht war er gewesen. So wäre es dann nur fair gewesen, wenn er mich im Herbst wirklich Hochzeit hätte halten lassen. Selbst als ich die Reisscheffel nach und nach gestapelt hatte, äußerte er sich kaum mehr über die Hochzeit, sondern brachte mich lediglich in Verlegenheit und zum Erröten, indem er mit seinem Zigarettenetui auf Jomsun zeigte, die eben einen Wasserkrug auf dem Kopf ins Haus trug, und sagte:

„Pass auf, du, Kerl, die da muss sich erst auswachsen, wie willst du mit so einer Hochzeit halten, du meine Güte!"

Vor Ärger kam mir kurz der Gedanke, dass ich den beschissenen Schwiegervater besser gegen einen Stein stoßen und dann in die Heimat abhauen sollte, aber dann wischte ich diesen Gedanken wieder beiseite.

Denn in Wirklichkeit konnte ich so nicht nach Hause zurückkehren. Die Leute in meiner Heimat würden mit dem Finger auf mich zeigen und sagen, dass ich dumm gewesen sei, mich so einfach hinauswerfen zu lassen, wo ich doch zum Heiraten zu dem Schwiegervater gegangen bin.

Plötzlich stand ich von der Furche des Reisfeldes auf, näherte mich dem Schwiegervater, der gewissermaßen schwermütig geworden war, und sagte:

„Ich gehe nach Hause. Berechnen Sie die ganzen bisherigen Jahreslohngelder und geben Sie sie mir."

„Du bist zu mir als mein Schwiegersohn gekommen, nicht um als Arbeitsknecht zu leben, oder?"

„Ich kann mir das noch mal überlegen, wenn Sie mich schnell Hochzeit halten lassen. Tag und Nacht haben Sie mich nur zur Arbeit angetrieben und gesagt, `ich lasse dich Hochzeit machen, ich lasse dich heiraten´..."

„Na, habe ich etwa verhindert, die Hochzeit zu halten, das Weibchen wächst ja nicht...", war wie immer die Antwort des Schwiegervaters, der dabei rauchte. Wenn ich ihn so zur Rechenschaft ziehen wollte, dann zog ich immer den Kürzeren. Ich zog seinen Ärmel und fauchte ihn an, die Sache diesmal nicht länger auf sich beruhen zu lassen, ich wolle mit ihm zum Gemeindevorsteher gehen, um ein Urteil zu haben.

„Ach, was fällt diesem Kerl ein, wie behandelst du eine angesehene Person wie mich?"

Der Schwiegervater brüllte mich nach Lust und Laune mit den Händen und Füßen zappelnd an, um sich mir zu widersetzen, er wolle nicht zu ihm gehen. Schließlich konnte er sich aber nicht gegen meine körperliche Kraft behaupten. Was sollte das, einen Mensch so grob schuften zu lassen, ihm aber seine Tochter dennoch nicht zu geben und ihn auch noch schallend zu ohrfeigen? Aber ich machte das alles wirklich nicht, weil ich ihn hassen würde.

Am Vortag geschah es, als ich gerade dabei war, ein abgebranntes Feld, das auf dem Gipfel eines Hügels, der dem Jae-Hügel gegenüber liegt, allein zu pflügen. Jedesmal, wenn ich am Feldrand ringsherum lief, stieß mir ein merkwürdiger Blumenduft in die Nase und es summten die Bienen um meinen Kopf. Es war ein weit abgelegenes Bergdörfchen, wo nur das Quellwasser zwischen den Steinen zu hören war und die Frühlingssonne am Himmel so warm war wie unter einer warmen Decke. Ich hatte genau das Gefühl, als wäre ich in einem nächtlichen Traum. Ich war sehr müde, mein Herz pochte und wegen der Überarbeitung hatte ich Gliederschmerzen.

„Trali, trala! Tralala..."

Wenn es an einem gewöhnlichen Tag gewesen wäre, an dem ich so singend die Kühe vorangetrieben hätte, hätte ich mich selbst in einer behaglichen Stimmung gefühlt und meine Schultern im Takt gehoben.

Unverständlicherweise fühlte ich mich aber am ganzen Körper kraftlos und war unsäglich gereizt, obwohl ich nicht einmal die Hälfte des Feldes fertig gebracht hatte. Selbst die Kuh hatte ich grob geschlagen und angeschnauzt.

„Anja! Anja! Du, blöde Kuh, (weil du eine des Schwiegervaters bist), ich brech´ dir die Beine."

Dass aber mein aufgestauter Zorn ausgebrochen war, beruhte eigentlich nicht auf Anja, sondern auf der Statur von Jomsun, die mir das Mittagessen auf dem Kopf brachte.

Jomsun gehört eigentlich nicht zu den schönen Mädchen. Nun, sie ist nicht etwa ein Suppenhuhn, aber nein, sie hat ein so ungeziert-natürliches Gesicht, gerade so gut, um meine Frau zu werden. Weil sie 10 Jahre jünger als ich ist, ist sie also in diesem Jahr 16 Jahre alt, aber im Vergleich mit Gleichaltrigen ist sie anscheinend zwei Jahre weniger gewachsen. Die anderen haben doch alle eine schlanke Figur, aber sie ist so gedrungen, dass sie in meinen Augen genau so wie eine Melone mit dem braunen Inneren aussieht. Das sage ich deshalb so, weil diese Melonen unter allen Melonen am wohlschmeckendsten und schönsten sind. Ihre runden, großen Augen gefielen mir seit je, weil sie eine Unbefangenheit ausstrahlen, die Mundwinkel sind zwar ein wenig nach unten gezogen, aber der Mund ist doch gut, weil er bereit genug zu sein scheint, viel in sich hineinzustopfen. Naja, es wäre für ein Menschenschicksal doch gut und genug, wenn es sich schon mit Reis sättigen kann, nicht wahr. Aber wenn ich etwas an ihr bemängeln wollte, dann, dass sie sich manchmal zu schnell bewegt (was der Schwiegervater als zappelig bezeichnet hatte). So schmiss sie ungelogen oftmals das Essen während des Tragens auf den Boden, so dass sie mich hin und wieder mal mit Erde gemischten Reis essen ließ. Ich hatte da gedacht, dass wenn ich ihn nicht esse, könne sie in Verlegenheit geraten, aber ich hatte schließlich beim Kauen wegen der vielen Steinchen es zwischen den Zähnen knirschen gehört. Mir war es überhaupt nicht klar, ob ich Steinchen oder Reis esse.

Aber an diesem Tag stellte sie unerwartet das Essen, das zu verzehren war, vorsichtig an der Kopfseite des Feldes hin. Dann hockte sie sich mit dem Rücken zu mir, natürlich ein ganzes Stück weit weg, weil wir auf Distanz bleiben sollten, und wartete darauf, dass das Geschirr leer wurde.

Nachdem ich alles aufgegessen hatte und mich zurücklehnte, kam sie zu mir, um das Geschirr zusammenzupacken, dann war ich doch überrascht. Sie senkte den Kopf und machte eine abfällige Bemerkung:

„Tag und Nacht nur arbeiten und mehr nicht, was“, während sie das Geschirr in eine große Holzschüssel stapelte; ich wusste nicht, ob sie das an mich gerichtet hatte oder ob es nur ein Monolog war.

Zu verblüfft, weil wir uns bisher nicht näher gekommen waren, dachte ich nur, was ist los mit ihr? Ich rollte die Augen zu allen Seiten, um ihr gegenüber sittliche Distanz zu zeigen, und hoffte, dass ich von ihr gute Mittel und Wege angeraten bekommen könnte.

„Was soll ich denn machen?“

Dann entgegnete sie mir ebenso heftig wie unverblümt:

„Du sollst von meinem Vater fordern, endlich Hochzeit zu halten, was denn sonst.“

Und dann haute sie in Richtung Berg ab, während über ihr Gesicht aus Verlegenheit eine Röte flog.

Eine kurze Weile schaute ich nur ihrer Rückseite still und regungslos nach, weil ich nicht begriff, was das Ganze zu bedeuten hatte und wie der Hase läuft.

Kommt der Frühling, nimmt das Grün Wasser auf und sprießt empor. Beim Menschen geht es genauso, dachte ich und freute mich heimlich sehr darüber, dass Jomsun in den letzten paar Tagen prompt gewachsen zu sein schien.

Dennoch sagte der Schwiegervater, sie sei noch zu jung...

Als ich und mein Schwiegervater den Gemeindevorsteher aufsuchten, schöpfte er gerade Schweinesuppe im Schweinestall, der außerhalb der geflochtenen Tür lag, und gab sie den Schweinen. Seitdem dieser Vorsteher ein paar Mal in Seoul gewesen war, hatte er sich mit der Ausrede, man solle vornehm sein, angewöhnt, seinen spitzen Schnauzbart, der auf den ersten Blick wie ein Schwalbenschwanz auf dem Dach aussah, zu streichen und dabei „Hmm“ von sich zu geben. Er starrte uns zunächst unbeweglich an, dann erkannte er uns wahrscheinlich und sagte:

„Was habt ihr denn, dass ihr die Arbeit unterbrecht?“, hob dann seine Hand schnell und machte noch einmal dieses fies räuspernde „Hmm“.

„Herr Gemeindevorsteher! Nach dem Vertrag, den ich anfangs mit meinem Schwiegervater geschlossen hatte...“

Den Schwiegervater, der als erster zum Gemeindevorsteher stürzte, schubste ich weg und raste schnurstracks zum Vorsteher, dem ich nach einer kurzen stillen Denkpause erneut mit den Worten ansprach:

„Passen Sie mal auf! Mit meinem Schwiegervater hatte ich anfangs...“

Der Schwiegervater freute sich stets, wenn ich ihn „gnädiger Schwiegervater“ nannte, und er wollte die beleidigte Leberwurst spielen, wenn ich ihn außerhalb des Hauses einfach als „Schwiegervater“ bezeichnete. Ich vergaß aber oft, dass er mir stets gepredigt hatte, es sei ganz normal, dass selbst die Schlange nicht Schlange genannt werden wolle, also ich solle gefälligst ihn und meine Schwiegermutter als „gnädiger Herr Schwiegervater“ beziehungsweise „gnädige Frau Schwiegermutter“ vor Publikum betiteln, ansonsten würde er sich schämen. Auch eben merkte ich dies, als ich ihn wieder bloß „Schwiegervater“ nannte und er mir daher in die Fersen trat und mir einen erbosten schielenden Blick zuwarf.

Nachdem sich der Gemeindevorsteher meine ganze Geschichte angehört hatte, zeigte er Mitleid mir gegenüber. Mein Fall konnte wahrscheinlich nicht nur dem Gemeindevorsteher so vorkommen, sondern jedem anderen auch. Der Gemeindevorsteher bohrte mit dem Nagel des kleinen Fingers, den er lang und langer wachsen ließ, in seiner Nase, schnippste den Dreck von der Nase weg und sagte meiner Erwartung entsprechend:

„Ja, verehrter Bongpil! Veranlassen Sie dann mal schnell, Hochzeit zu halten. Er begehrt ja so sehr danach.“

Aber auf dieses Wort hin fuhr der Schwiegervater auf, rollte vor

Aufregung seine Augen und fuchtelte mit seinen Händen.

„Na, Hochzeit oder sonstwas, das Weibchen soll erst so richtig auswachsen, oder?"

Daraufhin schmatzte der Gemeindevorsteher ein paar Mal aus Verlegenheit und sagte:

„Da haben Sie auch wieder Recht!"

„Sie sagen, sie sei in den letzten vier Jahren gar nicht gewachsen, aber irgendwann wächst sie noch? Lassen Sie es und zahlen Sie mir die Jahreslohngelder", sagte ich zum Schwiegervater.

„Na, du Kerl! Habe ich ihr etwa gesagt, dass sie nicht wachsen soll, weshalb piesackst du mich?"

Da erwiderte ich:

„Wie hat die gnädige Frau Schwiegermutter, die so klein wie ein Spatz ist, überhaupt ein Kind gebären können?" In der Tat war sie eine Ohrenlänge kleiner als Jomsun.

Der Schwiegervater lachte zunächst aus vollem Halse – dennoch zog er eine Grimasse, als hätte er auf einen Stein gebissen –, täuschte Naseputzen vor, dann stieß er mich mit seinem Ellbogen in die Rippen, als ob er mit mir einen Streich zu spielen beabsichtigte. Es war zum Kotzen. Auch ich stieß gebückt mit der Schulter seinen Hintern weg, indem ich tat, als wollte ich eine Fliege von meinem Bein verjagen. Der Schwiegervater fiel fast nach vorne, schwankte in Richtung der geflochtenen Tür, dann richtete er sich wieder auf und schaute mich mit bösem Blick an. Er war gerade so stehen geblieben und sah so aus, als wolle er mich sicherlich gerne als Hurensohn beschimpfen, aber er verkniff es sich doch, nur weil er Publikum hatte, was mir ein wenig Schadenfreude bereitete. Aber ich kam dann zurück zum Reisfeld und pflanzte den Reis ein, ohne einen akzeptablen Entschluss vom Schwiegervater auf mein Wort erzielt zu haben. Das lag daran, dass der Schwiegervater dem Gemeindevorsteher irgendetwas zuflüsterte, bevor er zurückging. Und außerdem hatte der Gemeindevorsteher mir folgendes mit auf den Weg gegeben:

„Auch du hast Recht. Das ist doch selbstverständlich. Für dich ist es nicht falsch, dass du eine gewisse Eile hast, einen Sohn zu bekommen, weil du dafür schon ein gutes Alter erreicht hast. Aber wenn man in der Pflanzsaison auf die Arbeit verzichtet, oder auch, wenn man einfach nach Hause abhaut, dann kann man deswegen in den Knast wandern!" – Dieses Wort ließ mich blitzartig zu mir kommen. „Hör mal, hast du nicht davon gehört, dass jemand vor einiger Zeit ins Gefängnis gekommen ist, nur weil er ein wenig auf einem Berg in

Sampomal gezündelt hatte? Wir leben ja jetzt in einer Zeit, in der man in den Knast geht, wenn man seinen eigenen Berg in Brand setzt, und wie schwer wird erst die Schuld sein, wenn man einen fremden Ackerbau vermasselt, nicht wahr? Und du redest davon, dass du eine Klage einreichen wolltest, damit du Jahreslohngelder bekommst, aber dann wäre es genauso, als ob du eine Sühne grundlos auf dich lädst und selbst hinter Gitter gehst. Auch das, was das Hochzeitsfest betrifft, ist genauso. Laut Gesetz gibt es ja doch die sogenannte Volljährigkeit, man muss 21 Jahre alt sein, um zu heiraten. Du sorgst dich natürlich, dass du zu spät einen Sohn haben wirst, aber Jomsun, von der hier die Rede ist, ist erst knapp 16 Jahre alt, nicht wahr? Zum Glück sagte dein gnädiger Schwiegervater ja aber, dass er im kommenden Herbst alle anderen Sachen beiseiteschiebt und euch die Hochzeit halten lassen will, also musst du dich etwa nicht bei ihm bedanken? Geh´ schnell wieder hin und bepflanze die restlichen Reisfelder weiter. Red' jetzt keine überflüssigen Worte mehr und geh´ schon."

So blieb ich bis zum heutigen Morgen ohne die geringste Meckerei bei meinem Schwiegervater.

Wenn ich an den Tag zurückdenke, war der Streit zwischen mir und dem Schwiegervater also ganz unerwartet gekommen. Was den Schwiegervater betrifft, war er zurzeit gerade dabei, vor seinen Pächtern mit seiner Macht als Pachtverwalter ein wenig zu prahlen, indem er sagte, „Wer Geld hat, der gehört zum Adel, sonst keiner!" Er schritt sogar absichtlich den Bauch nach vorne streckend und mit einem angeberischen Gang, indem er auch die Beine verdrehte, als wäre er eine adlige Person. Mein Schwiegervater war kein Mann, der etwa eine Person wie mich, die gar nicht zu beachten war, prügelte und deshalb seinen Clan, den er mit verpachteten Grundstücken und allen Schwierigkeiten zum Trotz schließlich so weit aufgebaut hatte, ruinieren würde. Und was mich angeht, sollte ich mich gefälligst doch darum bemühen, ihm zu gefallen und folglich Jomsun bald zu heiraten.

Im Gegensatz zu diesen Überlegungen war es schließlich eine sehr schlechte Idee gewesen, dass ich gestern Abend Mungtae besucht habe. Ich wusste nicht, wie Mungtae erfahren haben konnte, dass ich mittags mit dem Schwiegervater vor dem Gemeindevorsteher gestritten hatte, er verspottete mich jedenfalls offen.

„Na, du wurdest von ihm geschlagen und hast ihn dennoch so ohne Weiteres gehen lassen?

„Was hätte ich denn tun sollen?"

„Du, du hättest Bongpil in das Reisfeld kopfüber hineinstoßen sollen, was denn sonst", so fuhr Mungtae auf und fuchtelte so, dass er mit seiner geballten Faust sogar den Petroleumleuchter traf. Der Kerl war ohnehin ein wenig cholerisch, aber dennoch war es mir unverständlich, dass er mich piesackte, ich solle das Petroleum für den Leuchter bezahlen. Während ich verblüfft schwieg, plapperte er pausenlos weiter.

„Willst du nur jahraus, jahrein für ihn arbeiten? Yongduk brauchte nur ein Jahr, um zu heiraten, und du musst nach vierjähriger Schufterei immer noch länger bei ihm bleiben."

Mungtae holte noch weiter aus.

„Weißt du denn wenigstens, dass du schon der dritte Kandidat als sein Schwiegersohn bist? Sein dritter Schwiegersohn bist du. Das ist zwar nicht meine Sache, aber es macht mich trotzdem verdrießlich, du Kerl, geh´ zum Brunnen und ertränk dich."

Weiter sagte er sogar, dass ich mir mit den bloßen Fingernägeln den Hals aufschneiden soll. Er fuhr mich an, als wäre ich sein Sohn. Außerdem redete er allerlei, was ich hier nicht alles wiedergeben kann, aber der Inhalt war der folgende:

Mein Schwiegervater habe drei Töchter, die Älteste sei verheiratet und habe daher das Haus verlassen. Es war jedoch so, dass sie ihren Mann nicht gleich geheiratet habe, sondern dass der zunächst bei ihrem Vater geblieben sei mit dem Versprechen, dass er ihm seine Tochter geben wolle, eben darum, weil er seinen zukünftigen Schwiegersohn fürs Ackern so lange wie möglich behalten wollte, und dass das Brautpaar dann erst nach der Hochzeit aus dem Haus gegangen sei. An dieser Tochter waren von ihrem 10. bis zum 19. Lebensjahr nacheinander 14 Männer interessiert. Mein Schwiegervater sei ohnehin in der Gegend als Schwiegersohn-Verbrenner bekannt, dennoch seien 14 Kerle aber wirklich zu viel. Der Schwiegervater habe keinen einzigen Sohn, nur Töchter, so dass er nicht anders könne, als einen Mann, der zu ihm mit Heiratsabsichten kommt, so lange zur Arbeit anzutreiben, bis seine nächstjüngere Tochter das heiratsfähige Alter erreicht habe. Natürlich könne mein Schwiegervater einen Arbeitsknecht einstellen, aber das kostet ja, und daher hatte er die Männer hintereinander angenommen, um einen gut arbeitenden Kerl auszusuchen. Unter denen gebe es vielleicht auch einige Kerle, die geflüchtet seien, weil sie von ihm stets ausgeschimpft und in unerträglichem Maße zur Arbeit angetrieben wurden und sich daher beleidigt gefühlt hätten. Jomsun sei die zweite Tochter meines Schwiegervaters und ich sei also ihr dritter Heiratskandidat, der als sein zukünftiger einheiratender Schwiegersohn hierhergekommen sei. Der Schwiegervater, der normalerweise schon nach mir den vierten Kerl hereinlassen könnte, halte mich so fest und ließe nicht los, weil ich sehr gute Feldarbeit verrichte und auch kein Pedant sei. Die dritte Tochter meines Schwiegervaters sei jetzt sechs Jahre alt, und sie sollte zumindest zehn werden, damit ihr Vater einen Schwiegersohn aussuchen könne, der sie heiraten will, und bis dahin wolle der Schwiegervater mich zu Tode schuften lassen. So solle ich endlich zur Besinnung kommen, also auf die Arbeit verzichten und meinen Schwiegervater drängen, die Hochzeit zu halten.

Dem Ganzen hörte ich nur oberflächlich nickend zu. Mungtae nutzte jede Gelegenheit, um meinen Schwiegervater blöd darzustellen, nachdem er unter ihm ein Stück Boden bestellt hatte, aber später hinausgeworfen wurde. Mungtae hätte aber dies verhindern können, wenn er meinem Schwiegervater gleich den Rosshaarhut, der von Mungtaes Familie sehr geschätzt wurde, und der etwa von einem Kreisverwalter getragen wurde, gegeben hätte, als dieser ihn begehrte...

Jedenfalls habe ich Mungtae nicht alles geglaubt. Wenn ich sein Wort für bare Münze genommen hätte, wäre ich an dem Abend zurück zum Schwiegervater gekommen, hätte mit ihm gestritten und die Dinge nicht auf sich beruhen lassen. Es konnte gut sein, dass der Schwiegervater, der sogar bei seinen Töchtern einen schlechten Ruf hatte, einfach ein böser Mensch war.

Ehrlich gesagt, ich hatte nur darauf geachtet, wie viel Reis sie heute für mich in die Schüssel gefüllt hatte, als Jomsun mir den Frühstückstisch brachte. Auf dem Esstisch waren eine dicke Suppe aus Sojabohnenpaste, ein Schälchen Sojasoße, eine Schüssel Reis mit Kolbenhirse gemischt und eine Schüssel Salat aus Gebirgspflanzen, die höher gefüllt worden war als der Reis. So war es. Die Gebirgspflanzen sammelte Jomsun ständig vom Berg, so dass ich zwei oder vier Schalen essen konnte, soviel ich wollte, aber Reis nicht, weil mein Schwiegervater ihr aufgetragen hatte, mir nicht mehr als eine Schale zu geben. Jedenfalls plapperte Jomsun monologartig, als sie den Esstisch vor mir hinstellte, wie vorgestern auf dem Berg.

„Du bist beim Gemeindevorsteher gewesen und trotzdem bist du mit leeren Händen zurückgekommen, was!"

In der Tat war ich ein bisschen dumm gewesen, dass ich bei der letzten Auseinandersetzung nachgegeben habe, ohne ihn hartnäckig zu bedrängen. Das habe ich aber nur innerlich gesagt.

Um sie nicht ungehörig anzustarren, richtete ich meinen Blick auf die Wand und polterte los:

„Er erlaubt es mir nicht, was soll ich denn machen?“

Sie fauchte mich an, wobei ihr Gesicht errötete:

„Du hättest einfach an seinem Bart ziehen können, was denn sonst, du Dummkopf!“, und ging dann missmutig schnell wieder ins Haus hinein. Zum Glück gab es keinen Menschen, der mich gesehen hat, und wenn jemand mich gesehen hätte, hätte er über mein Gesicht gesagt, es sehe so bemitleidenswert aus, als wäre ich ein Storchenjunges, das seine Mutter verloren hat.

Ich fragte mich, ob es einen Moment gegeben hat, in dem ich noch trauriger war als jetzt? Es wäre nicht schlimm, wenn alle anderen mich blöde finden, aber meine Lebenslage wäre wirklich sehr misslich, wenn Jomsun, die meine Frau werden wird, mich als doof fände. Nach dem Essen nahm ich die Kraxe, schickte mich an, zur Arbeit zu gehen, aber dann ließ ich sie liegen, legte mich auf den leeren Strohsack im Hof hin und dachte, dass mein Zustand schlimmer sei als der Tod.

Wenn ich die Feldarbeit nicht verrichte, kann der Schwiegervater es wegen seines hohen Alters keineswegs alleine schaffen, seine Felder anzubauen. Als der Schwiegervater rülpsend, die Hände hinter dem Rücken gefaltet nach draußen kam und mich sah, sagte er zu mir:

„Du, Kerl! Was hast du denn jetzt schon wieder?“

„Ich habe eine akute Magenverstimmung. Au, mein Bauch!“

„Du hast schon gern aufgefressen und was soll das mit der Magenverstimmung. Wenn du die Feldbestellung der anderen ruinierst, du Kerl, wirst du hinter Gitter wandern, du wirst sehen!“

„Ich kann es trotzdem nicht. Au, ich habe solche Bauchschmerzen!“

In der Tat dachte ich, dass ich nach alldem alles hinzunehmen bereit sei, sogar wegen Arbeitsverweigerung im Gefängnis zu landen. Wenn ich später einen Sohn haben sollte, könnte ich selbst vor ihm mit dem Kosenamen „du Dummkopf, du Dummkopf“ gerufen werden, also musste ich den Schwiegervater heute unbedingt zu einem Entschluss zwingen, selbst wenn die Welt dabei untergehen würde.

Als ich trotz der Aufforderung meines Schwiegervaters nicht aufstand, ging er mit bösem Blick eilig auf die gegenüberliegende Seite und kam mit einem Holzstock in der Hand zurück. Er stach mit diesem Stock in meine Taille und schlug ihn mir so ein paar Mal über, wie man einen Stein schlägt. Jedesmal, wenn er mich traf, spannten sich die Eingeweide in meinem Bauch an, der nach dem Essen satt und voll war. Dennoch stand ich nicht auf, also stach er erneut von oben mit dem Stock mehrmals in meinen Bauch und stieß mir mit dem Fuß in die Seite. Mein Schwiegervater tat so, weil er ohnehin böswillig war, aber auch ich stand ihm in nichts nach, so dass auch ich mich an ihm rächte. Zwar blieb ich zunächst trotz der Schmerzen unbewegt mit geschlossenen Augen liegen, als ob ich all das genießen würde, indem ich mir innerlich sagte, „du kannst tun, was du möchtest", aber als er schließlich meinen Hintern schallend schlug, stand ich wie von selbst rasch auf und zog ihn an seinem Bart. Dass ich gegen ihn so kämpfte, lag nicht daran, dass ich mich über ihn geärgert hatte, sondern daran, dass uns Jomsun seit vorhin aus der Küche durch die Löcher der geflochtenen Tür heimlich beobachtete. Ohnehin bezeichnete sie mich als Dummkopf und sagte, ich könne kein Wort scharf artikulieren, und wenn sie mich überdies so sähe, dass ich mich auch noch von ihm wehrlos nur schlagen lasse, dann könnte sie mich wirklich idiotisch finden. Weil ich sowieso mit dem Schwiegervater nicht mehr vernünftig reden konnte, dachte ich also, ich könne ihn zwar grob schlagen, aber eigentlich wollte ich auf ihn Rücksicht nehmen und nur seinen Bart ziehen. Jomsun freute sich vielleicht doch in diesem Augenblick, weil sie sich das doch so gewünscht hatte, und so schrie ich ihn dann vorsätzlich laut an, damit es bis zu ihr hörbar war:

„Ich schlage dich kaputt!"

Noch mehr geriet der Schwiegervater dann in Wut, dass er mit dem Stock, den er schon in der Hand hatte, einfach hart auf meine Schulter schlug. Ich war sogar kurz ohnmächtig. Als ich wieder zu mir kam, fühlte auch ich, dass der Zorn über meinen ganzen Körper hergefallen war. Den Kerl, den Schwiegervater –, meine Augen sprühten fast Funken, ich warf den Schwiegervater also einfach den Abhang runter, wo das Feld war. Kurz danach versuchte er, wieder hinaufzuklettern, um gegen mich etwas zu unternehmen, aber dabei rollte ich ihn gleich wieder hinunter.

Jedesmal, wenn er heraufkroch, rollte ich ihn wieder zurück, vier oder fünf Mal, und brüllte ihn dabei immer wieder an:

„Sie treiben mich nur zur Arbeit an und warum lassen Sie mich nicht heiraten?"

Wenn der Schwiegervater mir gleich gesagt hätte, „Oh ja, ich kann euch schon morgen Vermählung feiern lassen", dann hätte ich diese lästige Auseinandersetzung mit ihm vorzeitig abgebrochen. So wäre es auch für mich besser gewesen, weil ich ihn nicht zu schlagen brauchte und später etwa eine Anschuldigung, ich hätte unverschämterweise meinen Schwiegervater geprügelt, hätte vermeiden können.

Schließlich geschah es, dass der Schwiegervater noch einmal vom Abgrund heraufkletterte und sich gleich gezielt an meinem Schritt festkrallte. Ich schrie auf und fühlte mich dabei, als würde sich die Welt umdrehen.

„Mein gnädiger Herr Schwiegervater! Mein gnädiger Herr Schwiegervater! Mein gnädiger Herr Schwiegervater!"

„Du, Kerl! Friss mich mal. Friss mich!"

Als ich „Oh Gott! Ach! Großvater! Helfen Sie mir bitte, Großvater!" rief und mit meinen Armen wild und hastig wedelte, quoll mir der kalte Schweiß von der Stirn und ich dachte wirklich, ich würde gleich sterben.

Dennoch ließ mein Schwiegervater mich zunächst nicht los, erst als ich endlich auf den Boden stürzte und fast ohnmächtig wurde, ließ er von mir ab. Es war zum Kotzen. Gemein war es. Ich fragte mich, ob das wirklich mein zukünftiger Schwiegervater sein soll, und musste mich eine Weile lang anstrengen, um mich wieder aufzurichten. Dann hielt ich doch den Kopf aufrecht, dabei konnte ich aber kaum was sehen, kroch am ganzen Körper zitternd zum Schwiegervater, und auch ich angelte nach seinem Hosenbein und hielt es ganz fest.

Dies war der Grund, warum ich von ihm den Kopf blutig geprügelt bekam.

Aber ich sah hier, dass mein Schwiegervater dennoch einen besonders gütigen Charakter hat. Hätte ich das bei einem anderen Schwiegervater getan, dann wäre ich von ihm gleich davongejagt worden, selbst wenn er die Zahlung der Jahreslohngelder hätte hinnehmen müssen, und wo gab es solch einen Menschen wie meinen Schwiegervater, der die Wunde an meinem Kopf mit geräucherter Baumwolle höchstpersönlich ausbrannte, in meiner Tasche einen Beutel Hyyon-Tabak verstaute, meine Schulter klopfte, um mir die ermutigenden Worte zu sagen:

„Ich lasse dich im kommenden Herbst unbedingt vermählen. Mach bitte keine überflüssigen Worte mehr und gehe, um das Bohnenfeld in Duytgol schnell zu pflügen."

Mir waren aus Dankbarkeit sogar schon die Tränen in die Augen getreten. Als ich dachte, ich müsste jetzt Jomsun zurücklassen und würde von ihm fortgejagt werden, hörte ich dann die überraschenden Worte von ihm, und ich schwor ihm gleich:

„Gnädiger Herr Schwiegervater! Das kommt nicht wieder vor!", und ging dann den Korb auf dem Rücken tragend eilig an die Arbeit.

Aber jetzt vergaß ich dies kurz und hielt ihn nur für einen Erzfeind, so dass ich ihn heftig zu mir zog.

„Ach! Du! Kerl! Lass mich los, lass mich, loslassen..."

Der Schwiegervater schrie mich immer wieder an, fuchtelte mit seinen Händen ziellos in der Luft, als wäre er ein Huhn, das von einem Habicht gekrallt wird.

Von wegen ihn loslassen, ich zog ihn gehässig noch stärker zu mir, dabei dachte ich, wenn ich schon dabei bin, muss ich ihn wirklich einmal in die Patsche bringen. Aber als ich in den Augen des Schwiegervaters, der auf den Boden fiel, Tränen perlen sah, überkam mich doch eine gewisse Angst.

„Großvater! Lass mich los, lass mich, lass, lass mich...", schrie er.

Als ich ihn dennoch nicht losließ, schrie er weiter:

„Du, Jomsun! Jomsun!"

Bei dieser lauten Streiterei kamen meine Schwiegermutter und Jomsun, die sich im Innern aufhielten, augenblicklich herbeigesprungen.

In meinen Gedanken war es so, dass meine Schwiegermutter sicherlich für ihn Partei ergreifen würde, weil er ja ihr Ehemann ist. Aber Jomsun könnte auf meiner Seite stehen und innerlich doch Schadenfreude verspüren. Was mit ihr aber los war, begreife ich bis jetzt noch immer nicht, obwohl sie mir angeraten hatte, dass ich ihrem Vater den Kopf waschen sollte, stürzte sie nun auf mich und zog, was die Dinge nun sogar noch verschlimmerte, mein Ohr heftig nach hinten und schrie mich an:

„Um Himmelswillen! Das freche Subjekt bringt meinen Vater um!"

In diesem Augenblick knickte mein Mut kurzerhand ein, so dass ich fast ein geistesabwesender Depp war. Auch meine Schwiegermutter fiel über mich her und zog weinend fest an meinem anderen Ohr.

Nachdem der Schwiegervater mich auf diese Weise unbeweglich gemacht hatte, erhob er den Stock und schlug mich gnadenlos nieder. Dennoch versuchte ich noch nicht einmal mehr, mich gegen ihn zu wehren, starrte nur Jomsuns Gesicht, deren Inneres ich nicht verstehen konnte, fassungslos an.

„Du, Kerl! Lässt du deinen Schwiegervater sogar den Großvater zu Hilfe rufen?"

Aus: *Jokwang*, 12. 1935

DAS BOHNENFELD

Dort unter der Erde war es immer düster. Einzig ein ermüdetes Karbidlicht flackerte erschöpft bläulich. Anders als in der Nacht schien es während des Tages nur ziemlich schwach zu leuchten.

Es war eine enge Grube, deren Außenwände von einer Lehmwand vorne, hinten, links und rechts voll und ganz ummauert war, ohne einen Zugang zu haben. Diese Grube war so unheimlich wie das Innere eines Grabes. Es qualmte dort nur so vor unterkühlter Stille, faulendem Erdgeruch und unbehaglich kühler Luft.

Die Spitzhacken nahmen ständig die Erde Schicht für Schicht ab. Sie stießen gezielt und fest nieder.

Nur Geräusche niederschlagender Werkzeuge waren zu vernehmen. Ab und zu rissen die Wände raschelnd ab.

Yongshik legte die Arbeit kurz nieder, zog mit einer Hand den anderen Ärmel zu sich, strich sich den Schweiß von seinem Gesicht ab. Ihm verschlug es die Sprache, weil er nicht wusste, wann er endlich auf eine verdammte Goldader stoßen würde. Er nahm eine Handvoll Erde, hielt sie sich ganz nah vor die Nase und kämmte sie mit den Fingern gründlich durch. Diese neu auftretenden Gesteine schienen doch von anderer Natur zu sein als die vorherigen. Dennoch war es aber nicht so, dass sie gänzlich schuttfrei waren. Es wurde gesagt, dass vor allem sich zwiebelartig schälende Gesteine auftreten sollen, wenn Gold vorkommt, und weshalb erschienen diese ihm denn nicht?

Er nahm wieder die Spitzhacke auf, kniete auf den Boden nieder und keuchte, während er seinen Hintern erhob. Er hackte einfach ziellos drauflos.

Aus dem Boden quoll Wasser in die Grube, so dass die Knie klatschnass waren. Von der Decke des Ausbaus fielen Wassertropfen, die an seinem Nacken herunterrollten. Ab und an fiel ein Teilstück von der oberen Seite der Wand ab, schlug krachend auf seinen Rücken und zerfiel dann in Stücke.

Dennoch zuckte er noch nicht einmal mit der Wimper. Er war ohnehin gerade dabei, sein Bohnenfeld zu zerstören, um Gold abzubauen. Er war so gereizt, dass er kurz vor dem Durchdrehen stand. Aber er spuckte bloß auf seine beiden Handteller, ergriff seine Spitzhacke und machte weiter, ohne auch nur an Rast zu denken.

Hinter seinem Rücken erklang ein Geräusch, an dem er erkennen konnte, dass die Erde fest ausgekratzt wurde. Der Gesteinsschutt schien noch nicht ausgeräumt zu sein. Er dachte sich: Was macht der Kerl, arbeitet er überhaupt oder singt er vergnügt Verse vor sich hin, während mir das Herz vor lauter Sorgen brennt. Und wie kann der so hochmütig, so gelassen sein?

Yongshik drehte sich mit einem mordlüsternen Blick um. Schweigend blickte er Suje scharf an. Wie dieser trödelnd die Erde in einen Behälter auf der Kraxe füllte und dann mit dieser auf dem Rücken die Leiter nach oben hinaufkletterte.

Die Wand bröckelte kurz krachend ab, als falle der Ausbau auseinander. Erde fiel herab. Wenn das in den vorangegangenen Tagen passiert wäre, wäre Yongshik bis zur Haarwurzel erschreckt, hier unter Tage lebendig begraben zu werden, ohne seine Frau noch einmal wiederzusehen, und er wäre sofort aufgesprungen. Aber jetzt wünschte er sich sogar, dass es sich bewahrheiten möge. Es wäre vielleicht viel besser, dachte er, wenn er mit dem Kerl namens Suje unter dem Schutt begraben würde.

Yongshik hasste Suje so sehr, dass ihn solche Gedanken überfielen. Allein weil Suje Schaum schlug, war sein unschuldiges Bohnenfeld nun untauglich gemacht worden. Und nicht nur das. Yongshik hatte in allen Dingen Pech gehabt. Zuvor war er bereits mit dem dritten Pflügen des Reisfelds in Verzug. Das Unkraut auf der Furche des Reisfeldes hatte derartige Ausmaße angenommen, dass der Grundbesitzer das gemerkt hatte und in feurigen Zorn geraten war, dass er nur so mit den Füßen stampfte. Yongshik solle sich darauf einstellen, ab nächstem Jahr nicht mehr bei ihm zu ackern.

Obwohl Yongshik die Grube unendlich durchwühlt hatte, schienen die Mühen aber dennoch aussichtslos. Die Grube konnte über fünf Menschenlängen tief sein. Er war ratlos, ob er weiter senkrecht oder waagerecht graben sollte, zauderte aus Unwissenheit, denn was den Goldabbau betraf, war Yongshik ein Grünschnabel. Bisher hatte er willfährig unter der Regie von Suje gearbeitet, und er hatte das gemacht, um Gold zu ergattern. Aber so etwas Niederträchtiges tue ich nicht mehr, dachte sich Yongshik.

„Komm her und grab mal diese Stelle aus."

Yongshik wies Suje so hartherzig an, indem er sich unangebracht gebieterisch benahm. Er selbst staubte sich die Hände ab, stand auf und zog sich zurück.

Suje folgte ihm, ohne Einwand zu erheben. Wie angeordnet kniete Suje auf dem Boden und fing damit an, weiter zu wühlen, nachdem er mit einer Bergwerk-Sichel Geröll weggekratzt hatte.

Yongshik lud die restlichen Gesteine auf seinen Rücken. Trotz seines stattlichen Körpers kletterte er die Leiter schwankend hinauf. Als er aus dem Mundloch hinaustrat und sich eben anschickte, die Erde von der Kraxe auf die Gesteinshalde zu schütten, trat ihm der Pachtverwalter, der eben vom Berg hinabgestiegen war, entgegen.

„Wieso durchwühlt ihr immer noch die Erde? Ihr seid wohl verrückt, was?"

Yongshik blieb auf der Stelle wie angewurzelt stehen, aus Unentschlossenheit irgendwo vor sich hinblickend. Was für ein grölendes Geschrei ich heute wieder von ihm hören werde, dachte er sich.

„Ich hatte euch doch ausdrücklich verboten, hier herumzuwühlen!", und der Pachtverwalter stieß dabei hart und mit einem dumpfen Schlag gegen die hintere Seite der Rückentrage von Yongshik.

„Das ist doch ein Feld, das beackert werden möchte, und nicht Erde, die man überstülpt, um dann hineinzugehen. Ihr habt doch nicht alle Tassen im Schrank. Was für einen Anfall habt ihr denn bekommen, so töricht anzunehmen, Gold aus dem Bohnenfeld heraussaugen zu können, hm?"

Und an seinem Hals drohte die Zornesader aufzuplatzen.

Falls das Feld zerstört würde, sei der Pachtverwalter dafür verantwortlich, dass er es nicht tüchtig beaufsichtigt habe. Obwohl dieser auf das Feld gekommen war und mit Getöse seine Verbote ausgesprochen hatte, fand er Yongshik am nächsten Tag wieder dort vor wie am Vortag.

„Du verscharrst heute noch diese Grube, ansonsten musst du dich darauf einstellen, schon morgen hinter Gitter zu wandern."

Der Pachtverwalter regte sich so sehr auf, dass er sich nicht richtig artikulieren konnte und stotterte sogar dabei. Seine beiden Fäuste zitterten in der Nähe seiner Taille, als wollten sie gleich zu Yongshik fliegen.

„Nur heute mache ich noch ein bisschen weiter, dann werde ich damit aufhören."

Mit seinem erröteten Gesicht war Yongshik nur zu einer knappen Erwiderung fähig. Und dann flehte er den Pachtverwalter schlicht und einfach an.

Dieser ging zurück, ohne seinen Worten weitere Aufmerksamkeit zu schenken.

Yongshik nahm nur seinen Rücken anstarrend Abschied. Aber als er die „Miene" des Bohnenfeldes anschaute, grämte er sich fast zu

Tode. Das einst ganz ordentliche Feld war in alle Richtungen hier wie dort vollkommen ausgehöhlt und durchlöchert.

Überall lag haufenweise Gesteinsschutt. Er bot einen so öden und gottverlassenen Anblick, als handelte es sich um eine Grabstätte, die einem Erdrutsch ausgesetzt gewesen sei. All die gut gediehenen Bohnenköpfe waren vom Steinschutt zermalmt worden. Die Überbleibsel, die nur ab und an vereinzelt zu sehen waren, ließen flatternd ihre Köpfe hängen. Dies anzublicken war für Yongshik unerträglicher, als seinem eigenen Sohn beim Sterben zusehen zu müssen. Es sah nun danach aus, dass ihm das Pachtrecht aller Ackerfelder entzogen werden würde. Vor allen Dingen machte ihn ratlos, wie er die Teilpacht des Gemüsefeldes für dieses Jahr, zweieinhalb Scheffel Reisgarben, aufbringen sollte. Zudem stand, wenn es einen bösen Ausgang nehmen sollte, zu befürchten, auch noch ins Kittchen zu wandern, weil er das Gemüsefeld verunstaltet hatte.

Als Yongshik wieder in die Grube hineintrat, sah er seinen Freund Suje auf dem Boden sitzen und rasten. Der Freund zog nur emsig und unbekümmert an einer Zigarette.

Yongshik fragte Suje prompt:

„Wann werden wir denn nun auf eine Goldader stoßen?"

„Sie wird schon allmählich zum Vorschein kommen."

„Also, sie kommt noch", entgegnete Yongshik höhnisch, nach einer kurzen Weile hob er wieder an:

„Du Scheißkerl."

Dabei nahm er einen Erdhaufen und schlug damit den Kopf von Suje nieder.

Suje sackte zusammen, fiel schreiend mit dem Bauch auf den Boden, stand aber im Nu wieder auf, ergriff eine Spitzhacke, die sich vor seinen Augen befand, und ging damit gleich auf Yongshik los. Aber die beiden waren kräftemäßig nicht ebenbürtig, so dass Suje von den robusten Armen Yongshiks zurückgestoßen wurde und schließlich gegen die Wand fiel. In diesem Augenblick sah Suje die Spitzhacke, die ihm von Yongshik abgenommen wurde, gezielt in die Richtung seines Scheitels fliegen. Suje drehte rasch seinen Kopf, um dieser auszuweichen. Die Spitzhacke schlug einen Knacks von sich gebend in der Lehmwand ein und sprang dann wieder heraus.

Sobald Yongshik den Namen Suje zu hören bekam, knirschte er mit den Zähnen und es überkam ihn Groll. Er wurde von Suje sicherlich schlicht und einfach übers Ohr gehauen. Yongshik hatte eigentlich mit der Goldsucherei nichts am Hut. Nie hatte er Interesse daran gehabt. Er saß stets gehorsam auf seinem Feld und gab sich fügsam der Schufterei schwitzend hin. In diesem Jahr war der Bohnenanbau sogar überraschend gut gelungen, so dass er sich ein wenig beruhigt hatte.

Alles hatte so begonnen:

Als Yongshik eines Tages allein beim Unkrautjäten war, sprach ein Jemand ihn an.

„Hallo, du da, ist dir nicht warm? Leg doch mal eine kleine Pause ein."

Yongshik hob seinen Kopf und sah, dass Suje vor ihm stand. Suje trieb sich immer nur in Goldbergwerken herum, ohne zu ackern, niemand wusste, was ihn veranlasst hatte, hier wieder aufzutauchen. Ihm huschte jedenfalls ein Lächeln über sein Gesicht, offensichtlich war er in guter Stimmung. Yongshik war neugierig zu erfahren, ob Suje einen einfallsreichen Coup hatte landen können, und entgegnete ihm:

„Hast wohl viel Geld verdient? Dann kannst du mir ja mal ein wenig leihen."

„Aber klar doch! Ich habe ordentlich meine Taschen gefüllt und so viel Geld ausgegeben, wie ich mochte."

Suje, der zuvor wohl schon ein wenig zu tief ins Glas geguckt hatte, prahlte aus seiner guten Laune heraus. Dann hockte sich Suje an eine Kopfstelle des Feldes und quatschte eine Weile lang drauflos.

„Willst du etwa kein Geld verdienen? Unter diesem Feld ist Gold eingebuddelt, Gold sage ich..."

„Was? Wirklich?"

Als Yongshik nun Interesse zeigte, fuhr Suje fort, dass es genau über diesem Berg bei Kungol ein Goldbergwerk gebe. Das sei ein richtiger Goldjagdplatz, wo sogar dreihundert Bergarbeiter angeheuert worden seien, und die tägliche Goldausbeute betrage über siebzig Pfund. In Geld umgerechnet seien das siebentausend Won. Diese Goldader erstrecke sich durch die Mitte des großen Berges hinaus bis hin zu diesem Bohnenfeld. Wenn man zu zweit den Acker durchwühle, könne man schon in zehn Tagen auf die Goldlinie stoßen, so könne man täglich ungefähr drei, vier Quäntchen herausholen. Und es sei schon was, wenn man einen Gewinn von dreißig Won hätte. Wolle man mit dem Geld Kühe kaufen, könne man schließlich nicht nur eine halbe Kuh nehmen!

Aber Yongshik hatte dies gar nicht ernst genommen. Goldsuche hieße unter derart ungesicherten Abbaubedingungen, mit einem Messer im Mund zu tanzen. Wenn man beim Goldjagen Erfolg hat, sei es gut, aber ansonsten treibe man bloß sein Leben in den Ruin. Das war es, was Yongshik vorher immer wieder zu hören bekommen hatte und das war der Grund, weshalb er Suje ignorierte.

Suje kam aber auch am nächsten Tag wieder bei Yongshik vorbei, versuchte ihn durch süße Worte gefügig zu machen und ging dann wieder.

Beim dritten Mal besuchte Suje Yongshik zu Hause und brachte einen Reiswein mit, trat diesmal aber, beflügelt von seiner Begeisterung, forscher auf. Suje setzte sich auf den Boden des vorderen Vorraums, starrte den Abendtisch an und schwatzte herum, Hirsebrei führe zu Abmagerung, Feldarbeiter sollten kräftig speisen, andere Leute prahlten, dass sie Reisfelder oder sonstige Grundstücke kaufen wollten, und er fragte schließlich Yongshik, ob er denn sein Leben nun so bis zu seinem Lebensende verbringen wolle, was Yongshik lästig war. Erst dann überreichte Suje die Flasche Reiswein der Frau von Yongshik.

„Frau Gemahlin, könnten Sie uns ein paar Beilagen zubereiten, um das zu trinken?“

Sie saßen dann fröhlich um den Esstisch herum und tranken. Nachdem Yongshik ein paar Gläser zu sich genommen hatte, begannen sich seine bisherigen Gedanken zu verändern. Es wäre vielleicht doch ein weiserer Entschluss, Gold abzubauen, als ein ganzes Jahr lang zu schuften und letztlich nur ein paar Scheffel Bohnen abzubekommen. Wenn er nur das Gold fleißig abbaut, könnte das schon an einem einzigen Tag größeren Gewinn abwerfen als das mühevolle Ackern in einem ganzen Jahr. Zurzeit fristete er ohnehin ein tägliches kümmerliches Dasein, weil er für die Düngemittel und die Auszahlung des Arbeiterlohns sieben Won Schulden aufnehmen musste, als er im Frühling Reis angepflanzt hatte. Er sollte es als ein richtiger Kerl lieber doch einmal versuchen, egal, ob die Sache nun einen guten oder bösen Ausgang haben würde, es wäre in jedem Fall besser als weiterhin in ärmlichen Verhältnissen zu leben.

„Versuchen wir ab morgen doch einmal unser Glück! Wenn wir erst Gold haben, sind die Bohnen eh nichts mehr wert.“

Sujes unablässiges Drängen hatte nun also endlich doch dazu geführt, dass Yongshik einwilligte.

„Ja, gut, das machen wir! Wenn aus der Sache verdammt nochmal nichts wird, dann eben nicht.“

Im Hintergrund spielte auch die Ehefrau von Yongshik, die hinter ihm Brei trank, eine Rolle, denn wenn sie nicht die Taille ihres Mannes angestoßen hätte, hätte er sicherlich noch länger gezögert.

Seine Frau hatte von ihrer Seite aus alles schnell durchkalkuliert. Es herrschte da ein Trend zum Goldrausch. Wenn man sich unbekümmert nur mit seinen Äckern beschäftigt, wird man am Ende nichts Besseres als ein Bettler. Bald würden alle Berge, Reis- und Gemüsefelder von den Händen der Goldjäger durchlöchert, umgewendet und chaotisch werden. Wovon sollten sie sich dann ernähren? Und hinzu kam: Selbst die Knechte legten ja schon während des Arbeitens die Arbeit nieder und machten sich bei jeder Gelegenheit aus dem Staub. Sie gingen zu den Goldbergwerken, als hätten sie sich untereinander verschworen. Im Dorf wurde auch schon heftig darüber gesprochen, dass man in diesem Jahr wegen der fehlenden Feldarbeiter gar nicht mehr richtige Feldarbeit leisten könne.

Auch die reichen Bauern aus der Umgebung ließen schon alles stehen und liegen und machten sich zu Ufern und Bächen auf, um Sand-Gold zu waschen. Dann tauchten sie nach ein paar Tagen in japanischen Trachtschuhen und Kleidern aus Kaliko stolz wieder auf.

Die Frau von Yongshik hätte nicht im Traum daran gedacht, dass man auf ihrem Bohnenfeld Gold abbauen könnte. Sie war sehr überrascht, aber auch hocherfreut, schon die Vorstellung, dass sie in diesem Jahr vielleicht doch den herrlichen halbtrockenen Kabeljau kosten könnte, bei dessen bloßer Vorstellung sie schon den Speichel herunterschlucken musste, bereitete ihr ein Hochgefühl, als würde ihr Inneres bersten. Die Nachbarsfrau aus Yanggun, die hinter ihrem Haus wohnte, trug Schuhe aus Kautschuk, die sie von ihrem Mann dank seiner erfolgreichen Goldsuche geschenkt bekommen hatte und mit denen sie leichten Schrittes dahinflog, und Yongshiks Frau beneidete sie unendlich darum. Auch sie sehnte sich danach, weiße Schuhe aus Kautschuk zu tragen, auf ihr Gesicht Puder aufzutragen, Gold nur so herausquellen zu sehen.

„Versuchen wir es doch mal. Es kann nur gut gehen, wenn wir dem Experten folgen."

So hatte die Frau von Yongshik ihren Ehemann, der memmenhaft und verdutzt dasaß, angetrieben, und so hatte alles begonnen.

Die Sonne war noch nicht aufgegangen, da kamen die beiden Männer schon auf dem Bohnenfeld zusammen. Suje murmelte etwas in diese und jene Richtung vor sich hin, als sage er Zaubersprüche auf.

Und er schritt hastig hin und her. Allem Anschein nach suchte er auf seine Weise nach Anhaltspunkten für eine Goldader unter der Erde.

Nachdem Suje eine Weile lang auf dem Gemüsefeld herumgeschlendert war, hielt er prompt in einer Ecke an, die an einen Berg grenzte, und fing dann die Finger entfaltend damit an zu erklären. Die große Goldader sollte in der Regel den Gipfel des Goldberges entlangführen. Da diese sicherlich ein Goldgestein sei, liege sie bestimmt schräg auf dieser Seite. Also schlug Suje vor, von hier aus zu graben.

Yongshik hatte anfangs nicht recht begriffen, warum Suje ausgerechnet diese Stelle fokussiert hatte. Aber er verließ sich voll und ganz auf ihn, weil bekannt war, dass er bei der Goldsuche geschickt sei. Also sollte auch Gold zu finden sein, wenn er nur seinen Worten folge, dachte sich Yongshik. Ohne Einspruch zu erheben, fing Yongshik nun damit an, an der von Suje angewiesenen Stelle den ersten Spatenstich zu machen.

Zwar war das Gold für Yongshik sehr bedeutsam, aber auch die Bohnen, die er mühevoll angebaut hatte, waren für ihn wertvoll. Die fast ausgewachsenen und gut aussehenden Kerlchen wurden unter den Klingen der Sicheln zerquetscht und unter der Erde begraben. Für Yongshik war es sehr schmerzlich, das Feld nach und nach zerstört werden zu sehen. Daher überfiel ihn ein melancholischer Gedanke, er legte die Sichel ab und bürstete bückend die Erde auf den Bohnenblättern aus.

„Ach du, wozu schaust du das an. Das macht dich nur traurig. Wir wollen doch Gold abbauen!“, sagte Suje.

„Nein, es ist nichts, ich habe nur einen Hexenschuss...“

Yongshik war es ein bisschen peinlich, von Suje eine leichte Rüge abzubekommen. Was ist schon ein Bohnenfeld, wenn Gold herausquellen wird. Man könnte doch auch ein Gemüsefeld auflösen und in ein Reisfeld umwandeln, wenn man wollte. Yongshik machte die Augen zu und verstreute die Erde grob über die Bohnenblätter.

„Was für einen epileptischen Anfall habt ihr denn, ihr sollt gefälligst den Boden bebauen und euch davon ernähren!“

Ein Alter aus der Gegend kam ständig vorbei und schleuderte ihnen grimmige Worte entgegen, was sie in eine unbehagliche Stimmung versetzte. Auf dem Feld hatten sie inzwischen drei Löcher gebuddelt. Und sie waren jetzt dabei, weiter senkrecht zu wühlen.

Gold ernten oder Prügelstrafe verdienen – die Bauern seien wegen dieses Goldrausches zu Taugenichtsen mutiert. Dies sei sicher ein ominöses Zeichen, das zum Weltuntergang führe. Wie sollte die Welt im Takt bleiben, wenn man auf so einem wertvollen Gemüsefeld Löcher macht?

Der Alte fuchtelte aus Ärger wild mit seinem Stock, den er hoch hielt.

„Euch wird der Blitz erschlagen, euch wird der Blitz treffen!"

„Machen Sie sich keine Sorgen. Kümmern Sie sich um Ihre Sachen."

Jedes Mal, wenn die Leute Yongshik anfauchten, fauchte er grob zurück. Vor Wut warf er dann Erde irgendwo hin, spuckte geräuschvoll aus und ging in die Grube zurück. Aber im Hinterkopf blieb immer irgendwie ein schlechtes Gefühl haften. Des Goldes wegen hatte er das Bohnenfeld völlig ruiniert. Vor allem wusste er überhaupt nicht, wann denn die Goldader zum Vorschein treten würde. Und weder jätete er sein Reisfeld, noch überprüfte er die Wasserhöhe in diesem, noch wusste er, was aus den Reisbeeten überhaupt geworden war. In der Nacht quälte er sich mit offenen Augen, weil er nicht einschlafen konnte.

Suje aber war frohgemut, ohne auch nur einmal eine enttäuschte Stimmung zu zeigen. Er ließ nicht davon ab, die Erde gebückt zu durchwühlen.

Und wenn Yongshik Suje wieder fragte:

„Tritt die Goldader bald hervor?", versicherte dieser selbstsicher, ohne zu zögern:

„Du kannst mich enthaupten, wenn sie diesmal nicht erscheint."

Dadurch fühlte sich Yongshik ein wenig beruhigt. Ohne Hoffnung auf Gold würde auch Suje sich sicherlich nicht so abmühen. Ganz sicher wird Gold herauskommen, dachte sich Yongshik. So kam er zu dem Entschluss, den bisher bereiteten Schaden hinzunehmen und die Resignation verpuffen zu lassen. Er ballte seine Faust und sammelte sich so Kraft zum Weitermachen.

Die Nacht war ganz dunkel geworden. Irgendwo bellte laut ein fremder Hund.

Yongshik kam lehmbesudelt nach Hause zurück. Er war so erschöpft, dass er an der vorderen Seite des Zimmers hundemüde zusammensackte, ohne seinen Körper noch beherrschen zu können.

Als seine Ehefrau dies erblickte, war sie erneut vor Enttäuschung niedergeschlagen. Allem Anschein nach waren sie auch heute nicht von Glück gesegnet. Sie hatte kurz zuvor noch draußen geprahlt, dass sie bald ein Haus kaufen könne und umziehen wolle, wenn das

Gold erst einmal herausquelle, aber ihr Traum hatte sich gleich wieder ausgeträumt. Darum scheute sie mittlerweile davor zurück, sich mit erhobenem Haupt auf die Straße zu begeben.

Sie servierte ihrem Mann das Abendbrot und schaute ihn mitleidsvoll an.

„Jetzt ist selbst auch das entliehene Getreide ausgegangen", sagte sie.

„Ich brauche morgen früh eine Weihgabe für den Berggeist, also leihe noch einmal Reis aus."

Yongshik gingen die Worte locker von der Lippe, ohne auch nur auf ihre Bemerkung zu achten, er ließ sich einfach niederfallen und schloss die Augen langsam.

„Wir haben nicht einmal etwas Brei zum Kochen, geschweige denn etwas übrig für eine Weihgabe..."

„Halt den Mund, du Hexe."

Auf sein Anbrüllen hin hielt sie sich erschreckt zurück. Ihr Mann, der seit einigen Tagen immer öfter in Zorn ausbrach, erregte Mitleid in ihr. Abends schlief er schlecht. Ob er verwirrt war, wusste sie nicht, aber er versuchte ständig sie anzugreifen. Schon wenn ihr Kleines auch nur ein wenig weinte, drängte und hetzte er sie, sie solle es bestrafen.

Die Frau von Yongshik räumte den Abendtisch gleich wieder fort, weil er von dem Essen nichts anrührte. Da sie sich der Anweisung ihres Mannes nicht widersetzen konnte, blieb ihr nichts anderes übrig, als noch einmal die Frau aus Yanggun aufzusuchen. Sie befand sich in einer peinlichen Lage, diese erneut anzusprechen, weil sie noch nicht das Getreide zurückgezahlt hatte, das sie bei ihr bisher entliehen hatte.

Ihr Schamgefühl vollkommen beiseiteschiebend, entschloss sie sich nach einigem Zögern aber schließlich doch, zu ihr zu gehen. Aber als sie ihren Mund dann aufmachte:

„Morgen will mein Mann eine Berg-Weihgabe veranstalten, doch wir haben gar kein Getreide...", errötete ihr Gesicht nur so vor Scham, als ob ein Lagerfeuer in ihr glühte, denn sie hatte bis dahin andauernd Lebensmittel geliehen, aber nicht zurückzahlen können.

Das Ehepaar aus Yanggun war jedoch barmherzig.

„Aber selbstverständlich. Wenn man die Berggeister beleidigt, vermasselt man alles."

Der Ehemann der Frau aus Yanggun sprach dies und lächelte sie dabei freundlich an. Das Ehepaar wusste über alles bestens Bescheid, was das Goldfieber betraf, und es war ganz offenherzig bei der

Sache. Eigenhändig schöpfte er fünf Pfund Reis und sagte ihr beim Überreichen:

„Ein Berg-Weihgabe-Fest sollte man absolut hingebungsvoll abhalten, wenn man es wirklich machen will. Denn die Berggeister werden sehr leicht wütend."

So belehrte er sie und gab ihr freundlicherweise noch einen Geheimtipp mit auf den Weg nach Hause.

Der Frau von Yongshik, die nun mit dem Reis das Haus des Ehepaars wieder verließ, huschte erneut Errötung über das Gesicht, eher aus Schuldgefühl als aus Dankbarkeit. Ach, wie beneidete sie das Leben des Ehepaars Yanggun. Der Ehemann las täglich Erzgesteine auf, indem er Goldbergwerke umging und die Gesteinschutthalden durchkämmte. Das erzhaltige Geröll rieb er auf dem breiten Stein des Zimmerbodens ab, so dass er aus dieser Arbeit zwei bis drei Won täglich gewann, wenn es gut lief, und wenn es nicht so viel war, doch mindestens 70-80 Zon. Davon konnte das Ehepaar fröhlich Reis kaufen, Reiskuchen machen, Geld mit Wucherzinsen entleihen und so weiter und so fort...

Die Frau von Yongshik sinnierte darüber nach, warum sie und ihr Mann immer so miserabel lebten, seufzte aus einem erstickenden Gefühl heraus. Sie kam nach Hause zurück und tauchte Reis in Wasser hinein, um Reiskuchen zu machen. Sie sorgte sich sehr darüber, womit sie morgen Getreidesuppe kochen sollte. Sie, die am hinteren Ende des Zimmers hockte, warf ihrem Mann, der einfach ausgestreckt dalag, heimlich einen kratzigen Blick zu. Die anderen brachten umherwandernd Gold nach Hause, und dieser Idiot kann keine einzige Goldpartikel herbeischaffen, bis er sein Feld völlig zerstört hat. So ein Kalb, dachte sie sich. Unmerklich stieß sie hintereinander kräftige Seufzer aus.

Als es Mitternacht schlug, kam das Ehepaar in den Hof, um den Reiskuchen zuzubereiten. Der Ehemann zermalmte den Reis krachend in einem Steinmörser. Aber sie hatten kein Sieb. Der Frau von Yongshik brannten die Füße, weil sie in der Nachbarschaft herumwandern musste, um ein Sieb zu organisieren.

„Wieso bleibst du hier einfach nur sitzen? Hättest du nicht ein Feuer machen können?"

Ihr Ehemann, der den dampfenden Reiskuchen entgeistert anstarrte, kam ihr garstig vor. Was für Gedanken hat dieses Subjekt, sich so zu gebärden, während ich aus Besorgnis über dieses und jenes bedrückt bin, dachte sie. So rügte sie ihn und knickte währenddessen mit einer kurzen Sichel die Sträucher zum Brennen ab.

Erst als die Hähne zwei Male krähten, war der Reiskuchen endlich fertig.

Die Frau trug den Dampftopf auf dem Kopf und ihr Ehemann schob sich eine Strohmatte unter den Arm. So stiegen sie dann den dunklen Bergpfad hinauf. Erst musste man ein gutes Stück steilen Pfads begehen, um das Bohnenfeld zu erreichen. Es war ein Ort, deren vordere Seite von schwarzen, emporstehenden Bergen ringsum umzingelt war. Am Rande des Gemüsefeldes waren die Ulmen und die Brustbeeren derart ineinander verwickelt, als wären ihre Kopfhaare losgebunden.

Als Yongshik die Kopfseite des Feldes erreicht hatte, hielt er inne, drehte sich um und schaute seine Frau an, die ihm folgte.

„Gib das her, und du bleibst hier still stehen."

Er übernahm nun den Dampftopf mit dem Reiskuchen von seiner Frau, trug ihn mit einer Hand umarmend und stieg alleine auf das Bohnenfeld hinauf. Was vor ihm angehäuft lag, war alles Erdhalde, und gerade in dem Moment, als er diesen Haufen ausweichen und um sie herumlaufen wollte, stieß er sich anscheinend an einem Stein. Weil er dabei ins Torkeln geriet, erschrak seine Frau, stieg zu ihm schnurstracks hinauf, um ihn zu stützen.

„Warum steigst du mir hinterher? Willst du, dass noch ein Unheil geschieht, du Hexe?"

Sobald ihr Ehemann sich wieder aufgerichtet hatte, fauchte er sie an und erteilte ihr eine schallende Ohrfeige.

„Ohnehin missglückt mir dauernd alles, und ausgerechnet ein Weib nähert sich dem Altar und bringt nichts als Unheil!"

Er betrat unzufrieden knurrend das Bohnenfeld.

In der Mitte des Feldes schlug er die Strohmatte auf und stellte den Dampftopf darauf ab. Und dann verbeugte er sich ehrerbietig vor dem Dampftopf, kniete sich hingebungsvoll nieder.

„Lassen Sie uns bitte am Leben. Wir werden unabdingbar sterben, wenn Sie, liebe Berggeister, uns nicht beistehen."

So flehte er sie an, seine beiden Hände zum Gebet gefaltet.

Seine Frau, die seine Gebärden verfolgte, spuckte innerlich Gift. In ihren Augen verschlechterte sich das Subjekt eher, indem er nur Schaum schlug, vermeintlich ein Goldbergwerk führte, aber keine einzige Partikel an Gold abbauen konnte, dazu noch beherrschte er nichts als grobe Manieren.

Früher war er nicht so gewesen, aber zurzeit entwickelte er die böse

Angewohnheit, sie bei jeder Gelegenheit knallend zu schlagen. Er sollte Gold abbauen und nicht anderen die Wangen einhauen. Hoffentlich komme das beschissene Gold überhaupt nicht zum Vorschein. Sie hielt sich nicht zurück, ihn und das Gold zu verfluchen, soviel es ihr gefiel, und sich dafür zu rächen, dass er sie geohrfeigt hatte.

Und in der Tat schien ihr Fluch in Erfüllung zu gehen. Schon wieder waren über zehn Tage vergangen, aber die Berggeister sendeten kein Zeichen für gute Nachrichten. Yongshik blieb Tag und Nacht mit halbverrückt aufgerissenen Augen in der Grube versunken. Wenn er einmal nach Hause kam, hatte er ein hageres Gesicht und hängende Schultern, ja er war fast ein Kranker. Und dann warf er schweigsam seine große Gestalt auf den Zimmerboden.

„Verdammte Scheiße, am liebsten würde ich sterben!"

So beklagte er sich manchmal.

Seine Frau verließ das Haus, das Mittagsessen in einem hölzernen Tablett auf dem Kopf tragend. Ihr Säugling, den sie auf ihrem Rücken bei sich hatte, kreischte pochend vor Fröhlichkeit.

Ihr Traum nach weißen Schuhen aus Kautschuk und nach halbtrockenem Kabeljau war lange ausgeträumt. Und allein schon beim Wort „Gold" lief ihr die Galle über. Das einzige, was ihr zu wünschen übrigblieb, war, nicht wegen der entliehenen Nahrung mit der Rückgabe bedrängt zu werden.

Der Herbst war goldfarben heruntergekommen, er legte sich über das Gemüsefeld und auch das Reisfeld. Die Bauern, deren Gesichter eine gute Stimmung zeigten, tauschten lustige Scherze miteinander aus. Aber ihr Ehemann Yongshik hatte bloß das unschuldige Bohnenfeld zunichtegemacht und sich vor allem noch nicht einmal um das Reisfeld gekümmert, so dass sie nicht wusste, was sie mit ihrem Mann in diesem Herbst ernten und was überhaupt tun sollte. Weil sie sich vor den Leuten im Dorf schämte, benutzte sie unterwegs nur den abgelegenen Bergpfad.

Als sie aus dem Kiefernwald hinauskam und in die weite Ferne blickte, fand sie die beiden Männer, ihren Mann und Suje, außerhalb der Grube. Sie schienen auch heute einen Kampf miteinander ausgetragen zu haben. Der eine saß auf diesem Erdhaufen, der andere auf jener Erdhalde, und sie pafften voneinander abgewendet nur an ihren Zigaretten.

„Mahlzeit", sagte sie.

Vorsichtig stellte sie das Essenstablett vor ihnen ab.

Ihrem Mann war das Oberteil gerissen und sein Gesicht war

aufgekratzt worden. So saß er schweigsam, die beiden Ärmel hochgekrempelt und den Blick in die weit liegenden Berge schweifend.

Suje, der so aussah, als ob er einmal in die Erde gesteckt worden und wieder herausgekommen sei, war nicht nur auf dem Gesicht, sondern auch um die Ohren herum völlig mit Erde besudelt. Unter der Nase war das Blut bereits geronnen, es hatte sich Schorf gebildet, aber dennoch blutete es immer noch ein wenig. Suje blickte sie kurz an, dann geriet er allem Anschein nach in Verlegenheit, senkte den Kopf zur Seite und schmatzte peinlich berührt nur noch ein paar Male.

‚Ich fühle mich vor lauter Schulden und Sorgen erwürgt und ihr kriegt euren Anfall aus dem üppigen Leben heraus, was? Ihr beide solltet gefälligst Gold abbauen und euch nicht Tag und Nacht gegenseitig die Köpfe einschlagen', warf sie den Männern innerlich vor. Dabei verzog sie unwillkürlich ihre Augen vor Unzufriedenheit.

„Wann können wir denn das zurückzahlen, was wir zur Berg-Weihgabe entliehen haben?"

So äußerte sie sich gegen ihren Mann gerichtet, der nur stur dasaß, das Ende des Satzes einrollend. Aber ihr Mann rührte sich überhaupt nicht. Deshalb verschärfte sie ihren Ton:

„Warum haben Sie, werter Gatte, mich das auftreiben lassen, was Sie nicht zurückzahlen können?", was eine scharfe Rüge ihm gegenüber darstellte.

Diese ließ die Wut ihres Mannes, die noch gar nicht verflogen war, erneut aufflammen. Mit fest geballter Faust stand er abrupt auf, schlug seiner Frau so stark an den Schädel, dass sie torkelte.

„Weib, du bringst Unheil!"

Alles konnte sie irgendwie ertragen, aber der Faustschlag bewirkte heftigen Schwindel.

Sie fürchtete sich davor, den Schädel gebrochen zu bekommen, falls sie ungeschickt gegen ihn antreten würde. Zunächst zitterte sie vor unterdrücktem Zorn, dann löste sie endlich das Bündel, in dem sie das Kleinkind, das sie auf dem Rücken getragen hatte, auf, um es in den Arm zu nehmen. Dann schob sie das Kind ihrem Mann hin, so dass es vor Entsetzen kaum atmend kreischte. Und dann begann sie, sich spöttisch von ihm abzuwenden und zu knurren:

„Wo gibt es denn so'n Kalb, das auf dem Bohnenfeld Gold ernten will?"

„Was sagst du da, Weib?"

Wieder stürzte er prompt auf sie zu und gab ihr einen Faustschlag auf ihre Wangenseite. Er hatte eigentlich erwartet, von seiner Ehefrau getröstet zu werden. Stattdessen fauchte sie ihn vielmehr massiv an und ging grollend auf ihn zu. Verdammt, es ist mir scheißegal, dachte er und sagte:

„Mit dir will ich nicht weiter zusammenleben. Verschwinde noch heute!"

Dabei schubste er seine Frau in Richtung Furche, so dass sie dabei auf den Boden fiel, und er trat mit seinem Fuß in ihre Taille. Sie riss entsetzt den Mund mit einem harten Hauch auf.

„Wer war es denn, der mir in die Taille gestoßen hat, als Suje uns besucht hat? Du, Hexe, du treibst unsere Familie in den Ruin!"

Und dann drückte er sie erneut mit einem heftigen Fußstoß nieder. Das wiederholte er dann noch einmal mit einem harten Tritt.

Als Suje diese Szenerie beobachtete, wurde er unruhig. Er fürchtete sich davor, dass Yongshik, wenn es so mit ihm weitergehen würde, seinen Ärger an ihm auslassen könnte.

Wenn ich von ihm erwischt werde, wird er mich kaum am Leben lassen, dachte Suje innerlich. Also schlenderte er eine kurze Weile umher, dann verschwand er irgendwie in der Grube. Unter der Sonne strahlte der allseitige Herbst in seiner Pracht. Die Bohnen, die ihren Besitzer verloren hatten, rollten ihre schweren Früchte auf dem Erdboden. Von dem gegenüberliegenden Berg ertönte ein fröhliches Lied von Bauern, die Reispflanzen abschnitten.

„Juhu! Es quillt heraus!"

Suje schrie auf mit weit aufgerissenen Augen, während er durch das Mundloch hinaussprang, mit einer Handvoll Erde, die er festhielt.

„Was?", fragte Yongshik erstaunt.

Und Suje fuhr schreiend fort:

„Die Goldader habe ich gefunden! Eine wahre Goldlinie ist es. Jawohl!", und Yongshik schnellte zu ihm wie ein fliegender Pfeil. Hastig übernahm Yongshik die Erde von Suje, durchkämmte sie und stellte fest, dass es in der Tat rötlicher Lehm war, den er vorher so noch nicht gesehen hatte. Seine Augen wurden wässrig.

„Ist es die Mutterader?", fragte Yongshik Suje.

„Aber ja doch. Das ist die Linie des rötlichen Quarzgesteins. Pro Sack kannst du über fünf Unzen gewinnen."

Yongshik war zunächst eher verblüfft, als sich darüber zu freuen. Er wusste nicht einmal, ob er lachen oder weinen sollte. Er starrte lediglich das Gesicht von Suje an, indem er seinen Mund halb offen ließ.

„Komm mal hierher, das ist Gold!"

Endlich rief der Ehemann Yongshik nach seiner Frau. Er fand sie, die sich „was habe ich gesagt, ich hatte doch gesagt, es ist einen Versuch wert“ murmelnd ihrem Mann langsam und unbekümmert näherte, jetzt wieder besonders lieblich. Er wischte die Tränen seiner Frau mit seinem Daumen ab und ging dann hüpfend in die Grube.

„Ist doch Gold in dieser Erde da drin?“, fragte sie Suje.

Als sie sich vor großer Freude den halbtrockenen Kabeljau und eine große Villa vor Augen führte, antwortete Suje bereitwillig:

„Ja, natürlich. Pro Sack verdient man sogar fünfzig Won.“

Und er beschloss, sich auf jeden Fall noch heute Abend aus dem Staub zu machen.

Denn Lügen haben bekanntlich kurze Beine. Bevor sich das Ganze als Schwindel entpuppt und man zu Hackfleisch verarbeitet wird, befreie man sich am besten, indem man von hier flügelflatternd das Weite sucht.

Aus: *Gaebyok*, 3. 1935

DIE GOLDMINE

Es war die letzte Nacht eines Monats, in der es mondlos düster war. Im Himmel steckten die Sterne wie verstreute Sesamkörner. Doch dank dieser Sterne war das Unterholz des Kiefernwaldes schummerig erkennbar. Es war einer der entlegensten und abgeschiedensten Orte der Welt innerhalb des rauhen Steilgebirges. Schon ein Rauschen von irgendwoher ließ das Herz pochen. Ein Tiger könnte es sein, Herr Tiger!

Alles lag aber ruhig und still. Die kühle Luft war schneidend, was ein Zeichen dafür war, dass sich der Herbst schon dem Ende zuneigte. Die taubenetzten Herbstblätter fielen raschelnd ans Gesicht und befeuchteten es.

Ggongbo machte auf der Graswiese unabsichtlich ein Nickerchen, während sein Kopf auf dem quergestellten Rucksack krumm dalag. Als er dann die Augen aufschlug, musste er ein wenig schaudern, weil er im Freien war. Ihm gegenüber hockte sein älterer Bruder reglos vor sich hin.

„Bruder, wollen wir nicht mal so langsam wieder anfangen?"

„Es ist noch nicht an der Zeit. Obwohl es kalt ist, gehen wir es mal langsam an..."

Unter dem Schirm der Dunkelheit waren nur die strotzenden Stimmen der beiden Menschen zu hören, aber es klang sanft. Im Hintergrund erklangen Metallstöße. Ob der ältere Bruder Werkzeug reparierte?

Ggongbo krümmte sich und schloss die Augen, um weiterzuschlafen. Die Kleider waren wegen der nächtlichen Feuchtigkeit auf dem Feld völlig durchnässt. Sein Unterkörper fühlte sich stumpf an, als wäre er einfach abgefallen, gleichwohl schmerzte er erbarmungslos pochend. Er stand prompt wieder auf, gähnte und schauderte vor Kälte.

Von irgendwoher waren leise zurückhaltende Schritte zu hören, die wieder verschwanden. Ggongbo kam dann blitzschnell zu sich, rollte angespannt mit seinen Augen.

„Kommt jemand hierher, oder?"

„Das war vielleicht bloß der Wind. Wie könnten die denn Bescheid wissen?"

Diese Antwort, die Ggongbo von seinem Bruder bekam und ihm versicherte, dass dieser vollkommen gelassen war, beruhigte den Jüngeren doch sehr. Für Ggongbo war es ermutigend, dass sein Bruder bei ihm war, auch für den Fall, dass ein paar Kerle vor ihm auftauchten. Der Jüngere zog seinen Kragen zusammen und schaute umher.

Ein großer bedrohlich rauer Fels stand spitz empor, als wolle er an den glänzenden Himmel stoßen. Auf beiden Schulterseiten dieses großen Felsens lagen einige kleinere, rund geformte Felsen, die wie schwarze Wolken aussahen. Dann tauchte plötzlich in der Luft ein grässlicher Schädel auf, bei dem man nicht erkennen konnte, ob er ein nächtliches Traumbild oder etwa ein Tiger war, und schaute herum. Alle Richtungen rund um dieses Dorf wurden von derartigen Bergen gesäumt. Der Wind ließ ständig die Herbstblätter herumwirbeln. Einsam und gottverlassen floss das Quellwasser immerfort rauschend. Es schien, als ob gleich von dem schwarzen Bergrücken ein Tiger mit seinen Feuer funkelnden Augen zum Vorschein kommen würde.

Ggongbo bekam urplötzlich Gänsehaut, als wäre er in eine Falle gegangen, aus der er sich nicht befreien konnte. Er zuckte aus Verlegenheit mit der Schulter. „Na, so ein fürchterliches Bergdorf", knurrte er. Jedes Bergdorf ist so. Als er seinen Gedanken weiter nachhing, führte er sich eine furchterregende Erinnerung blitzschnell vor Augen.

Es war genau zur selben Zeit im vergangenen Jahr. Auch an jenem Tag war Ggongbo wie heute heimlich aufgebrochen, um Erz abzubauen. Er stieg auf einen der steilsten Berge in der Nähe von Höyang, das als raues, abschüssiges Gebiet bekannt war, fremd und gottverlassen wie dieses.

Ggongbo, Dopal und noch drei Freunde waren zusammen unterwegs. Der rieselnde Regen, der schon früh am Abend angefangen hatte, hörte einfach nicht auf. Der Wind pupste und schlug den Regen gegen die fallenden Blätter, und das wiederholte sich immer wieder. Alle waren dermaßen erschöpft, dass sie nicht einmal den Mund aufmachen konnten, sie fröstelten lediglich. Die riesengroßen Felsen, die gleich auf sie zu stürzen drohten, standen ihnen dickschädelig immer wieder im Weg. Als sie in der Dunkelheit um die schroffen Felswände herumgingen, lief ihnen der Schweiß nass herunter. Dazu pochte ihnen das Herz, weil sie nicht wussten, wann ein Tiger plötzlich vor ihnen erscheinen konnte.

Wenn er an jene Zeit zurückdachte, hatten sie doch Gott sei Dank ohne besondere Vorkommnisse den Felsen in Besitz nehmen können.

Immerhin gingen fünf Kerle in eine über dreißig Menschenlängen tiefe Grube hinein und schon in weniger als einer Stunde hatten sie sogar zwei Säcke Erze ergattert. Das Problem lag aber in der Verteilung des Gewonnenen, um jedermann gerecht zu werden. Da Ggongbo mit der Goldsuche bemerkenswerte Erfahrungen gemacht hatte, übernahm er die Aufgabe bereitwillig. Ungefähr nach Augenmaß verteilte er die Beute in fünf gleichgroße Anteile, indem er sie jedem Einzelnen nacheinander hinlegte. Aber wo gibt es denn auf der Welt solch einen törichten Kerl?

„Du meinst also, dass das hier eine gerechte Verteilung ist!“

Aus einer dunklen Ecke meldete sich einer der Kerle zu Wort, was eher eine Schelte sein sollte. Er versuchte seinerseits sogar seinen hitzköpfigen Charakter dadurch zu unterstreichen, dass er Rotze ausspuckte.

„Wie denn sonst?“

Ggongbo wandte sich verdutzt in die Richtung, aus der das Wort kam. Es gab schließlich eine Übereinkunft, nach der die Beute immer verteilt wurde, und es hatte keinen Sinn, Einwände gegen die Art und Weise dieser Praxis zu erheben.

„Na, für mich ist nur das?“

„Gibt es denn hier jemanden, der mit Erz übergossen worden ist?“

„Pah, wer hat diese Grube überhaupt ausgesucht?“

„Das zählt doch nicht. Weil es Gold gab, haben wir es abgebaut und es uns aufgeteilt!“

„Du meinst also, dass das hier nicht zählt? Hättest du ohne mich hierherkommen können? Ja?“

„Sieh dir mal dieses blöde Subjekt an, willst du allein das Ganze an dich reißen, wie ein geizhalsiges Schwein?“

Auf dieses Wort von Ggongbo hin griff der Kerl ihn hitzig an. Er ging Ggongbo mit robusten Händen an den Kragen, griff ihn fest und schwang ihn wie verrückt. Anscheinend unterschätzte der Kerl Ggongbo einfach maßlos, nur weil er von klein war und schmächtig aussah.

Auch Ggongbo konnte nicht anders, als entschieden gegen ihn anzutreten, weil er mitten im Regen stand und bis zum Ersticken von ihm bedrängt wurde. Sobald er reflexartig einen Erzstein in die Hand bekam, schlug er damit auf seinen Schädel. Daraufhin stöhnte dieser wie ein Ochse und warf Ggongbo auf einen breiten Stein nieder, setzte sich auf Gggongbo, griff spontan eine Hacke und schlug ihm damit hart gegen die Rippen.

Zum Glück wurde Ggongbo dabei nicht getötet, aber er verspürte noch heutzutage ab und zu eine Nachwirkung jener Verletzung, so dass er sich hin und wieder nicht unbehindert bewegen konnte. Denn Ggongbo wurde an der linken Schulter stark verletzt. Ihm war dabei sogar schwindlig geworden. Es war klar, dass der Kerl ihn töten wollte, es war eine nur allzu gute Gelegenheit, die sich ihm hier in einem so tief entlegenen Bergdorf bot. Als der Kerl zum dritten Male einen gezielten Schlag auf die Brust von Ggongbo abgab, dachte er, er sei jetzt wirklich unwiderruflich tot. Das war ein unerträglicher und heikler Moment. In diesem Augenblick jedoch stürzte Dopal, so robust und groß wie eine Eingangstür, wie vom Himmel herab, stürzte sich über ihn wie ein fliegender Tiger. Kaum hat er den Kerl gepackt, hob er seine Taille mit beiden Händen von hinten hoch und warf ihn den Abhang hinunter. Ob der Kerl dabei überlebt hatte oder gestorben war, wusste man bis heute nicht. Jedenfalls kehrte Ggongbo auf dem Rücken von Dopal mit den Erzgesteinen in sein Dorf zurück.

Den Zipfel des jetzigen Lebens, den Ggongbo heute mit sich herumtrug, verdankte er also den Händen von Dopal, die ihn zu jener Zeit beschützt hatten. Daher war es gar nicht grundlos, dass Ggongbo Dopal als „älteren" Bruder bezeichnete und sich dementsprechend ihm gegenüber respektvoll verhielt.

Das Bergdorf hatte nun genauso wie damals eine entstellte Fratze. Als Ggongbo sich umsah, führte er sich die schaudernden Erlebnisse jener Zeit vor Augen. Er saß jetzt kraftlos da und saugte emsig an seiner Zigarette.

„Erst wärmen wir uns mal den Körper auf. Und dann wollen wir langsam anfangen, okay?"

Dem Anschein nach fror auch Dopal, denn er klopfte seinen fröstelnden Körper ab. Es sah so aus, dass er mit der Vorbereitung des Werkzeugs schon fertig war. Die Arbeit konnte begonnen werden. Er ging auf die andere Seite, stöberte in seinem Rucksack, nahm Reiswein und eine Schweinshaxe heraus und kehrte zu ihm zurück.

„Zumindest sollte der uns doch ein wenig aufwärmen!" Er öffnete den Flaschendeckel mit den Zähnen und fuhr dann fort:

„Na, dann trinken wir ihn so. Wie sollte man ihn aufwärmen?"

„Wärmen wir ihn doch auf!"

„Wie soll das denn gehen? Wir könnten entdeckt werden, wenn wir Feuer machen!"

„Machen wir ein Feuer zwischen den Felsspalten."

Der Jüngere richtete sich auf und scharrte ein paar dürre Blätter zusammen.

Der Ältere knickte Kiefernäste ab, bis seine Arme schließlich gefüllt waren. Es gab eine Spalte zwischen zwei Felsen, die wie eine Stehwand ausgeweitet war. In diese Lücke gingen die beiden hinein und machten ein Feuer.

„Hmm, das schmeckt ja wunderbar."

Der Ältere leerte sein Glas in einem Zug und versetzte sich damit in eine berauschte Stimmung. Mit einem Messer schnitt er das Schweinefleisch in Scheiben und kaute es laut schmatzend.

„Hast du vorhin das Weib in dem Gasthaus gesehen?"

„Ja, wieso?"

„Und, was hast du gesehen?"

„..."

„Ein Prachtweib ist das! Wirklich erste Sahne!" Er schmunzelte und seine Augen blinzelten dabei im Feuerlicht. Er war in einer Lebenslage, in der er viele Monate und Jahre hindurch immer unterwegs sein musste. Heute nach Westen und Morgen nach Osten, so gab es keine Bergwerke in ganz Choson, in die er seine Nase nicht gesteckt hatte. Wann kann ich mal so ein Weib treffen und einen gemeinsamen Haushalt führen, dachte er bei sich und seufzte kummervoll und bemitleidete sich selbst.

„Ein Weib sollte man haben!", bemerkte Dopal unangebracht und zusammenhanglos aus Verlegenheit.

„Ich weiß nicht...", entgegnete Ggongbo und schaute ihm direkt ins Gesicht. Bislang war er mit ihm zusammen unterwegs gewesen, aber so etwas war noch nie vorgekommen, warum dachte er plötzlich an eine Frau? Merkwürdig! Obwohl auch Ggongbos Gedanken zurzeit öfter darum kreisten. Man wusste nicht, ob es daran lag, dass der Herbst schon zur Neige ging, aber woran die beiden alleinstehenden Männern dachten, wenn sie zusammensaßen, war immer nur das.

„Bruder, willst du heiraten?"

„Gibt es irgendwo irgendein Weib?"

„Vielleicht?", zögerte Ggongbo zunächst, dann verfiel er in Gedanken. Wie es wäre, wenn er ihm seine jüngere Schwester gäbe. Seine Schwester ist zwar mit einem Bauern aus einem Ort in der Nähe von Chungju verheiratet und hat sogar zwei Kinder. Aber sie hat ein ganz tadelloses Gesicht. Wenn ich ihm das Ding gäbe, würde er sich sehr freuen und wir wären wieder quitt.

„Bruder, soll ich dir meine jüngere Schwester geben?"

„Deine jüngere Schwester?"

„Sie ist sehr hübsch. Wenn du sie siehst, wirst du dich auf der Stelle in sie verlieben.“

Dopal verharrte verblüfft, wartete auf ein nächstes Wort von ihm. Über sein dunkelrotes Gesicht, das im lodernden Feuerlicht glitzerte, huschte ein zufriedenes Lächeln. Über die Schwester und ihren guten Ruf hatte er schon viel gehört. Jedesmal, wenn über sie gesprochen wurde, hatte er heimlich von ihr geträumt, aber er konnte nicht darüber sprechen.

„Was meinst du?“

„Ich weiß nicht, kann man das mit einer Frau machen, die eine eigene Familie hat?“, fragte Dopal zögernd und trotzdem hoffnungsvoll. Dann verschüttete er sogar die Hälfte seines Reisweins, als er dem Jüngeren einschenken wollte.

„Ich kann sie ja herauslocken, wer könnte was sagen?“

Ggongbo gab sich ziemlich selbstsicher.

Für Dopal war es eine sehr erfreuliche Aussicht. Er verschränkte seine Arme fest und schloss die Augen, versank in Gedanken. Auch ich werde endlich einmal ein Weib in meinen Arm nehmen! Vielleicht ist seine Schwester doch hübsch. Sie könnte sicher eine schön mollige und einfühlsame Frau sein. Bestimmt ist sie so eine Frau.

Dopal richtete sich prompt auf, aber zögerte ratlos, dann hockte er sich wieder hin, als hätte er es sich wieder anders überlegt.

„Wann willst du hingehen?“

„Immer langsam, wir bringen das hier erst fertig, dann gehen wir morgen hin.“

Klappt die Arbeit heute ganz gut, ist man morgen bereit, den Ort zu verlassen. Die Chungchong-Provinz war so weit entfernt, über die Grenze der Gangwon-Provinz noch fünf oder sechs Wegstunden zu Fuß. Ggongbo hatte sich eigentlich ausgedacht, dass sie in einem strammen Tagesmarsch übermorgen in aller Frühe bei seiner Schwester vorbeikommen und dann zu einem anderen Bergwerk gehen könnten. Aber es war noch lange nicht ausgemacht, dieses ersehnte Gold zu ergattern.

„So ein Mist, wann erwartet mich einmal das große Glück?“

Ggongbo beklagte sein Schicksal, während er an seinem Schweineknochen nagte und ihn dann wegwarf.

„Keine Sorge, irgendwie wird’s schon gehen. Wer weiß, ob heute Goldsteine herausquellen, glaubst du nicht?“

„Wie schön wäre es. Dann könnten wir endlich sesshaft werden.“

„Na, klar. Es ist ja keineswegs das Tun, womit man sich gerne beschäftigt.“

Sie hatten unzählige Male so miteinander gesprochen. Sie hatten sich darauf geeinigt, dass sie das Gold gleich verteilen, ein Haus kaufen, ein Weib erwerben, Schnaps trinken und bequem leben würden, ganz unabhängig davon, wer von ihnen auf das Golderz stoßen sollte. Aber sie waren diesem noch nicht begegnet, so dass ihre Worte bisher nicht eingelöst werden konnten.

„Die Zeit ist gekommen, der Hahn kräht. Wollen wir langsam losgehen?“

Dopal richtete sich bereitwillig auf. Als er den Rucksack auflud, schaute er Ggongbo an. Ggongbo, der vor dem Feuer fröstelte und anscheinend wieder unter einem Rückfall seiner damaligen Verletzung litt, kam ihm bemitleidenswert vor.

„Du da, ich mache es alleine und bringe es hierher, du kannst hier vor dem Feuer sitzen bleiben, ja?“

„Ach was, ich gehe mit.“

Ggongbo hob den Rucksack nur zaudernd hoch.

Sie drückten das Feuer mit den Füßen aus und verließen die Stelle.

Auf dem Berg war ein Durchgang, durch den man ein Tal entlang schräg hinaufsteigen konnte. Links und rechts wuchsen Tannen-, Pinien-, Kastanien- und Ahornbäumen dicht beeinander. Unter ihnen rollten Kieselsteine. Überall türmten sich raue Felsen. In pechschwarzer Dunkelheit stiegen sie umhertappend den Berg hinauf. Der Tau im dicht belaubten Wald ließ die ungefütterten Sommerhosen völlig nass werden. Jedesmal, wenn sie die Füße auf den Boden setzten, klebten sich die nassen Klamotten zischend an die Haut, wobei die Kälte den Körper durchdrang. Und der erbarmungslose Wind wehte ständig herunter. Er blies durch die verwelkten Blätter hinterlistig hindurch. Er heulte und knallte mit all seiner wuchtigen Kraft.

Ggongbo, der Dopal folgte, zitterte unaufhörlich vor Kälte. Was für ein Blödsinn das ist! Die Goldsuche, die einzige Arbeit auf der Welt, von der man die Finger lassen musste, von der man nicht leben sollte. Wieso muss es ausgerechnet Gold sein? Warum muss man dies unbedingt tun? Wo es auch noch des Öfteren passiert, dass sich die Leute untereinander totschlagen. Eigentlich habe ich keinen getroffen, der als Goldsucher harmlos gewesen wäre. Er bekam erneut Gänsehaut am ganzen Körper, während er sich jene Zeit aus seiner Vergangenheit vor Augen führte, und wie jedes Mal erstarrte er. Dann schwebte im gegenüberliegenden Bergwald ein großes Licht. Ein Tiger! So erschrak Ggongbo und rannte zu Dopal, seine Taille ergreifend.

„Was ist das?", bebte Ggongbo vor Angst.

„Was?"

„Sieh mal da, es ist schon wieder verschwunden."

„Du phantasierst bloß, es ist gar nichts."

Dopal antwortete unfreundlich und stieg unbekümmert weiter auf. Ggongbo beruhigte sich ein wenig, da Dopal sich so tollkühn verhielt, aber irgendwie war ihm nicht ganz behaglich zumute. Ggongbo wusste nicht, warum er sich heute dauernd beängstigt fühlte. Der Körper war schlapp und sein Mund brannte vor Fieber. Er musste sich irgendwie angesteckt haben, ansonsten ginge es ihm nicht so schlecht.

„Du, das geht nicht mehr. Komm auf meinen Rücken." So ließ sich Ggongbo bereitwillig und schweigsam auf dem Rucksack von Dopal tragen, als der ihm seinen Rücken anbot. Ggongbo schaute von ihm herunter und umher und beneidete ihn, der einen so strotzend gesunden Körper hatte, der ihn ohne jegliche Klage den Berg mit leichten Schritten hinauftragen konnte.

Erst als Dopal keuchte, als wäre er unter der glühendsten Sommersonne gewandert, erreichte er mit vollgeschwitzter Stirn den Berggipfel. Dopal ließ Ggongbo vom Rücken herunter, atmete pustend aus und wischte sich den Schweiß ab. Es fehlt uns nur noch eine kurze Strecke, laufen wir ein wenig hinunter, wir sind gleich dort, dachten sie.

Es war genau um Mittag gewesen, als sie in dieses Dorf gekommen waren. Sie wollten dabei eigentlich nur an einem Gasthäuschen vorbeigehen, aber dann hatten sie unerwartet auf das Wort der Gastwirtin hin die Ohren gespitzt. Hinter dem Berg, erzählte sie, gebe es ein Goldmine, eine Wunder-Schatzkiste, aus der Gold nur so herausquelle. Zurzeit sei es zwar kurzfristig stillgelegt, aber die Arbeit sollte bald wieder aufgenommen werden, wenn die Erlaubnis für die Benutzung von Sprengstoff vorliege. Und es sei Tag und Nacht bewacht, um Golddiebstahl zu verhindern.

Aber Dopal zweifelte daran, wer könnte so spät in der Nacht verhindern einzuschlafen –, und sie gingen unbekümmert hinunter. Ggongbo stieß zwei Mal mit der Hand den Hintern von Dopal an, um zur Besonnenheit zu ermahnen. Man weiß ja nie, was passieren wird. Sie stiegen links und rechts schauend leise hinab.

Sie gingen fünf Minuten weiter, dann stießen sie in der Tat auf eine große Grube.

Auf dem Bergabhang lag ein Fels wie ein Strohstapel und neben diesem noch einer, so dass sie gegabelt beieinanderlagen. Zwischen diesen war eine Grube ausgehoben worden, von einer Steinmauer umgrenzt. Die Breite betrug weniger als eine volle Spanne beider Arme und die Länge ungefähr drei Spannen beider Arme. Einer von ihnen zündete ein Streichholz an, beleuchtete das Innere der Grube und schätzte, dass die Tiefe ungefähr vier Menschengrößen betrug. Weil die Grube nur grob ausgepickt worden war, hatten die Kerle nicht einmal den Gesteinschutt richtig ausgeräumt. Das lag vielleicht daran, dass sie die Erze heimlich abgebaut hatten. Alle Leitern waren abgenommen, so gab es nur noch glatte Steinwände.

Die beiden schauten noch einmal rings herum. Man konnte wegen der Dunkelheit nicht einmal vor den eigenen Füßen was sehen, aber es sollte hier sicherlich weit und breit kein Mensch sein. Sie beruhigten sich und nahmen aus dem Rucksack die harzigen Kiefernäste heraus und zündeten sie an. Zuerst kroch Dopal bäuchlings in die Grube hinunter. Ggongbo stieg mit einer Fackel in der Hand vorsichtig und langsam hinterher. Als nur noch eine Menschenhöhe zum Absteigen blieb, rutschten Dopals Füße ab, und er fiel abrupt hinunter. Er stürzte zu Boden, aber stand gleich wieder auf. Noch vor der Morgendämmerung sollte das Gold schnell abgebaut werden.

„Du, mein lieber junger Bruder, wo genau soll ich es abbauen?"

„Ich weiß nicht, Moment mal."

Der Jüngere hielt das Licht auf die Erzadern und musterte sie.

Er war bei der Goldsuche als ausgebuffter Experte sehr bekannt. Nach schnellen Blicken stellte er fest, dass in der Mitte fast alles abgebaut war und an den beiden Rändern erneut eine Ader langsam zum Vorschein getreten war.

„Älterer Bruder, du kannst dort drüben in der Ecke abbauen."

Der jüngerer Bruder gab ihm die Anweisung und kam selber in diese Ecke. Aber er traute sich doch nicht, in die Rinne hineinzugehen. Die hölzernen Grubenpfeiler, die über eine Menschenlänge hoch ausgebaut worden waren, sahen so gefährlich aus, als könnten sie gleich über ihm zusammenfallen.

Unten war einigermaßen sorgfältig mit kleinen Steinchen ein Grund gemauert worden, aber oben gab es lediglich aufeinander gestellte große Steinen. Wenn diese auseinanderfallen, stirbt er, ohne einen Piep zu machen. Ggongbo geriet eine Weile lang ins Grübeln, aber kam dann zu dem Entschluss, dass es nicht anders geht. Eine Grimasse ziehend nahm er Hammer und Steinmeißel aus dem Rucksack. Niemand wusste, wie die Grube ausgehoben worden war, jedenfalls war die Rille so schmal, dass er nicht einmal den Körper richtig platzieren konnte, geschweige denn arbeiten. Gezwungenermaßen streckte er seine beiden Beine zu den hölzernen Trägerpfosten aus und fing auf dem Bauch liegend damit an, fest zu hämmern. In der Felsengrube war die Luft noch stickiger als sonst. Man hörte nur das dumpfe und schwere Stoßen, das vom Einschlagen der Steinmeißel in die beiden Felswände herrührte. Es donnerte nur so in den Ohren.

Ungefährnacheiner Stundewaraußerschuttähnlichen Gesteinenbis jetztnichtszum Vorscheingekommen. Wiedervergingen fünf Minuten, danach zehn Minuten. Genau in diesem Augenblick geschah es.

Ggongbo nahm schwitzend in seiner engen Rille liegend ein Stück Erzgestein ab. Ein kleiner Stein wie ein kleines hölzernes Kopfkissen. Er schaute ihn sanft an, indem er ihn unter das Licht stellte. Der Stein war ein glitzerndes Stück, sein Glanz chaotisch, aber prächtig. Könnte es etwa sein, dass er Blei enthält? Er stellte ihn quer auf einem Stein und brach ihn mit dem Hammer entzwei. Das war ein Goldstein, der so geschmeidig war, dass er nicht leicht in Stücke zerbröselte!

Er hielt ihn sich wieder vor die Augen, die er nun schlitzartig klein machte. Eine Weile lang blickte er ihn sehr scharf an. Sein Herz bubberte und pochte aus ahnungsvollem Vorgefühl. Schon allein das Gold, das in diesem Gestein steckte, könnte schätzungsweise über zehn Unzen wert sein. Eintausend Won sind das! Eintausend Won!

„Was ist's, was hast du da?"

Dopal stürzte hastig zu ihm herüber.

„Gold", antwortete Ggongbo schwermütig.

Dopal nahm den Stein forsch und hielt ihn sich nah vor die Augen. Das war Gold, locker und kinderleicht zu biegen. Auch wir haben jetzt unser großes Los gezogen! Er tanzte ruckartig und schwenkte seinen Hintern hin und her.

„Komm hier heraus, ich mache jetzt weiter."

Er hob den Jüngeren abrupt hoch, brachte ihn hinaus und setzte sich an die Stelle, wo Ggongbo gearbeitet hatte. Auch der Ältere streckte nun seine beiden Beine zu den hölzernen Trägerbalken aus und legte sich bäuchlings in die Lücke. Da er groß war, bereitete ihm das mehr Schwierigkeiten, aber er war immerhin kräftemäßig dem Jüngeren überlegen. An die enge Rille steckte er den Steinmeißel und schlug mit dem Hammer keuchend auf ihn ein.

Ggongbo blieb vor ihm stehen und zog ein langes Gesicht. Ja, die

Stimmung war verdorben. Wenn es um die Goldgewinnung ging, war er doch ein Lehrer und der ältere Bruder hatte die Arbeit stets unter seiner Regie ausgeführt. Was traut sich der Grünschnabel, so zu pfuschen, er ist ja nicht einmal in der Lage, ein Stückchen Stein fachgerecht abzunehmen. Er erkannte schnell, dass mit dem Verhalten seines älteren Duzbruders irgendetwas nicht stimmte. Dopal schien sich offensichtlich verändert zu haben, nachdem er das Gold gesehen hatte.

„Du, gibst du mir mal die Hacke!"

Der Ältere schrie ihn an, ohne auch nur den Kopf zu heben. Der Jüngere antwortete nicht und blieb schweigsam. Der Jüngere fand es zum Kotzen, dass er sich so gebärdete.

„Hey, du, gib mir die Hacke, schnell. Was stehst du so entgeistert herum?"

Dopal schaute ihn mit aufgerissenen Augen an. Der Jüngere nahm still die Hacke, die an einer Ecke stand, und reichte sie ihm. Und dann blieb er wieder wie angewurzelt stehen. Je schlechter sich der ältere Bruder ihm gegenüber verhielt, desto mehr wuchs sein Widerstand. Der angeberische Gesichtsausdruck von Dopal, sein unangebrachtes Verhalten, nur weil er kräftiger als Ggongbo war, das Überschreiten seiner Kompetenz – das alles konnte Ggongbo nicht wirklich ertragen.

„Ich habe wieder etwas herausgebrochen, siehst du, wie kräftig ich bin?"

Sein älterer Duzbruder schlug unaufhörlich prahlend die Spitzhacke nieder. Dopal sah wie ein Schwein aus, das sich auf einen Futtertrog stürzt. Alles aufraffend nahm er sogar zwei handtellergroße Erzsteine ab. Mehr konnte er jetzt wirklich nicht mehr wegschaufeln, ohne sich böse zu überanstrengen.

Dann krachte es. Unter seinen kräftigen Fäusten stürzten abrupt gleich mehrere hölzerne Pfeiler ein. Als Ggongbo dem älteren Bruder, der großen Stolz auf seine körperliche Kraft zeigte, ruhig nachsah, beobachtete er, wie Dopal noch einmal ins Innere des Schachtes ging. Ziemlich sicher wollte Dopal unbedingt soviel Gold wie möglich zusammenraffen. So kränkte es Ggongbo, dass Dopal nicht gerne seine Anwesenheit sehen zu wollen schien. Als Dopal dann erneut prahlte und bemerkte:

„Pass auf, Mensch, du taugst hier gar nichts, selbst wenn Hunderte von deiner Sorte herkommen sollten", überfiel Ggongbo ein kalter Schauder. Früher einmal hatte ihm der ältere Bruder das Leben gerettet, aber diesmal konnte es in demselben Bergdorf gut sein, dass

Dopals Faust seinem Leben ein Ende setzte. Als Ggongbo die Fäuste seines älteren Bruders ruhig anschaute, verglich er unweigerlich seine Mitleid erregenden, hageren Fäuste mit denen von Dopal. Er zitterte lediglich innerlich.

Dann zog sich Ggongbo mit einem Ruck gewaltig erschrocken zurück. Gleichzeitig mit seinem Notschrei zerbröckelte der Ausbau. Die mittleren Teile der Pfosten lösten sich irgendwie. Die rauen Steine drückten Dopal die Unterschenkel und Oberschenkel nieder. Das Fleisch wurde dabei sicherlich zerquetscht. Er konnte sich, auf dem Bauch liegend, nicht bewegen, stöhnte vor unerträglichem Schmerz. Dennoch war es ein Glück, dass er dabei überlebte. Zwar rollte genau über ihm ein fürchterlich großer Stein herunter, aber er blieb an den Kieselsteinen hängen, die ein weiteres Fallen verhinderten. Wenn dieser Stein auf ihn gefallen wäre, wäre er zermalmt worden.

„Du, hol mich hier bitte raus."

Sein älterer Bruder konnte sich nicht mehr bewegen und flehte ihn mit erschöpfter Stimme an. Und dann erneut:

„Mein Bruder, sonst sterbe ich, ja?", so bat er um sein Leben. Dopal war nur noch in der Lage, seinen Kopf aufzurichten, sonst schien er all seine Bewegungsfreiheit verloren zu haben, auch die der Hände.

Der Jüngere näherte sich ihm behände und gelangte über die umgekippten hölzernen Pfosten zur Kopfseite Dopals. Sobald Ggongbo drei Goldgesteine, die vor dessen Füßen lagen, aufgegriffen hatte, zog er sich im Nu zurück. Und dann stieg er hastig die Grube hinauf, ohne dabei zum tränenden Gesicht von Dopal zurückzuschauen.

„Du, Kerl!"

Sein Fluchen war gerade noch zu hören, als fürchterlich knallende Geräusche zugleich verrieten, dass weiter unten alles zusammenbrach. Dann hörte man das Zuschütten und Rascheln. Danach war es still.

In diesem Augenblick war der Jüngere schon ein gutes Stück hinaufgeklettert. Als er den Eingang erreichte, schaute er in alle Richtungen, kam heraus und verschwand wie ein Schatten.

Die Gestalt von Dopal war nicht mehr zu sehen. In der Dunkelheit lagen die großen Steine uberall verstreut herum. An der einen Seite des Eingangs blinzelte das fast erloschene Feuer in einem Krug hin und wieder auf. Und der starke Wind heulte auf, während Sand zischend in die Grube hineinsprudelte.

Aus: *Chosonjungangilbo,* 2.3.1935-9.3.1935

DAS BERGDORF

Der Berg

Es war schon die Zeit, in der sich die liebe Sonne, die bisher auf die Köpfe der Leute herunterschaute, nach Westen neigte, und es schien, als hänge ein langer Wedel an einem Baum; dennoch dachte Ybbuny, „die Schöne", nicht daran, die Gebirgspflanzen zu zupfen und zu sammeln, sondern lehnte vielmehr ihren Rücken an die Taille eines alten Pinienbaumes und betrachtete nur den weiten unendlichen Himmel über sich. Der Himmel war klar geworden und die weißen opulenten Blumen, die hier und dort prall blühten, bewegten sich schön. Die Kraniche paarten sich, flogen zwischen den Wolken umher und spielten laut miteinander, was bis in den Wald zu hören war.

Alle Bäume waren dicht und üppig belaubt, und das Laub streckte sich schwingend in der glühenden Sonne aus und brachte seinen Duft in Einklang mit dem sanft wehenden Wind ins Dorf. In dieser Luft flogen die hübschen Schwarznackenpirole, schlugen ihre gelben Flügel, trillerten glücklich und stimmungsvoll ihre Lieder und sprangen von einem Ast zu anderen.

„Mäh das Heu nach dem Rauchen!", schrie einer von irgendwoher.

Dort gegenüber dem Fels lag doch sicherlich eine Höhle, durch die ein Tiger ein- und ausgehen könnte.

Das Dach diese finstere Höhle bildete ein Dornenbusch mit einer Kiwiranke, die ineinander wild verwickelt waren. Die bemoosten Steine, die hellgrün flaumig bedeckt waren, gesellten sich paarweise hier und da, und die Kuckucke flogen ausnahmslos auch heute hier und ließen sich auf den Steinrücken nieder, während sie „Kuckuck! Kuckuck! Kuckuck!" riefen.

Schon bildeten sich an den Augenlidern Ybbunys Tränentropfen. Und nachdem sie ihren Gebirgspflanzenkorb auf den Boden einfach fallen ließ, fing sie an zu schluchzen, blieb stehen, glättete mit beiden Händen die Rockseite und bedeckte ihr Gesicht. Und das Weinen nahm kein Ende.

Sie bereute es nun, nicht nachdrücklicher versucht zu haben, mitkommen zu dürfen, sich dem jungen Herrn gegenüber nicht noch anhänglicher erwiesen zu haben, als er zum Lernen nach Seoul ging.

Je mehr sie daran dachte, desto stärker hatte sie das Gefühl, dass ihr das Herz zerriss.

Aber sie war doch das Mädchen, das ihm an jenem Tag – den Augen ihrer Herrin ausweichend – nur mit ihren wenigen Habseligkeiten in einem Bündel mehr als zwei Wegstunden auf den Berg gefolgt war. In der Tat war sie bereitwillig kreuz und quer über den Berg ihm vorangegangen, und sie hatte dann an einem abgelegenen, finsteren Hügelrücken auf den jungen Herrn gewartet, der nach ihr den Berg erklomm. Sie nahm sein Handgelenk und flehte ihn an:

„Nehmen Sie mich bitte mit!"

Ihre Tränen ließen den jungen Herrn erschrecken, aber dann sagte er bestimmt:

„Wieso willst du mitkommen? Ich sagte dir doch schon, dass ich im Sommer nach Hause zurückkomme. Geh jetzt nach Hause!"

Doch das erregte in ihr eine gewisse Furcht, und als sie sich an seinen Körper hängte und erneut bat, mitkommen zu dürfen, stierte er sie eine Weile an und tippte ihr besänftigend auf die Schulter.

„Weine doch nicht, Ybbuny. Also wenn ich in Seoul eine sichere Bleibe habe, hole ich dich ab."

Aber ungläubig wollte sie seine Hand nicht loslassen.

„Holen Sie mich dann wirklich ab?"

„Ich werde dich in einem Monat abholen."

„Ich warte solange auf Sie!"

Dann nahm Ybbuny, die sich aus Furcht, von anderen Leuten gesehen zu werden, hinter den Blüten einer Forsythie versteckt hielt, und dem jungen Herrn zum Abschied lange nachweinte. Sie blieb stehen, bis sein Gewand, das in der Morgensonne leuchtete, auf dem krummen Weg hinterm Bergrücken nicht mehr zu sehen war.

Obzwar der junge Herr ihr ein so eisernes Versprechen gegeben hatte, waren schon zwölf Monate seit dem versprochenen „einen Monat" vergangen, und sie erreichte nicht eine einzige Nachricht von ihm. Möchte man erst jetzt ein Eingeständnis machen, so war von Anfang an nicht von ihrer Seite die Freundschaft ausgegangen, als sich ihre Augen unter diesem Pinienbaum trafen.

Aus der Tatsache heraus, dass die Mutter Ybbunys eine geborene Dienerin der Familie des Jünglings war, blieb auch ihre Tochter Ybbuny nach allgemeiner Auffassung eine Nachfahrin einer geborenen Dienerin, also eine belanglose Magd. Darüber wusste sie ganz genau Bescheid, so dass sie es für ein Späßchen gehalten hatte, wenn der junge Herr ab und zu beim Wäschewaschen zu ihr hinüberstürzte, sie fest umarmte und ihre Wange beißend liebkoste; dennoch hätte sie nicht einmal im Traum gewagt, an eine gemeinsame Zukunft auch nur zu denken.

Auch an dem Tag, an dem die Herrin sie bat, ihr Gebirgspflanzen zu pflücken, weil sie den Appetit verloren habe, hatte Ybbuny sich sehr gefreut, verließ das Haus nach einem flüchtigen Frühstück mit einem Korb, als wäre er ihr Freund. Für sie war es einfach eine Freude, dass sie von ihrer Herrin gemocht wurde, weil sie doch ein einfaches 16-jähriges Mädchen war, und sie stieg gerne auf diesen steilen Berg, um frische Gebirgspflanzen für ihre Herrin zu pflücken. Der Tau auf den Blättern war noch nicht ganz getrocknet und in einer Spalte zwischen den zerstreuten Felsen auf der Bergwiese verschlang eine zusammengerollte Großschlange schmatzend ein Froschstück; Ybbuny schaute ihr seufzend zu, dann fand sie Glockenblumensprossen vor ihren Füßen und just in diesem Moment, in dem sie diese mit einer Hacke abzustechen versuchte, hörte sie hinter sich überraschenderweise Schritte. Erschreckt drehte sie sich um, und da befand sich der junge Herr, sie begriff nicht, seit wann und von wo er ihr gefolgt war. Er stand mit einem verschwitzten, roten und lächelnden Gesicht keuchend vor ihr und hielt einen Schnabeleschenast in der Hand als Stock. Dieser Anblick erschien Ybbuny nur allzu merkwürdig, weswegen sie ihn mit aufgerissenen Augen anschaute. Daraufhin wandte sich der junge Herr aus Verlegenheit zur Seite und sprach sie, wie immer ohne Umschweife, lächelnd an:

„Ich komme hierher, um einen Ast für einen Stock abzubrechen!"

Aber Ybbuny fiel plötzlich ein, dass sie vor einigen Tagen von der Herrin zu sich gerufen und zurechtgewiesen wurde, sie werde Prügel bekommen, wenn sie mit dem jungen Herrn zusammen unterwegs sein sollte, und daher fauchte sie entschlossen zurück.

„Warum sind Sie mir gefolgt? Wenn die Herrin das erfährt, werde ich verprügelt. Wollen Sie das?" Gelassen erwiderte er, als hätte er sie überhört:

„Ich komme nur, um einen Stock zu machen!"

So war es für Ybbuny höchste Zeit, sich zu ärgern.

„Ich weiß nicht. Ich werde wohl von der Frau Herrin geschlagen werden."

Dann wendete sie sich von ihm ab, und als sie sich anschickte, die zuvor entdeckte Glockenwurzel abzupflücken, stürzte er sich auf sie und umarmte sie von hinten.

„Ich weiß wohl, dass du Prügel bekommen wirst."

Er nahm ihre Wange, die voller Schweiß war, an den Mund und dachte nicht daran, sie loszulassen. Schon als Kind spielte Ybbuny mit dem jungen Herr und wuchs mit ihm auf. Sie hätte ihn in diesem Moment nicht vom Fels geschubst, wenn sie anfangs Hoffnung gehabt hätte. Er stand auf, schüttelte sich die Erde vom Hintern und schmatzte aus Verlegenheit, was in Ybbuny Mitleid erregte und sie ein wenig schuldig fühlen ließ, weil sie sich ihm gegenüber so viel erlaubt hatte. Und dann war es so, dass sie von ihm wieder an der Hand unter diesen Pinienbaum geführt wurde und sich erneut von seiner Hand losgerissen und ihn gerügt hatte, aber es wäre doch eine Lüge, wenn sie sich trotz ihres Widerstandes nicht danach gewünscht hätte, trotz ihrer Widerrede, mit noch stärkerer Kraft von dem jungen Herrn an sich gezogen zu werden. Es war genau dieser Augenblick, als Ybbuny mit errötetem Gesicht einen verborgenen Gedanken äußerte.

„Ich weiß nicht, ich werde das der Frau Herrin verraten. Ich weiß nicht!"

So versuchte sie trotz der Kränkung dem jungen Herrn auf den Zahn zu fühlen.

„Kann man das mit einer Magd so machen?", rügte sie ihn und schüttelte seine Hand ab, doch der junge Herr flüsterte trotz des stillen und entlegenen Berges leise in ihr Ohr:

„Willst du nicht mit mir abhauen?"

Dieses Wort von ihm hatte Ybbuny wirklich ernst genommen, aber sie staunte darüber, wie ein Mann so sehr beängstigt sein konnte. Sie vergaß derweil, die Gebirgspflanzen zu pflücken und war in der Vorstellung versunken, ein vornehmes Fräulein des jungen Herrn zu werden, während er Staub aufwirbelnd hastig den Berg hinabstieg und sogar das Streichholzkästchen, das aus seiner Tasche gefallen war, nicht aufhob. Als er nicht mehr zu sehen war, legte sie den Kopf auf eine Pinienwurzel und schaute sich, auf der Wiese ausgestreckt, den blauen Himmel an. Aber irgendwann überkam Ybbuny irgendwie Furcht, stand rasch auf und schaute in alle Richtungen umher, obwohl sie doch von keinem Menschen beobachtet wurde; ringsum waren lediglich raue Felsen beziehungsweise dichter Wald. Vielleicht lag es daran, dass der Berg so jäh und abschüssig war. Ihr Herz schlug immer noch heftig, und dennoch trug sie in sich ein glückliches Gefühl, dass sie am liebsten dieses ganze Bergstück umarmen mochte; aber ob sich der junge Herr, der sich ihr gegenüber so einfühlsam zeigte, vielleicht doch von ihr abwenden würde, wenn er jetzt ging?

Das Dorfviertel

Ybbuny wischte sich mit ihren zwei Handrücken die Tränen ab und hob den Kopf, aber sie, die sich wieder einmal unter dem alten Pinienbaum hingesetzt hatte und nur zum fernen Himmel entgeistert hinaufschaute, sehnte sich nach dem jungen Herrn, ohne daran zu denken, die Gebirgspflanzen zu pflücken.

Wenn sie an jenen Tag zurückdachte, hatte er sie rücksichtslos gekränkt, denn gerade der junge Herr war Schuld daran, dass sie von der Herrin geschlagen und beleidigt worden war.

Es waren noch keine vier Tage vergangen, an denen sie täglich auf den Berg stieg, da hatte die Herrin Ybbuny zu sich hereingerufen, die am Abend völlig ermüdet vom Berg zurückkam, auch wenn nicht klar war, ob die Herrin von der Entwicklung der beiden erfahren hatte oder nur mutmaßte.

„Du, Weib, sprich die Wahrheit, sonst bringe ich dich um!"

Die Herrin schlug Ybbuny mit einer Rute, und zwar bis der Hintern stellenweise angeschwollen war, und als sie dennoch alles hartnäckig abgestritten hatte, stürzte diesmal ihre eigene Mutter auf sie, packte die Haare ihrer Tochter und schlug ihr mit der Faust ein paar Mal krachend auf den Rücken. So weit war es für Ybbuny vielleicht noch zu ertragen gewesen. Aber sie wurde auch in ein Flügel-Zimmer eines Anbaus im Hof gesperrt und einige Tage lang wurde ihr nicht erlaubt, die Außenwelt auch nur zu sehen, zumal sie als Gefangene magere Kost bekam. Sie verfiel in große Trübsal. Als sich die letzte Nacht der Gefangenschaft dem Ende neigte, hatte Ybbuny wegen der ungerechten Behandlung großen Groll gefühlt und geweint, dann umarmte sie fest die Taille ihrer Mutter, die sich neben sie gelegt hatte, und öffnete ihr Herz.

„Mutter, ich möchte mit dem jungen Herrn zusammenleben."

So offenbarte sie ihrer Mutter ihr Inneres, aber die Mutter blieb zunächst schweigsam liegen, man wusste nicht, ob sie das nun gehört hatte oder nicht, aber dann atmete sie nach einer Weile tief aus. Ihre Augen füllten sich mit Tränen und sie begann ihrer Tochter zu erzählen:

Sie sei jetzt alt geworden, aber damals so wunderschön wie Ybbuny gewesen, als sie als Magd mehrere Monate lang ein heimliches Techtelmechtel ihren alten Herrn gehabt habe, bis die Herrin es gemerkt hat. Deshalb hat die Herrin sie gerufen, geschlagen und aus Eifersucht mit einem Blockeisen versucht, ihr Geschlecht zu verbrennen. Ybbuny wurde von ihrer Mutter eindringlich gebeten, den jungen Herrn gefälligst zu vergessen und sich ihren Körper gut zu bewahren, zumal die Mutter zurzeit von der Suksung-Familie zwecks einer Eheanbahnung angesprochen worden sei. Und wenn sie nicht ihre einzige Tochter wäre, hätte die Herrin ihr ohnehin nicht vier Tage lang erlaubt, sich frei außerhalb des Hauses zu bewegen. Als Ybbuny endlich draußen war, kam es ihr vor, dass die Welt inzwischen etwas größer geworden sei. Ihr Körper fühlte sich erleichtert wie der eines wilden Tiers, das aus seinem Käfig befreit worden war; sie stellte sich vor, sie wäre noch fröhlicher gewesen, wenn sie dieses vom hässlichen Berg ringsum umgebene Dörfchen hätte verlassen und in das breite Tal hätte gehen können. Und als sie auf Anweisung ihrer Mutter den Bach entlang gegangen war, um das Peperonifeld zu jäten, kam der junge Herr ganz plötzlich von der linken Seite des Waldes herausgesprungen und quengelte aufdringlich, mit ihr zusammen auf den Berg zu gehen.

Der junge Herr besuchte noch eine Schule in der Kreisstadt und war während der Schulferien nach Hause zurückgekommen, aber er lief Ybbuny täglich bis zum Sonnenuntergang nach, ohne zu lernen, was ihr fast mitleidig vorkam, vor allem fürchtete sie sich aber vor ihrer Herrin, die ihr die Hölle heiß machte, wenn Ybbuny just diesmal erwischt würde, ausgerechnet gerade jetzt, nachdem sie von ihrer Herrin nach langer Zeit freundlicherweise begnadigt worden war; daher hatte sie um ihn herumzukommen versucht und ihm gesagt „heute geht es nicht, vielleicht übermorgen"; als er dennoch hartnäckig darauf bestand, hatte sie nichts anderes machen können, als ihn abzuschütteln und sich aus dem Staub zu machen.

Auf dem Peperonifeld, um das sich wegen des schmuddeligen Regens einige Zeit lang niemand gekümmert hatte, waren die Gräser ineinander verschlungen. Ybbuny hatte nun nicht gewusst, wo sie anfangen sollte. Sie hatte den Rock zusammengenommen, sich einfach in eine Ecke gehockt und kritzelte nun – 'Kann man das Jäten nennen?' – mit einer Grassichel in die Erde. Ihre wirklichen Gedanken waren aber in die Worte der Mutter von gestern Nacht versunken, eine Magd könne ihren Herrn nicht heiraten, und sie grübelte nach, ob das nun richtig sei oder nicht. Aber Ybbuny schwor sich selbst, auf jeden Fall zu versuchen, mit dem jungen Herrn zusammenzuleben. Und sie hatte davon geträumt, dass wenn sie die Frau von dem Jüngling werden würde, auch ihre Mutter sozusagen zur Frau Herrin aufsteigen könnte. Das Mädchen fühlte sich ungerecht behandelt und begriff daher nicht, warum die Mutter so ungestüm reagiert hatte.

Ybbuny hatte über dies und jenes bis zum Mittag nachgedacht, bis die Sonne im Zenit stand und stark auf den Nacken brannte. Und als sie den Kopf erhob, war sie angesichts der Tatsache, dass sie nicht einmal eine Furche ausgejätet hatte, so verblüfft, dass sie die unangebrachte Bemerkung ‚du blödes Feld' fallen ließ. Also nahm sie sich jetzt vor, ein wenig schneller zu jäten. Ihre Hände bewegten sich flink, hier und da riss sie eifrig das Unkraut aus, aber irgendwie hatte sie sich nicht recht auf die Arbeit konzentrieren können. Und nicht nur das: Sie wurde einfach schlapp, als sie hörte, wie frei die Vögel in dem Busch an dem Bergbach, der hinter ihr lag, zwitscherten und ein Ochse, der weit von ihr auf der Bergwiese zupfte, sehr lange und träge Muhs ausstieß, so dass sie am liebsten gleich unter dem Schatten des Weidenbaums hätte umkippen und ein kleines Nickerchen machen wollen; aber sie setzte das doch nicht in die Tat um, weil sie sich vor ihrer Mutter fürchtete.

Ybbuny hatte darauf gehofft, dass man ein Gesetz verabschiedet, nach dem Mädchen keine Gemüsefeldarbeit machen dürften. Als sie in ihrer grolligen Stimmung die Grassichel in die Erde gesteckt, sich den Schweiß am Gesicht abgewischt und hingesetzt hatte, sah sie wie Suksung, der anscheinend unterwegs war, um Gerste zu holen, auf dem Rücken eine leere Holzkraxe trug, nun herüberkam und sich dann an der Kopfseite des Gemüsefeldes mit einer forschen Haltung vor ihr aufbaute und ihr gegenüber losschoss:

„Es wird gesagt, dass du mit dem jungen Herrn was getan hast."

Kein anderes Wort war für sie so herzzerreißend wie dieses Wort. Selbst wenn man ihr mit der scharfen Messerklinge eine Linie senkrecht in die Brust gezogen hätte, wäre es nicht so schlimm gewesen. Aber das Gesicht Ybbunys wurde gleich rot, und sie vermochte noch nicht einmal zu fragen, woher er das gehört habe. In Anbetracht seines anmaßenden Verhaltens hätte sie gleich über ihn stürzen, wenigstens in seine Hasenohren beißen und dort hängen bleiben wollen, aber stattdessen senkte sie entrüstet nur den Kopf, weil sie fühlte, eine Sünde begangen zu haben, und keinen Mut hatte, gegen ihn anzutreten. Daraufhin wähnte sich Suksung stark, als ob aus ihm was geworden wäre und sie gering sei. Er trat in die Mitte des Feldes und wiederholte forsch seine unangebrachten Worte in einem zynischen Ton.

„Du hast wohl mit dem jungen Herrn was getan, habe ich gehört."

Wenn es ein gewöhnlicher Tag gewesen wäre, hätte er ihr gegenüber gar nicht solch ein freches Benehmen gezeigt, und wenn sowas überhaupt hätte passieren können, dann hätte es dazu führen können, von Ybbuny mit einem hölzernen Stock etwas auf den Hintern zu bekommen. Eigentlich hatte er ihr eine Melone mitgebracht, die er aus dem Laden seines Vaters im Strohpavillon heimlich stibitzt hatte, und er sagte ihr nun:

„Du, Ybbuny, iss das."

Aber als sie dann mehrmals abgewunken hatte und: „Nein, danke, ich werde das, was du mir gibst, nicht anrühren", sagte, schob er sie ihr dennoch hartnäckig hin, so dass sie die Melone endlich nahm, aber so, als täte sie es ungern. Dann putzte sie mit dem Rockzipfel die Erde von der Melone ab, und während sie aß, nahm er schnell die Grashacke in die Hand, jätete zügig aus, um ihr möglichst zu gefallen, und er, dessen Körper bei aller guten Absicht nur wie ein Bär aussah, rollte sich hin und wieder sogar auf der Gemüsefeldfurche hier und dort, um ihr ein Lachen abzuringen, als wäre es sein Talent.

Der Vater von Suksung, der schon überall nach seinem Sohn gesucht hatte, knurrte:

„Der Kerl ist wieder irgendwohin abgehauen", stieß aber endlich auf die beiden, wunderte sich darüber, dass sein Sohn im Gemüsefeld des fremden Mädchens das Unkraut harkte, anstatt sich um das Unkraut des eigenen Feldes zu kümmern. Einerseits blieb dem Vater die Spucke weg, andererseits musste er sich ein Lachen verkneifen und den Verärgerten spielen.

„Du, Kerl, was machst du denn hier, in einem fremden Gemüsefeld, statt dein eigenes Feld zu jäten?"

Aber Suksung sah nur umher und tat zunächst erschrocken, erhob verlegen seinen Hintern, den er abschüttelte, und erwiderte eher barsch:

„Ich bin hier, um Ybbunys Gemüsefeld ein wenig auszujäten, was denn sonst?"

Daraufhin rügte der Vater ihn nicht mehr und ließ lediglich die Bemerkung fallen:

„Na, so ein blöder Kerl!", und ging dann heimlich schmunzelnd. Daraufhin reagierte Ybbuny übertrieben, da sie doch in eine sehr merkwürdige Lage geraten war, stieß seinen Rücken weg und begann weithin horbar zu schreien:

„Habe ich dich etwa darum gebeten, mein Feld zu jäten? Geh! Geh schon! Hau ab!", ohne auch nur einen Gedanken an die Melone, die sie schon aufgegessen hatte, zu verschwenden.

Selbst ihr kam es unerhört vor, dass einer wie Suksung, der ihr gegenüber so gefällig gewesen war, ihr jetzt auf die Nerven ging.

Die Steine

Ybbuny fühlte sich vor lauter Scham überhitzt, aber entschloss kurz darauf, sich mit einem bissigen Gedanken zu rächen. Sie litt unter einem stechenden Schmerz in der Brust, zuckte mehrmals mit der Schulter, stand dann still und prompt auf, musterte alle Richtungen, stellte fest, dass wegen der Feldarbeit kein Mensch im Dorf anwesend war, und schleppte Suksung an seinen Ärmeln ziehend in das Kauliangfeld, das nebenan lag. Ybbuny hatte ein Örtchen ausgesucht, das in der Mitte dieses Feldes angenehm kleinräumig und nach außen hin abgeschirmt war und wo sie ungehindert schreien konnte. Sobald sie mit ihm die versteckte Stelle erreicht hatte, wählte sie ein kantiges Steinchen aus, das nicht lebensgefährlich, aber doch geeignet war, ihm weh zu tun. Mit diesem donnerte sie nun an die Vorderseite seines Unterschenkels.

„Du, Kerl, was hast du mir vorhin gesagt?"

Sie brüllte Suksung an, der sich zunächst in fröhlicher Erwartung von ihr gerne führen ließ, als käme etwas Interessantes auf ihn zu, aber dann waren überraschend unangenehme Steinchen geflogen, weswegen er „Aua!" von sich gab. Er riss die Augen so weit wie eine Glocke auf, einmal sprang er auf wie ein Reh, das eine Kugel falsch getroffen hat. Dennoch freute er sich eher darüber, als dass er sich über sie ärgerte, weil er bisher von ihr gar keine Aufmerksamkeit geschenkt bekommen hatte, selbst wenn er mal an ihr vorbei gegangen war; und durch diese Steinchen empfand er sich jetzt von ihr aufgehoben; weshalb sonst schleppte solch ein Mädchen wie Ybbuny ihn absichtlich hierher und zeigte ihm sein Interesse auf eine Weise, die so außergewöhnlich war, indem es ihn mit den Steinchen so hart schlug, bis es ihm weh tat? Das Ganze ermutigte ihn, ihr gegenüber boshaft zu grinsen und sie noch einmal mit schiefer, träger Stimme zu hänseln.

„Nicht wahr, es ist die Rede davon, dass du wohl mit dem jungen Herrn etwas getan hast."

Ybbuny riss die Augen aufgeregt auf und blickte ihn scharf an.

„Was sagst du, du Kerl?"

Aber sie hatte diesmal kein Steinchen aufgehoben, sondern brach in heftiges Weinen aus, das sie sich bisher nur knapp verkniffen hatte. Sie stürzte sich auf ihn, indem sie sein Oberteil ergriff und ihn an sich zog, und Suksung riss die Augen vor Überraschung weit auf, denn es war für ihn eine Sünde, dass er sie zum Heulen gebracht hatte.

„Nein, nein. Das war nur ein Späßchen von mir gewesen. Ich meinte das nicht ernst."

So besänftigte er sie hastig, wie der Mund feurig wird, und er bat sie, während er mit der Hand an ihre Schulter klopfte, mehrmals um Beruhigung und sagte schließlich mit sanfter Stimme:

„Nein, ich nehme mein Wort zurück."

Einige dutzend Male sagte er das. So war es ihm gelungen, dass sie mit dem Heulen aufhörte.

Aber mit schluchzender Stimme drohte sie ihm mehrmals:

„Wenn du noch einmal vor den Leuten so etwas sagst, dann bringe ich dich um, verstanden?"

Und er beschwichtigte sie:

„Nein, ich werde es nicht machen."

Wirklich hatte er vor ihr geschworen, nicht mehr so schlechte Worte in den Mund zu nehmen. Auch Ybbuny hatte sich jetzt beruhigen können und sagte, als sie sich die Tränen restlos abwischte:

„Tust du das noch einmal, bringe ich dich um!"

Sie ließ ihn noch einmal schwören, und als sie sich anschickte, wieder zum Peperonifeld zurückzugehen, fiel Suksung über sie her, umarmte ihre Taille ganz fest und sagte:

„Du, warum hast du denn abgelehnt, mich zu heiraten, als meine Eltern euch einen Antrag gemacht haben?"

Daraufhin gab sie ihm eine schallende Ohrfeige.

Ohne Furcht, dass der junge Herr ihr gleich seine Liebe entziehen würde, wenn er davon erfahren würde, hätte sie Suksung nicht die Hölle heiß gemacht, was sie bis heute bereute, weil seine Tat nur eine kleine Unannehmlichkeit gewesen war. Schließlich lag alles doch nur in der eisernen Treue gegenüber dem jungen Herrn begründet.

Das Wasser

Die Verletzung, mit der ihr Herz prall erfüllt war, spülte Ybbbuny durch Tränen aus, nahm wieder den Gebirgspflanzenkorb in die Hand, fing damit an, in dem abschüssigen Wald den Bergrücken hinaufzusteigen und die Glockenblumenwurzeln eine nach der anderen abzupflücken.

Ybbuny wusste noch nicht, ob es wahr war oder nicht, aber der junge Herr sei nach einem von weither eingeflogenen Gerücht mit einem hübschen Fräulein befreundet, seitdem er nach Seoul gegangen war. So weit war es für sie vielleicht erträglich, viel schlimmer war seine Mutter, ihre Herrin, die nichts anderes tat als zu Hause nach einem freundlichen jungen Frauchen als Braut zu suchen, und zwar nach dem Motto: Für einen alten Junggesellen ist eine Vermählung je schneller, desto besser, um gesund zu bleiben.

Ybbuny begriff nicht, was all das bedeuten sollte, so dass sie sich den Kopf darüber zerbrach. Obwohl sie die Hacke tief in die Erde drückte, richtete sie sich sogleich auf, ohne die Wurzel der Glockenblume abzupflücken, und blieb tatenlos stehen, während die Sonne langsam unterging.

Als sie entrüstet wieder den Wald hinabstieg, umarmte sie den emporstehenden Fels vor ihr und sah die Landschaft ihren Füßen. Sie war sehr schön, unten lag das klare Wasser, das zwischen den rauen Steinmauern entlang floss, und die errötete Sonne der Abenddämmerung, die teilweise von grünen Blättern eingerahmt war. In diesem Licht spiegelte sich Ybbuny, die sich als ganz schwarzes Bild im Wasser weit unten sah, dann schaute sich ihr Aussehen einmal sorgfältig an und stellte fest, dass es doch kein Wunder war, dass der junge Herr einmal in sie verliebt gewesen war und ihr nachlief, bis er liebeskrank wurde, obwohl sie schäbig angezogen war. Sie sah auch in ihren eigenen Augen nicht gerade hässlich aus; die Augen, Nase, Ohren und der Mund standen anderen in nichts nach, so verstand sie das Herz des jungen Herrn nicht, was für einen Mangel es an ihr geben sollte, damit sich sein Augenmerk auf andere rechtfertigen ließe. Da schwoll ihr Groll gegen ihn zu dicken Tränen, die ein großer Karpfen aufschnappte, der wie emporsteigender Rauch aus dem Wasser sprang, als wären sie Fischfutter, bevor sich auf der stillen Wasseroberfläche Kreise bildete. Als Ybbuny wie eine entgeisterte Verrückte auf dieses klare Wasser still hinabschaute, fiel ihr plötzlich ein, dass sie in diesem Wasser ertrinken oder sich mit dem lieben jungen Herrn im Arm platschend in das Wasser alles vergessend hineinwerfen wollte, um ein sauberes Ende zu setzen, wenn sie denn schon sterben sollte. Sie fragte sich, warum sie denn, als sie ihn das letzte Mal im Arm hielt, nicht ins Wasser hineingesprungen war, um zu ertrinken, als er von hinten ihre Wangen küsste, sie zu trösten versuchte und sie gemeinsam auf dieses Wasser blickten:

„Du, weine nicht. Wenn ich gehe, gehe ich nicht für immer, nicht wahr?"

Wenn Ybbuny an jenen Tag zurückdachte, fraß sie den Groll

in sich hinein, aber sie war damals wahrscheinlich sehr hungrig auf das Leben gewesen; so fragte sie ihn noch einmal das, was sie schon mehrfach gefragt hatte, um sich zu vergewissern:

„Kommen Sie wirklich im nächsten Sommer nach Hause zurück?“, worauf der junge Herr bereitwillig antwortete:

„Aber natürlich, wie könnte ich dich vergessen!“, und warf dabei die gelbe Blüte der Kamelie, die er abgeknickt schon in der Hand hielt, in das Wasser und sagte:

„Pass auf, es wäre gut, wenn du wissen würdest, was für ein Wasser das ist?”

Er blinzelte mit den Augen und dann fing er an zu erzählen: Damals lebte einmal auf diesem Berg ein Kraftmensch und der König des Landes entsandte seine Soldaten in alle Richtungen, um ihn zu fassen. Aber der Kraftmensch war mit Flügeln versehen, die sehr flink waren, so dass man ihn, der einfach in die Lüfte flog, nicht einfangen konnte, so dass sich die Soldaten darüber den Kopf zerbrechen mussten. Aber eines Tages wurde er lebend gefasst, als dieser Kraftmensch in diesem Wasser ein Bad nahm, und vielleicht, so führte der junge Herr weiter aus, habe der Kraftmensch dieses saubere Wasser, das Herr Gott trank, durch seinen Körper getrübt, und wie könne solch einer vor Gott straffrei davonkommen. Schließlich seien seine Flügel aufgelöst, sobald der Kraftmensch sie mit dem Wasser berührt habe, und der junge Herr machte die Augen groß und blinzelte, als hätte er Angst, mimte er mit Handbewegungen das grausame Ende des Kraftmenschen, dann fuhr er weiter fort:

„Ach, es ist so fürchterlich! Du, weine doch nicht. Wenn deine Tränen dort ins Wasser hinunterfallen, passiert dir etwas.“

Aber Ybbuny hörte ihm gar nicht zu, schaute nur den jungen Herrn mit nachdenklichem Blick an, weil sie befürchtete, dass sie ihn für immer verlieren könnte, wenn er in ein paar Tagen nach Seoul gehen würde. Daher schickte sie sich denn auch an, ihn vor seiner Abfahrt schwören zu lassen, dann könne sie schließlich eine gewisse Verlässlichkeit haben. Als er von sich aus, ohne zu zögern, eine Schnur seines oberen Teils der Tracht auf einmal abmachte und diese an ihrer Gurttaille einsteckte und sagte:

„So, kannst du dich auf mich immer noch nicht verlassen?“, wurde sie ihm gegenüber ehrfürchtig und vertrauensselig und dachte, dass er sie doch nicht vergessen würde, wenn er bei ihr sogar diese Schnur ließe. Es ging hier außerdem um das Wort eines Mannes, das fraglos nicht gebrochen wird, aber sie dachte sich nach dieser Erwägung, dass es auf keinen Fall auf diese Kleiderschnur ankommen könne, so dass sie sich entschloss, ihn zu begleiten. Es war so weit gut gewesen, dass sie ihm schließlich bis zu dem Berghügel gefolgt war, aber dennoch verzichtete sie letztlich auf das Mitkommen. Sie bereute jetzt, sich ihm nicht wie eine Klette angeheftet zu haben. Sie behielt einzig die Kleiderschnur, die sie behutsam bei sich trug, nahm sie nun heraus und vergoss Tränen, was ihr aber nur weiteren Kummer bereitete. Aber wenn sie nicht einmal diese Schnur gehabt hätte, wäre es mit ihrer Lebenslust vorbei. Dennoch kam sie zurzeit täglich auf diesen rauen Steilberg und blickte bis zum Sonnenuntergang weinend auf die vergangenen Tage zurück.

Der Bergpfad

Alle Vögel zwitscherten auch heute wie gestern und das Wetter war klar, dennoch kam Ybbuny merkwürdigerweise noch nicht auf den Berg.

Suksung, der die Anweisung seines Vaters hatte, er solle auf dem Markt in der Landstadt Salz einkaufen und drei Hühner von zu Hause verkaufen. Er vergaß aber ganz, weshalb er ziemlich früh losgegangen war, kam auf diesen Berg hinauf, warf die Hühner mit den verbundenen Füßen einfach zur Seite, legte sich in den Schatten unter den alten Pinienbaum und wartete sehnsüchtig auf Ybbuny. Aber weil sie doch nicht erschien, bangte er darum, sie vielleicht verärgert zu haben. Es war vorgesehen, dass Suksung im kommenden Herbst nach der Ernte Ybbuny heiraten würde, was ihm nichts mehr zu wünschen übrig ließ. Aber er befürchtete, dass sie auch diesmal aufs Essen verzichtete und ihm drohen würde, sich das Leben zu nehmen, was dem Vorhaben der Vermählung allerdings abträglich wäre. Ybbuny, die immer so eiskalt gewesen war, wurde zurzeit ganz plötzlich zahm und sie blickte ihn nicht einmal feindselig an, was ihm wirklich riesige Freude bereitete, dass er am liebsten unaufhörlich tanzen mochte. Nicht nur das: Es war ein ruhiger Tag gewesen, an dem Ybbuny, die Mais hinter dem Zaun des Hauses von Frau Herrin pflückte, ihn mit einer leisen Handbewegung zu sich rief, als er gerade vorbeiging. Solbald er sich ihr genähert hatte, flüsterte sie ihm ins Ohr:

„Kannst du für mich einen Brief schreiben?“

„Ja, ja, ich kann für dich einen schreiben. Das kann ich sogar ganz gut."

Suksung, der sich über diesen Auftrag sehr freute, fing damit an zu schreiben, nicht zuletzt, weil sie ihn um Schweigsamkeit in dieser Sache bat, sie könne alles tun, was er von ihr verlange, und so diktierte sie ihm Wort für Wort.

„Lieber junger Herr, Ybbuny wartet immer noch auf Sie..."

Und Suksung wünschte sich, jahrelang täglich für sie an den jungen Herrn zu schreiben, wenn es sich um solch einen Brief handelte.

So hatte er fünf Zeilen mit einem Bleistift geschrieben, und für die Gestaltung der noch nicht ausgeprägten Schrift tat er sogar ganze zwei Nächte kein Auge zu.

Und als er, wie versprochen, auf den Berg stieg, um sie zu treffen, überkam ihn sogar ein angenehm aufregendes Gefühl, sein Herz pochte, als wäre er schon ein Ehemann auf dem Weg zu seiner Frau.

Ybbuny sollte schnell hier auf dem Berg sein, damit er sie fragen könnte, was sie als Geschenk haben möchte. Er hatte sich vorgenommen, diese Hühner für ein Geschenk zu verkaufen, aber sie erschien nun nicht. So wurde ihm langsam schwer zumute, und es fiel ihm ein, dass er ihr beim letzten Mal gedroht hatte, was er im Nachhinein ein wenig bereute.

„Du musst mit mir zusammenleben, weil ich diesen Brief für dich geschrieben habe."

Dabei senkte Ybbuny den Kopf tief und sagte:

„Ja."

Ihr kamen Tränen in die Augen, aber aus der Tatsache, dass sie ihn nur sanft aufforderte:

„Lies mal den Brief vor", konnte Suksung annehmen, dass er sie aber doch nicht allzusehr verärgert haben konnte. So begann er mit großer Freude, ihr den Brief stolz vorzulesen, aber er trug ihn schließlich recht stotternd vor, obwohl er ihn doch selbst geschrieben hatte:

„Lieber junger Herr, es ist so lange her, seitdem Sie uns hier verlassen haben. Warum kommen Sie nicht hierher zurück, es sind doch schon anderthalb Jahre vergangen. Ybbuny verbringt jede Nacht mit Tränen. Ich möchte nur noch sterben. Also fliegen Sie bitte schnell zurück zu mir und ..."

So trug Suksung den Brief schwitzend vor. Ybbuny nahm den Brief von ihm entgegen, steckte ihn in einen Briefumschlag hinein, versteckte diesen im Gebirgspflanzenkorb und stieg sogleich kühl den Berg hinab. Als sie den Bergrücken hinabstiegen war, befand sich ein großer Bergbach vor ihr, dessen Wasser zwischen den gleichmäßig verstreuten, rauen und zugleich prächtigen Felsen, ratschend hinunterfloss, und dieser Anblick machte sie auf einmal ganz schwindlig. Sie setzte die Füße sehr vorsichtig auf die Steine und gelangte so auf die andere Seite. Sie hatte trotz aller Überlegungen nicht begreifen können, dass der junge Herr, der sie selbst sogar einmal zu überreden versucht hatte, zusammen abzuhauen, allein nach Seoul weggegangen war. Also konnte nur Herr Gott dabei im Spiel gewesen sein, dass sich der junge Herr als der Mann, den sie unter dem Pinienbaum so sehr angefleht hatte, ganz und gar von ihr abgewendet hatte, selbst wenn er als Mann seine Ansicht geändert haben könnte. Ybbuny hielt unter einer Euphrat-Pappel an, die wie ein Berg gediehene Blätter hatte, nahm den Brief aus dem Korb und und las ihn, verborgen unter ihrer Schürze.

Sie zweifelte daran, ob der von Suksung angefertigte Brief ihn wirklich erreichen würde, vor allem war es nicht sicher, ob der junge Herr wegen dieses Briefes schnurstracks zu ihr eilte. Sie bestand aber doch beharrlich darauf, dass der junge Herr, das ihr diese Kleiderschnur als Zeichen für ein Zurückkommen gegeben hatte, auch noch nach diesem Brief zurückkommen müsse; so wartete sie denn auf dem weit dahinliegenden steilen Bergpfad darauf, dass der Postzusteller vorbeikommen möge.

Es war nicht so, dass sie nicht gewusst hätte, dass der Postzusteller höchstens alle drei Tage hier vorbeikommt, und es war für sie glasklar, dass der Zusteller, da er schon gestern hier gewesen war, erst wieder übermorgen hier sein würde. Dennoch wartete Ybbuny auf dem langen Bergpfad, der sich krumm um den Bergrücken herumschlängelte, auf ihn, als könnte dieser jederzeit auf dem Pfad erscheinen, und sie bangte so lange, bis die Sonne ganz untergegangen und es vollkommen dunkel geworden war.

Aber heute erschien Ybbuny merkwürdigerweise nicht auf dem Berg, obwohl das Wetter klar wie gestern war und die Vögel auf dem Berg herrlich zwitscherten.

Aus: *Chosonmundan*, 7. 1935

DER SCHURKE

Im Bergdorf war der Herbst in vollem Maße ausgebrochen. Die alten armdicken Kiefern standen dicht an dicht im Wald. Sie schwankten hin und her, als würden sie alle auf ihrem Kopf eine schwere Nonnenhaube tragen. Zwischen den Kiefern standen Haselnussbäume, Kirschbäume und Sandbirnen eingeklemmt, und ihre Herbstblätter waren bereits bunt verfärbt. Klares Quellwasser brauste die Gebirgswiesen hinab. Zwei Waldhasen, die müßig einander gegenüber saßen, ergötzten sich an diesem Wasser. Ab und zu zitterte das verwelkte Laub raschelnd, als käme es zu sich. Ein kühles Lüftchen blies sanft. Die hübschen Wild-Chrysanthemen sprangen in der Brust dieses Windes leichtfertig hin und her. Der Dampf des duftenden Erdbodens stach in die Nase. Hier standen Kerlchen namens Hahnenkamm, von dort kam der Geruch verfaulter Blätter, und dieses Kerlchen hier ist ein Kiefernpilz..., aber nein, nicht doch, das war ja der Duft der Pfefferminzblätter, die sich im Dornenbusch versteckt hielten.

Ungchil, der die Hände auf dem Rücken fest verschränkte, schlenderte hier und dort umher. Er steckte müßig-schleppend seine beide Füße immer wieder zwischen diese und jene Bäume. Seine Nase öffnete sich breit der Luft und zog sich dann wieder zusammen, so dass er wiederholt keuchte. Als er eine gebeugte Kiefer erreichte, blieb er stehen. Diesmal richtete er seine Nase zum Erdboden und lief im Kreis um eine Gebirgspflanze herum.

Aha, da bist du ja! Vor ihm lag aufgehäufte Erde, mit verfaulten Kiefernnadeln überdeckt. Er strich diese behutsam und vorsichtig vom Boden, und es kam, wie erwartet, ein hübscher Kiefernpilz zum Vorschein. Du verdammter Kerl, hättest du nicht etwas höher wachsen können? Er pflückte ihn entschlossen ab und verschränkte dann wieder die Hände auf dem Rücken. Hin und wieder brach ein Scheingähnen aus ihm heraus. Jedesmal, wenn es so weit war, dehnte er sich mit dem Blick zum Himmel und streckte die Arme so breit aus, wie es nur ging.

Es war Erntezeit, in der man gemeinhin in höchstem Maße beschäftigt ist. Zu dieser Zeit gab es niemanden, der es als Bauer wagte, Kiefernpilze sammeln zu gehen. Aber Ungchil hatte keine Arbeit, die er unbedingt ausführen musste. Wenn er mochte, dann vielleicht, wenn er nicht mochte, dann nicht, so war es eben. Man frage sich nun vielleicht, ob er trotzdem zumindest ein bisschen zu essen hatte. Nun, er hatte weder Grund noch Boden, von dem er sich hätte ernähren können, noch Weib, noch Kind. Es gab lediglich ein Zimmer zum Schlafen, zwar nur zur Miete in einem Haus, aber immerhin ein Zimmer, in dem er sich zusammengerollt schlafen legen konnte. Trotz dieser Umstände hatte er heute morgen, als ein Freund zu ihm gekommen war und ihn darum bat, beim Dreschen der Reisstrohgarben zu helfen, jegliche Hilfe abgelehnt. Wer möchte für solch ein Almosen arbeiten, dachte er sich. Viel stärker fühlte er sich zu den Kiefernpilzen hingezogen. Denn wem gehört in dem Land all das Getreide, das an 1200 Kilometer langen Ufern und Gebirgen herumliegt? Wer es isst, dem gehört es doch wohl auch. Wozu soll man denn arbeiten, wenn schon so viel Getreide gestapelt vorliegt, um sich damit den Schlund zu stopfen. Lieber sollte man sich Gedanken darüber machen, wie man es stibitzen kann, ohne dabei erwischt zu werden. In der Tat hatte man ihn schon ungefähr drei Mal beim Klauen ertappt und er hatte deshalb mit dem Fraß hinter schwedischen Gardinen vorliebnehmen müssen. Aber das Ertappen könnte ja genauso gut auch beim eigenen Essen an eigenem Esstisch passieren...

Je höher er den Berg hinaufstieg, desto dichter wurde der Wald. Darin waren Zierreben, Strahlengriffel, Kopoubohnenwurzeln, dazu noch weiteres unbekanntes Unkraut, das oben und unten und hier und dort so wucherte, dass man nicht leicht einen begehbaren Bergpfad finden konnte. Er benutzte nur den Wiesenweg. Dabei lief er ganz vorsichtig, damit seine ohnehin zerrissene Hose, die seine Oberschenkel ständig durchblicken ließ, nicht noch weiter riss. In seiner Hand hielt er sieben Kiefernpilze, die er mit einer Kopoubohnenwurzel zusammengeflochten hatte. Er näherte sich jeder alten Kiefer und schaute sich gut um. Wie ein Jadghund schnüffelte er geräuschvoll mit bebender Nase rund um den Kiefernbaum. Dieser da sah wie ein Kiefernpilz aus und jener dort auch. Es war nicht leicht zu entscheiden, welcher von ihnen ein echter Kiefernpilz war. Vor ihm befand sich eine emporstehende Stelle wie ein Haufen Waldhasenkot, auf den ein Eichenblatt gefallen war. Als er das Blatt sanft abnahm, befand sich da der Kopf eines emporstehenden Kiefernpilzes. Er schien zu einer Sorte größerer Kiefernpilze zu gehören. Ungchil war angenehm überrascht und kniete vor dem Pilz nieder. Und dann streckte er all seine zehn Finger aus und stöberte behutsam und vorsichtig die Erde durch. Ein faustgroßer Kiefernpilz trat dabei in

Erscheinung. ‚Du, Kerlchen, du bist aber groß', dachte er. Er stellte den Pilz auf seinen Handteller und betrachtete ihn eine Weile lang lächelnd. In dieser düsteren Ecke befand sich ein Fels, der so schroff wie eine senkrecht abgeschnittene Wand war. An den Blättern der Korpoubohnenwurzel, die quer über die Felswand wucherte, sickerte das Wasser hinab. Man nannte es das Heilwasser, das von verfaultem Ginseng stammte. Er gähnte noch einmal, während er sich auf eine Ecke eines Felsen hinsetzte. Er war sehr müde, weil er die ganze letzte Nacht seine Zeit beim Hasardspiel totgeschlagen hatte. Ein warmer Sonnenschein drang in den Wald hinein. Ein Eichhörnchen ließ seine Kiefernzapfen fallen, die hübsche Stelze schlenderte vor ihm hin und her. In der Gegend ging es angesichts der Drescharbeit geräuschvoll zu, es wimmelte nur so vor Menschen. Es gab schreiende Stimmen, die einer fröhlichen Stimmung entsprangen, aber von dem ratternden Lärm der Maschinen, welche die Reisstrohgarben ausschütteten, übertönt wurden. Vom gegenüberliegenden Berg kam Gesang von Hirtenjungen herüber, was sich sehr melancholisch anhörte. Er schaute in die weit ausgestreckte Landschaft mit dem Dorf, das in dem Gebirge versteckt war, dann gähnte er noch einmal und blinzelte mit den Augen. Er fragte sich, warum er dauernd gähnen müsse. Dann fiel ihm ein, dass seit gestern Abend seine Eingeweide leer geblieben waren. Prompt nahm er einen der großen und leckeren Kiefernpilze aus seinem Bündel heraus.

Ungchil wusch ihn im Wasser, rieb ihn ein wenig ab und biss dann den voll ausgebreiteten Kopf gierig an. Und er kaute ihn kräftig in seinem breiten Mund durch. Welch gutes Aroma der Pilz besaß, welch glatter Schmelz sich auf seiner Zunge ausbreitete! Bisher hatte er von so einem exzellenten Stück nur träumen können, nicht jedoch kosten. Plötzlich überkam ihn eine Erinnerung, während der Pilz um seine Zungenspitze herumglitt. Wie konnte er es sich erlauben, so ein Stück einfach auszuprobieren. Wie oft hatte er sich vorgestellt, ihn wenigstens einmal richtig zu riechen. Aber er hatte kaum einen finden können, obwohl er kreuz und quer durch die Berge gewandert war. Und hatte er ab und an einen abgepflückt, hatte er ihn zu Hause nicht angerührt, schon aus Furcht davor, dass er durch die Berührung vielleicht vergammelt. Und schließlich hatte er sie in einem Bündel auf den Markt gebracht, um sie zu verkaufen. Das war das Ergebnis seiner Arbeit, die ihn zwei, drei Tage lang Mühe gekostet hatte, und er konnte vielleicht vierzig Zon damit verdienen, mindestens fünfundzwanzig. Das war für ihn insoweit erträglich gewesen, als er seiner Frau, die auf die Lebensmittel für das Abendessen wartete, davon ungefähr drei Pfund Hirse kaufen konnte, die er über die dunklen Hügel nach Hause schleppte. Aber es blieb das Gefühl, dass er ein belangloses Leben führte, was ihn in eine schmerzerfüllte Stimmung versetzte. ‚Ich habe mir bisher noch nicht einmal ein Pilzessen gönnen können', dachte er, und so nahm er nun vor Ärger noch einen Kiefernpilz heraus und kaute ihn einfach so, ohne sich diesmal Zeit zu nehmen, die Erde auf dem Pilz mit Wasser abzuwischen. Aber vielleicht erging es den anderen Kerlen auch nicht besser. Dieses Bergdorf war zwar eine Kiefernpilzregion, aber wahrscheinlich gab es nur selten einen Kerl, der in der Lage war, ein Stück davon im Jahr zu nehmen, dachte er.

‚Hm, ihr verfaulten Dummköpfe!'

Er verzog sein breites Gesicht, als ob er beabsichtige, sein Publikum zu verhöhnen. Das Wort „verfault" war seine Ausdrucksweise, die Kerle als Deppen zu bezeichnen und sie damit zu beleidigen. Den letzten Rest des Kiefernpilzes ließ er gleich ganz in den Mund hineinfallen und grunzte dabei rülpsend.

Nachdem er zwei Kiefernpilze vergeschlungen hatte, war er nach weiteren nicht mehr gierig. Er mochte lieber irgendetwas essen, was ihm eine nachhaltigere Sättigung hätte bringen können, etwa Reiskuchen, Nudeln, Pferdefleisch, Hundefleisch, Schweinefleisch oder auch Rindfleisch. Unter so armseligen Umständen sollte es, na ja, egal sein, ‚es gilt reinzuhauen, was eben da ist', dachte er sich kraftlos und aß im Sitzen dabei allerei, aber nur in seiner Vorstellung und nicht in der Wirklichkeit. Seine Augen wurden nun irgendwie zur Seite gelenkt. Gegenüber lief, ein Stück weit von ihm entfernt, eine Henne vor einem Grab herum, woher sie gekommen war, war ungewiss. Anscheinend suchte sie einen Platz, um Eier zu legen. Er erhob seinen Hintern von dem Stein, auf dem er gesessen hatte, und stieg gebückt ein wenig herab, ging weiträumig um die Henne herum, indem er so tat, als sähe er sie nicht. Als er am Grab angelangt war, drehte er sich um.

„Hallo, wohin geht dieses Kerlchen?"

Dann lief er ihr mit ausgebreiteten Händen nach. Als er die Henne bis zum Berggipfel vor sich hergetrieben hatte, rannte sie nur noch verzweifelt hin und her. Sie rutschte aus seinen Händen mal auf diese, mal auf jene Weise und kränkte ihn gackernd. Dennoch dauerte es nur ein paar Minuten, bis es ihm gelang, ihr den Hals mit seiner groben Faust umzudrehen, als sie in einer Felslücke eingeklemmt war.

Er suchte sich darauf eine Stelle in einem dunklen Wald und häutete das Huhn vollständig, zerriss es mit beiden Händen und hielt seine Beine, wobei die Eingeweide aus der Flanke platzten. Er kratzte die Innereien ganz heraus, umwickelte sie mit der Haut und vergrub alle Reste in der Erde.

Nachdem er sich auf diese Weise Fleisch besorgt hatte, sehnte er sich nach Reiswein. ‚Wie schön wäre es, wenn ich das Huhn brodelnd heiß kochen könnte und dabei eine Schüssel Reiswein schlürfen, verdammt', dachte er sich. Das ergatterte Fleisch konnte und durfte er nicht zu einer Kneipe bringen. Und umgekehrt konnte man es ja auch machen, erst das Fleisch essen und danach Schnaps trinken. Er hielt die Brust der Henne an seinen Mund und fing damit an, sie zu zerreißen. Das Fleisch, das noch sehr leimig war, enthielt in gewisser Weise doch noch seinen ursprünglichen Geschmack. Nachdem er erst die Brust, dann die Keulen und den Rest so ungefähr bis zur Hälfte gegessen hatte, merkte er irgendwie, dass die Henne ihm nicht weiter schmeckte. Eine Speise sollte schließlich doch wenigstens ein bisschen gewürzt werden.

Den Rest des Fleisches warf er einfach in den Wald und trottete den Berg hinab. Als er aus dem Kiefernwald herauskam und einen Weg seitlich eines abgebrannten Feldes einschlagen wollte, wurde er von einem Mann, der hinter ihm war, plötzlich angesprochen:

„Hallo, bist du etwa Ungchil?"

Ungchil drehte sich um und sah Sungpal, den Schmied, der zappelig über den Hügel herüber auf ihn zukam. Er stürzte so rasch zu Ungchil, als hätte er eine dringliche Sache.

„Mein Freund, weißt du, dass die Reisstrohgarben auf dem Reisfeld auf dem Ung-Hügel verschwunden sind?"

Ungchil rutschte das Herz in die Hose. Es kam ihm nicht wenig merkwürdig vor, dass Sungpal ausgerechnet ihm von dem Verschwinden der Reisstrohgarben erzählte. Wen konnte es geben, der als Bauer in solch einer Saison, in der man umheimlich viel zu tun hatte, bis zum Ung-Hügel ging?

Ohne unnötige Vorrede fragte Ungchil:

„Und du? Wieso warst du denn auf dem Ung-Hügel?", und blickte ihn dabei aufmüpfig an.

Aber Sungpal, kein bisschen von ihm beeindruckt, erwiderte:

„Ich? Ich ging da nur zufällig vorbei, sonst nichts."

So versuchte Sungpal eher etwas zu vertuschen. Blöder Kerl. Ungchil war bisher nie so niederträchtig gewesen, seinen Freund auf derartige Weise zu verkaufen oder zu übervorteilen. Ungchils Gesicht wurde rot, und er blickte sein Gegenüber feurig an und fuhr weiter fort:

„Sagst du, dass du nur so zufällig da vorbeigegangen bist?"

Es war schon über einen Monat her, dass Ungchil in diese Gegend gekommen war. So langsam hatte er die Schnauze bereits wieder voll, und er wünschte sich innig, dieses Dorf zu verlassen, aber er zögerte noch wegen einer Sache seines jüngeren Bruders.

Er ging gerne überall hin, obwohl er von niemandem eingeladen wurde. In die Berge, ins Grüne und an die Küste, wohin seine Füße ihn führten, ihm waren alle Orte recht, in die er kam.

Aber er sackte ab, wenn die Sonne unterging, egal ob er in einem fremden Mühlhaus, in einem Vorratsraum, am Ufer oder auf einem Sandfeld war. Natürlich hatte er auch schon bequem auf einem Strohhaufen geschlafen, wenn er Schwein gehabt hatte. Auf diese Weise durchquerte er dieses und jenes still-einsame, entlegene Bergdörfchen in der Gangwon-Provinz, ließ nur wenige aus, und sein Leben war Wanderung und Durchreise zugleich. Ihm war es unerträglich und erstickend, irgendwo sesshaft zu werden. Dennoch konnte man nicht sagen, dass ihm seine Sterne beschieden hätten, überall herumzureisen.

Auch er hatte vor fünf Jahren einmal eine Ehefrau, die er liebte, einen Sohn und ein Haus. In jener Zeit hätte er es kaum gewagt, auch nur einen einzigen Tag sein Haus zu verlassen. An jedem Abend, wenn er mit seiner Frau zusammen saß, grübelte er darüber nach, wie der Haushalt vergrößert werden könnte, und sorgenvoll durchdachte er alle erdenklichen Möglichkeiten immer wieder. Aber dem Ehepaar fiel kein guter Kunstgriff ein. Sie dachten, dass sie zwar beim Ackerbau zur Genüge fleißig gewesen seien, aber nichts als Schulden blieben übrig, wenn sie alles genau betrachteten. Wenn es so weiter gegangen wäre, hätte am Ende eine große Blamage gestanden. So rüttelte er in einer tiefen Nacht seine schnarchende Frau wach. Er wies sie an, ihr ganzes Hab und Gut draußen im Vorhof zusammenzutragen. Und dann rieb er eigenhändig Tusche auf dem Tuschestein, ergriff einen Pinsel und tauchte ihn in die Tusche. Die Zeitungspapiere, mit denen man die Wände tapeziert hatte, waren vergilbt. Und nun schrieb er auf diese Tapete alle Sachen, die seine Frau ihm diktierte, nieder: Drei Tonkrüge, zwei Sensen, eine Sichel, ein paar Reisschüsseln, Stäbchen, und sogar die drei Strohbündel vergaß er nicht zu notieren. Dann listete er die Namen seiner Gläubiger nacheinander auf. Dem

Schuldenbetrag fügte er den Namen an. Daneben schrieb er mit kleinem Abstand auch, dies sei all sein Hab und Gut, und mehr besitze er nicht, er könne ihnen trotz besten Willens leider seine Schulden von 54 Won nicht zurückzahlen. So hinterließ er seine schriftliche Erklärung an der Wand, dass er als Sünder fliehen müsse, und er wünsche sich, dass seine Sachen untereinander ohne Streit gerecht verteilt würden. Danach schloss er alle Türen von Innen ab und schlich sich mit seiner Familie durch ein Loch im Zaun hinaus.

Das war der erste Tag seines Lebens, an dem Ungchils Los neu bestimmt war. Das Ehepaar wanderte nun herum und bettelte um Essen. Was seine Frau erbettelte, gab sie ihrem Ehemann, und was der Mann erbettelte, teilte er mit seiner Frau. Eines Nachts aber zeigte seine Frau einen sehr traurigen Gesichtsausdruck. Das Ehepaar hatte im Schneesturm stark gefroren. Seine Frau, die sich eine Strohmatte übergezogen hatte, stillte vor Kälte zitternd ihr Kind in einer Ecke einer heruntergekommenen Wassermühle und wendete ihren Kopf ihrem Ehemann zu: „Liebling". Als er ihr „Was denn?" entgegnete, fuhr sie fort, dass nicht nur sie beide sich weiterhin abplagen müssten, sondern dass vor allem ihr Kind zu Tode kommen könnte; und so schlug sie ihm vor, am besten voneinander getrennt weiterzuziehen. In der Tat hatte sie doch Recht. Auch ihm war schon der Gedanke gekommen, wer nichts besaß, könne nicht einfach so mit seiner Frau gepaart wie ein Kleeblatt gemeinsam herumwandern, nur weil sie ein Ehepaar seien. Vielmehr wäre es für beide eine Erleichterung, wenn sie voneinander getrennt betteln gingen. Also war er bereitwillig mit ihrem Vorschlag einverstanden. Nach dem, was seine Frau geäußert hatte, könnten sie sich ja beide später wiedersehen, falls das Ehepaar eine vorherbestimmte Bindung haben sollte. Sie könnte irgendwo wieder heiraten und einen Säugling gut aufziehen und selber gesund bleiben. Es war das letzte Mal, dass er mit seiner Frau nebeneinander auf dem Erdboden lag und vor Kälte zitternd schlief. Am nächsten Tag, als es dämmerte, schüttelte er ohne weitere Szenen alles von sich ab.

So hatte er nun das Los eines Hundes gezogen, eines glücklichen Schmarotzers. Ihm stand nichts mehr im Wege, selbst wenn er stolz quer auf der Straße lief wie ein Krebs. Ihn scherten weder Sorgen um das Pflügen des Reisfeldes noch die Zahlungen der Familiensteuer oder Schuldentilgungen noch seine Frau und das Verhungern. Weil er nun alleinstehend war, stand er unter einem besseren Stern. Wenn er seinen Hunger stillen musste, fand er alles gleich nebenan, was immer er wollte, seien es Schweine oder Hühner oder Hunde. Und auch Geld, ja auch Geld.

Aber die Gendarmerie nahm ihn scharf ins Visier. Ihn quälte es, dass er bei jeder Gelegenheit von der Polizei zitiert wurde. Unabhängig davon, ob er etwas verbrochen hatte oder nicht, und unabhängig davon, an welchem Ort er sich aufhielt, immer wurde er als erster festgenommen, wenn irgendwo etwas passierte. Der Grund dafür lag darin, dass er wegen des Hasardspiels mehrfach vorbestraft war, später kamen Diebstahl und danach wieder Diebstahl und nochmals Diebstahl an die Reihe.

Aber wenn er jetzt seinem jüngeren Bruder einen Besuch abstattete, hing das nicht damit zusammen, ihn mit seiner eigenen Armut zu belästigen oder Arbeit zu suchen. Für Ungchil war sein jüngerer Bruder sein einziger Blutsverwandter, und er vermisste ihn neuerdings, zumal er ihn lange nicht gesehen hatte. So suchte er ihn endlich einmal auf, aber es geschah urplötzlich ein Vorfall – ausgerechnet, als er bei ihm war.

Wer Reispflanzen in einem Reisfeld nicht erntet, sondern stehen lässt, war kein normaler Mensch, der angemessen handelt. Ungo, der jüngere Bruder Ungchils, hatte bisher noch nicht die Reispflanzen auf dem Reisfeld am Ung-Hügel abgeschnitten. Natürlich sollte Ungo sie abschneiden, aber die Leute machten vorerst seinen älteren Bruder Ungchil dafür verantwortlich. Dementsprechend sollte Ungchil jede Verantwortung für die Folgen allein tragen.

Ungo wurde von den Leuten in seiner Gegend als vorbildhafter junger Mann anerkannt, der für einen Einunddreißigjährigen sehr besonnen sei. Und ausgerechnet er schnitt in der Erntezeit nicht die Reispflanzen ab. Die anderen hatten die Reispflanzen schon zu Reisgarben gebündelt, andere waren mit dem Dreschen fertig, aber er dachte nicht einmal daran, sie abzuschneiden.

Mal kam der Grundbesitzer und mal kam der Gläubiger Kim zu ihm, der ihm Geld mit 50-prozentigem Zins pro Jahr geliehen hatte, und ständig drängten sie ihn, die Reispflanzen endlich abzuschneiden.

„Mach hin, fang an zu dreschen, damit du mir abgeben kannst, was du abgeben musst."

Darauf fauchte Ungo ihn an:

„Meine Frau liegt im Sterbebett, und da soll ich die Reispflanzen abschneiden?"

So entgegnete er stets. In der Tat schwebte seine Ehefrau zwischen Leben und Tod, so dass Ungo keine Zeit sah, aber vielleicht war es auch gerade deshalb besonders nötig, den Reis zu ernten, um Geld für Arzneien verwenden zu können.

Warum hatte er ihn dann also nicht abgeerntet?

Diese Frage hätte ein Mensch, der sich Freund nennt und beim Dreschen mitgeholfen hat, Ungo nicht zu stellen brauchen.

Es wäre sicherlich eine Freude gewesen, die Reispflanzen, die er ein ganzes Jahr lang wie sein einziges Kind behutsam großgezogen hatte, zu ernten. Schon vom frühen Morgen an schuftete er keuchend, aber er empfand es nicht als Plackerei. Und nachdem er bis zum späten dunklen Abend Reisstrohgarben gedroschen hatte, musste er die Teilpacht für den Verpächter abziehen, dazu kam die Rückzahlung des Reises mit 50-prozentigem Zins und die Zigarettenabgabe, so dass ihm nur der kalte Schweiß auf der Wirbelsäule blieb. Das war für ihn eher unendlich beschämend als Grund zur Trauer. Es war für Ungo unheimlich peinlich, vor seinen Kameraden, die ihm bei der Arbeit geholfen hatten, mit leerer Kraxe zu erscheinen, in so niedergeschlagener Stimmung nach Hause zurückkommen zu müssen. Ungo brach schließlich in Tränen aus, nachdem er seine Gefühle nicht mehr unterdrücken konnte.

Wie man so schön sagt: Ein Unglück kommt selten allein – hinzu kam nämlich in diesem Jahr, dass es sich um eine wahre Missernte handelte. Die Reispflanzen waren unter dem Ostwind und vor lauter Regen völlig abgemagert. Sie zu ernten bedeutete, dass weder fürs Essen bis zum nächsten Jahr genug übrig blieb, noch die Schulden getilgt werden konnten. Verdammt nochmal. Es war ihm völlig egal, ob nun andere von seinem gepachteten Reisfeld, das er jetzt noch nicht bearbeitet hatte, die Reispflanzen herausholten und aßen oder nicht, er hatte schließlich gezwungenermaßen die Reispflanzen auf diesem Reisfeld kümmerlich liegen lassen. Würde bekannt, dass er den Reis eingeholt habe, strömten eh die Gläubiger scharenweise zu ihm.

Der Vorwurf der Leute gegen Ungchil war durch den folgenden Vorfall klar und deutlich unter Beweis gestellt. Es wäre besser gewesen, wenn Ungchil da nur ruhig geblieben wäre, aber sein Gemüt war eher so, sich in derartige Situationen einzumischen, diesmal dem Grundbesitzer sogar unangebrachterweise eine schallende Ohrfeige zu verpassen.

Es war anfangs nicht seine Absicht, so weit zu gehen. Er war ein offenherziger Lump, mit allen Wassern gewaschen. Er hatte sich mit dem Grundbesitzer getroffen, und sie hatten vertrauensvoll ihre

Meinungen ausgetauscht. Ungchil schlug dem Grundbesitzer vor, die Teilpacht ein wenig zu ermäßigen, weil beim diesjährigen Ackerbau nur die Hälfte gerettet worden sei. Aber der Grundbesitzer schwenkte schweigend nur den Kopf nach links und rechts. So redete Ungchil sich so weit in Rage, dass er, wenn sein Gesprächspartner unbedingt auf seinem eigenen Standpunkt beharre, auf dem Reisfeld ein Feuer legen wolle, um auf diese Weise seinen Jahres-Arbeitslohn abzuziehen. Der Verpächter reagierte jedoch gar nicht. Aus seiner Sicht hätte er die Reispflanzen problemlos einholen können. Aber er ermahnte Ungchil nur, weil er sich davor fürchtete, dass sich unter den Pächtern eine schlechte Angewohnheit entwickeln könnte, dass auch den anderen Pächtern ein falsches Zeichen für ein schlechtes Arbeitsverhalten vorgegeben würde. Für den Verpächter war es in Wirklichkeit völlig egal, wer sich so eine kleine Menge Reis nimmt oder nicht. Das dreiste Innere des Verpächters hatte Ungchil natürlich durchschaut und ihn gerade deshalb angefahren, so weit, so gut, aber dann schlug ihm Ungchil gedankenlos die Faust auf seine Wange.

Mit den Reispflanzen, die zur Debatte standen, passierte eine höchst merkwürdige Sache. Die Reisstrohgarben vom Reisfeld waren schlicht und einfach verschwunden. Was die Leute verwunderte, war, dass die kranken hohlen Stengel zur Seite gelegt waren und nur die reinen Ähren fehlten, man wusste nicht, wie das jemand fertiggebracht haben konnte. Nach dem Flächenmaß zu beurteilen, betrugen die gestohlenen Reisgarben zumindest fünf Eimer!

Als Ungchil am frühen Morgen am Reisfeld vorbeigeschlendert war, hatte er dies entdeckt, und es verschlug ihm die Sprache. Wen hatte der Dieb damit treffen wollen? Offensichtlich hatte es noch keiner bemerkt, weil dieses Reisfeld sich an einer abgelegenen Stelle im Bergdörfchen verbarg. Aber wenn die Leute es erfuhren, würde Ungchil auf jeden Fall verdächtigt werden und Schaden erleiden.

Ungchil schien das Sammeln der Kiefernpilze wichtig zu sein, aber in Wirklichkeit war er eifrig damit beschäftigt, über den Vorfall nachzugrübeln. Es kamen zwar einige Kerle als Verdächtige in Betracht, aber es fehlten handfeste Beweise, um ihnen etwas vorzuwerfen. Verdächtig waren ihm Jesung und Sungpal, von denen aber nur einer das getan haben konnte, und zu solch einem Schluss zu kommen, war nur Ungchil fähig.

Wie ein Sprichwort sagt, kreuzen sich zwei Erzfeinde ausgerechnet auf einer schmalen Holzbrücke.

Ungchil verließ sich ziemlich auf seine Intuition und ging

davon aus, dass Sungpal es getan hatte, und daher blickte er Sungpal aufdringlich scharf an, als wollte er gleich etwas gegen ihn unternehmen. Sungpal, der kurz zuvor heiter geplappert hatte, wurde durch die andeutungsvollen Blicke von Ungchil verunsichert. So machte Sungpal eine betroffene Miene und schaute Ungchil feindselig an.

„Ja, warum ärgerst du dich denn so fürchterlich? Ich sage es ja nur, weil ich es gesehen habe, als ich da vorbeiging, sonst nichts..."

So murmelte Sungpal zaudernd, anscheinend, weil er der Nachwirkung seines Plapperns nicht gewachsen war.

„Wer ist ärgerlich?"

Ungchil bemerkte das mit kräftigem Tonfall, den er ergriffen hatte, um sich zu steigern.

„Ich fragte dich, wieso du auf den Ung-Hügel gegangen bist?"

„Ich kam gerade von einem Ausflug und sehe rein zufällig..."

„Einem Ausflug, sagst du? Ist dort ein Ausflugsort?"

„Was soll das, mich so auszufragen, ich bin ein Mensch, der überall hingehen darf, sogar nach Seoul, oder etwa nicht?"

Sungpal pustete kurzatmig durch die Nase, anscheinend war er nervös.

Auf solch eine Reaktion Sungpals hin brauchte Ungchil nicht weiter nachzufragen. Der Kerl war kein Durchschnittstyp. Er saß sogar einmal hinter schwedischen Gardinen, weil er einen metallenen Groß-Kochtopf oder so etwas aus dem Haus des Dorfschulzen entwendet hatte. Ungchil kannte ihn nicht gut, aber Sungpal war in der Gegend verrufen. Wer mit ihm zu tun habe, verwickle sich in krumme Sachen. Ungchil dachte sich, dass er diesmal aber ausgetrickst sei, und erwiderte ihm mit ironischem Unterton:

„Natürlich ist es dir nicht verboten, dort hinzugehen, nur weil es der Ung-Hügel ist."

Dennoch versuchte Ungchil, ihn ein wenig in die Enge zu treiben.

„Aber mein Freund, wenn es da irgendwie einen Weg gäbe oder eine Wohngegend wäre, dann könnte ich es ja vielleicht verstehen, aber wozu geht ein normaler Mensch dorthin? Na ja, wahrscheinlich war dir einfach unheimlich langweilig, was?"

Ohne auf diese Bemerkung eine Antwort zu geben, guckte Sungpal ihn nur starr an. Was Sungpal dachte, konnte niemand wissen, aber er blieb eine Weile ganz ruhig, dann nahm er aus seiner Kleidertasche eine Zigarette der Marke „Danpunggab" heraus. Zuerst steckte er sich eine in den Mund, dann hielt er eine zweite Ungchil hin, um sie ihm anzubieten.

„Nimm mal eine Zigarette."

Sungpals Gesicht machte einen selbstbeherrschten Eindruck.

Sungpal war ein Kerl, der sehr bewandert war, wenn es um sein handfestes Interesse ging. ‚Grundlos schenkt der niemandem eine Zigarette', dachte sich Ungchil, so etwas abzulehnen und ihn weiter anzubrüllen, war nicht weiter vorteilhaft. Das würde Sungpal nur die Oberhand gewinnen lassen.

‚Ach, diese Zigarette ist aber komisch', dachte er, aber er verstellte sich und reagierte ihn weiter besänftigend.

„Hast du auch einen Streichholz?"

Absichtsvoll erlaubte er Sungpal, auch noch seine Zigarette anzuzünden.

Es wäre ja für Ungchil vielleicht richtig und gerecht gewesen, ihm die Beine zu brechen, wenn er an die Tücke von Sungpal dachte, ihm selbst die Schuld in die Schuhe zu schieben. Aber es wäre zugleich auch ein Fehler gewesen, genauso wie wenn man sich hinlegt und auf sein eigenes Gesicht spuckt, wenn Ungchil sich ausgeplappert hätte. Also einen Dieb sollte man hinterrücks ertappen und man darf ihm nicht Angesicht zu Angesicht drohen. Lediglich fürchtete sich Ungchil vor einer brodelnden Gerüchteküche, die gegen ihn selbst gerichtet sei.

„Du, egal ob du das gemacht hast oder ich das gemacht habe", fuhr Ungchil seine Schulter freundlich klopfend fort, „bleibt das unter uns und du gibst den Leuten im Dorf nichts weiter."

Sungpal erschrak mit aufgerissenen Augen.

„Was ist denn so schlimm, dass jemand die Reisähren gegessen hat!", und er lachte dazu laut auf.

Sungpal, der nun unterwürfig wirkte, verschlug es anscheinend die Sprache, vor Verblüffung schmatze er.

Als Ungchil sich noch einmal bei ihm vergewisserte,

„Du darfst es nicht ausplaudern, du weißt doch", machte Sungpal den Mund zaudernd auf:

„Ich doch nicht", und unterstrich kurz danach noch einmal seine Verschwiegenheit.

„Auf keinen Fall werde ich ein Wort... Darüber brauchst du dir keine Sorgen zu machen."

Daraufhin drehte er sich schwermütig um und trottete auf dem Weg weiter, den er schon zuvor eingeschlagen hatte. Und während Sungpal in Richtung Hügel von dannen schritt, drehte er sich zwei

Mal nach Ungchil um und beobachtete ihn von der Seite.

Ungchil sah dies genau und beschimpfte ihn innerlich ‚Dreckskerl'. Sungpal, der ohnehin ein Dieb war, hatte dennoch wirklich gar kein Pflichtgefühl seinem Freund gegenüber, dass er seine eigene Schuld seinem Kollegen aufzubürden versuchte.

Sein Bruder Ungo hingegen war ja eher mitfühlender als Sungpal. Würde Ungo erfahren, dass die Früchte seiner Mühen nun einem anderen zu Gute gekommen seien, würde er außer sich sein. Wie könnte man sich denn weiterhin auf seine Nachbarn verlassen, wenn so etwas passiert?

Ungchil war fest entschlossen, den Dieb sofort zu entzweien, wenn er ihn mit einem handfesten Beweis ergreifen würde, spuckte seinen Speichel heftig aus und stieg den Berg hinab.

Der Kerl war seinem Verhalten nach eher kein raffinierter Dieb wie Ungchil. Welcher verrückte Kerl kommt schon mit einer Schere zum Reisfeld? Ein Grünschnabel musste es sein, der keine Ahnung von Manieren hat. Wenn es darum ging, Hirse oder Kauliang zu stehlen, dann vielleicht auch mit einer Schere. Der Dieb sollte sich also lieber in einem Gemüsefeld verstecken und mit seiner Schere das Gemüse abschneiden, dann könnte er auch bequem arbeiten und bräuchte sich nicht zu fürchten, erwischt zu werden. Zwei, drei Scheffel oder so kann man locker abschneiden. Die kann man dann vorsichtig nach Hause bringen und fertig, aber wer macht das mit Reis so? Wenn man schon auf die Reispflänzchen scharf ist, sollte man lieber als Arbeitsknecht in ein fremdes Haus kommen, ungefähr einen Monat lang den Hausherrn umschmeicheln und vertrauenswürdig erscheinen, nur für Kleider schuften, und dann kann man eines Tages ein paar Reisstrohgarbenbündel auf dem Rücken davontragen und abhauen, wenn alle im Schlaf versunken sind, und basta. Dieser Dieb aber belästigte nur die anderen Leute, ohne sich mit der Kunst des Klauens auszukennen. So ein Stümper. Ungchil fühlte vor Wut sogar seine Muskeln beben. Aber solch ein Langfinger, verrückt danach, an der Sache dranzubleiben, bis sie auffliegt, verrät sich normalerweise. Deshalb nahm sich Ungchil vor, heute Abend im Ort auf der Lauer zu sein, um den Kerl zu erwischen und ihm die Unterschenkel zu brechen. Nach dem Essen schlürfte er unbekümmert eine Schüssel Reiswein und war vom Geschmack ganz angetan.

„Saugut, das schmeckt ja viel besser, wenn der Herbst gekommen ist!" Nachdem Ungchil mit seiner Faust seine Lippenränder abgewischt hatte, nahm er aus seinem Päckchen drei Kiefernpilze heraus. Diese reichte er dann der bis auf die Knochen abgemagerten Hand der alten Gastwirtin.

„Hier, probieren Sie mal diese Kiefernpilze."

Auf diese Weise bezahlte er seine Zeche.

„Oha, schöne Pilze. Die sehen aber lecker aus."

Nach außen hin ging sie auf diese Zahlweise begeistert ein und zeigte sich einverstanden, aber sie schien doch auch ein wenig unzufrieden zu sein. Denn nach ihrer Einschätzung kosteten die Pilze pro Stück nicht mehr als drei Zon, also waren sie allesamt nur neun Zon wert.

Ungchil ärgerte sich auch irgendwie und beobachtete ihr Gesicht sehr aufmerksam, ihre hohlen Backen, die so gar nicht anmutig spitz vorgewölbt waren, und die Fußzehen, die unter dem Rock hin und wieder in Erscheinung traten; letztere hätten versehentlich als Fußknöchel eines Storchen angesehen werden können. Was wollte man also mit ihr anfangen? Je länger er sie ansah, desto weniger fand er irgendeinen Teil an ihrem Gesicht schön. Er hatte schon oft bei ihr gastiert, und er hatte von ihr auch schon einmal ein paar Schüsseln Schnaps geschenkt bekommen, als Gegenleistung dafür, dass er bei ihr Unkraut gejätet hatte. Was sollte sie also heute so kaltherzig berechnen? Er schaute sie noch einmal flüchtig an, dann nahm er noch einen Pilz heraus.

„Hier, essen Sie noch einen!", gab ihn ihr hinwerfend und spuckte dann Schleim auf dem Trittstein aus.

Ihre Erwartung schien sich jetzt erfüllt zu haben, dann bemerkte sie, ihn heuchlerisch anlächelnd:

„Ja, was soll ich machen, wenn du mir immer mehr gibst..."

„Was hätten Sie denn machen sollen? Sie müssen ein wenig zunehmen."

So stichelte er sie, stand dann auf und setzte sich wieder am Rande des hölzernen Fußbodens in der Diele hin, als ob ihm etwas eingefallen sei.

„Haben Sie in jüngster Zeit Sungpal gesehen?"

„Nein, er war kaum zu sehen."

„Ist er nicht mal zum Trinken gekommen?"

„Nein, er ist nicht gekommen!"

Sie machte einen verwunderten Gesichtsausdruck und murmelte irgendetwas vor sich hin.

„Was ist denn los?"

„Nichts. Ich habe ihn nur lange nicht gesehen."

Ungchil verschluckte das Ende seiner Rede, wendete sich ab, indem er seinen Kopf drehte und irgendwohin nach draußen schaute. Schon war es um die Mittagszeit herum, die Hähne krähten laut. Die Blätter der Pappeln auf dem Reisfeldrain stiegen flatternd auf, machten einen Laut und flogen erneut in die Höhe.

„Seit wann lebt Sungpal eigentlich im Dorf?"

„Vielleicht seit vorletztem Herbst."

Sie zog emsig an ihrer langen Pfeife, dann fuhr sie fort:

„Er will uns aber wieder verlassen und nach Hongchon oder so ähnlich zu seinem älteren Bruder ziehen, habe ich gehört."

Das sei auch besser für ihn, was sollte er ansonsten hier machen? Wenn es in seiner Schmiede viele Arbeitsaufträge gäbe, dann vielleicht, aber da gebe es gar keine Kunden. Es sei für ihn viel bequemer und sorgenloser, seinem älteren Bruder zu helfen, weil dieser große Äcker bebaue und davon leben könne, so dass auch er durchkommen könne. So wolle Sungpal vielleicht bald schon mit seiner Frau und den Kindern fortziehen.

„Ein Bauer sollte vor allem den Boden bewirtschaften."

„Morgen komme ich wieder zum Trinken."

Damit grüßte Ungchil sie zum Abschied und stand auf.

Als Ungchil das Gasthäuschen verließ, wehte ein frischer Wind, der seinen Kragen streifte. Rote Datteln baumelten von der Böschung des Feldes herab. Bald wird der Winter ja doch wiederkommen. Er sorgte sich zum Haus von Ungo hinübersehend darum, ob Ungo inzwischen gestorben sei.

Ungo saß am Rand des hölzernen Fußbodens in der Diele im Vorhof. Er schien dort vor dem Feuerofen auf die einkochenden Arzneien aufzupassen. Er konzentrierte sich voll und ganz darauf.

Aus dem düsteren Zimmer kam der kurze Atem seiner Frau. Sie röchelte und hustete jämmerlich. Offensichtlich quälte sie sich ab, weil ihr Schleim bis zur Gurgel hochstieß. Das Unkraut auf dem Hof, das aus Zeitmangel niemand gezupft hatte, war ineinander verschlungen. Selbst vom Dach, auf dem Erde zum Vorschein kam, baumelten Berufkräuter. Der Wind kam hin und wieder und rüttelte an der geflochtenen Tür aus Süßklee. Dabei gab die Tür jedesmal knatternd-knirschende Geräusche von sich, die gottverlassen klangen. Ein Balbari-Hund des Nachbarn schnupperte viel beschäftigt in der Küche. Aber es gab nur Reste des Hirsebreis, den Ungo seiner Frau zum Frühstück gegeben hatte. Apropos Hirsebrei. Auch die Reste an Hirsebrei hatte Ungo von der Schüssel ausgekratzt, also blieben dem

Hund nur ein paar Körner, die in der Schüssel klebten.

„Die Arznei scheint doch jetzt genug eingekocht zu sein."

Ungchil riet Ungo, die Arznei nun auszusieben und ihr zu geben, weil übermäßiges Einkochen nichts nütze. Die Arznei war nichts anderes als eine Großschlange, die Ungo gestern Abend außerhalb des Zauns eingefangen hatte.

Aber Ungo wendete sich noch nicht einmal seinem älteren Bruder Ungchil zu, vielleicht hatte er ihn überhört oder ihn einfach nur ignoriert.

Als der ältere Bruder ihm die Hand reichte und sagte:

„Hier, probier mal diese Kiefernpilze", schenkte er ihm knapp und gezwungenermaßen einen Blick, aber musterte das beschwipste Gesicht seines älteren Bruders. Ungo nahm sie undankbar an und warf sie in das Zimmer zu seiner Frau.

„Iss das."

Dann schrie er laut zu seiner Frau:

„Was hast du gesagt?"

Weil er sie aber nicht verstehen konnte, sagte Ungo:

„Was denn, was möchtest du? Sag das doch etwas genauer."

Er schnitt eine Grimasse. Er konnte ihre Handbewegungen nicht verstehen. Er war zu weit von ihr entfernt, um ihre Stimme zu verstehen, es klang wie Papierrascheln und nicht wie eine menschliche Stimme.

Ungchil, der dem zusah, war beunruhigter als Ungo, und sagte zu ihm:

„Hast du nicht verstanden, dass sie ihr großes Geschäft machen will!"

„Du musst dich etwas genauer artikulieren, wenn du das große Geschäft machen möchtest", schrie Ungo zu seiner Frau.

Ihr Ehemann zeigte gereizte Nerven und richtete sich auf. Er wusste ganz genau, dass sich ihre Stimme im Laufe der Zeit immer wieder änderte.

Er richtete seine Frau vorsichtig auf, die auf dem Zimmerboden wie eine Halbtote ermattet dalag, bis auf die Knochen abgemagert, und trug sie auf dem Rücken.

Außerhalb des Zauns an der Kopfseite des Gemüsefeldes lag ein Ascheraum. Dieser war so flach wie eine enge Höhle, so dass man nur mit eingezogenem Kopf eintreten konnte. Dazu waren überall Spinnennetze. Als er sie auf die Trittsteine heruntergelassen hatte, lehnte sie sich an die Wand. Und ihr Ehemann blieb gedankenlos erstarrt bei ihr stehen.

Ungchil, der all dem zuschaute, schneuzte heftig und schmatzte, zeigte auf diese Weise seine Unzufriedenheit. Ungchil fand das Verhalten von Ungo so dumm, dass es ihn wütend machte. Es war nicht so, dass er das Innere seines Bruders nicht kannte, warum Ungo zurzeit nicht so oft wie früher mit ihm redete, und auf ihn so stur reagierte.

Ungo hatte damals genau drei Jahre lang als Arbeitsknecht geschuftet, um seine Frau herzubringen. Er hatte in jener Zeit weder den ersehnten Schnaps noch ein Stück Hundefleisch gekauft, dessen Anblick in ihm nur noch Wasser im Mund auslöste. So hatte er all seinen verdienten Lohn, sobald er ihn bekam, mit fünfzigprozentigem Zins vergeben, um später das Verlobungsgeschenk für seine jetzige Frau bezahlen zu können. Allerdings war seine Frau, das er auf so mühevolle Weise ergattert hatte, nach noch nicht einmal zwei Jahren zu solch einem Jammerlappen geworden.

Das Ehepaar wusste aber überhaupt nicht, was für eine Krankheit sie eigentlich hatte. Sie wurde auch nicht richtig von einem Arzt untersucht. Eine Person, die vorgab, sich mit Krankheiten auszukennen, sagte, sie sei ein hoffnungsloser Fall, weil es sich um Tuberkulose handle. Wenn die beiden Geld gehabt hätten, hätte es ihnen ja egal sein können, ob es Tuberkulose oder Typhus sei. Aber aus der Tatsache, dass Ungo vor ein paar Tagen zu Ungchil auf der Straße gerufen hatte:

„Älterer Bruder!", und seinen Arm ergriffen hatte, schloss er, dass nun eine sehr dringliche Sache in dieser Angelegenheit anstand.

„Was denn?"

Ungo erzählte ihm hastig, er habe jetzt nur eine Wahl für die Heilung seiner Frau. Der einzige Hoffnungsträger sei ein Alter, der den Berggeist zur Arbeit antreibe. Wie Ungchil wisse, fuhr er fort, sei der Alte vorgestern in dieses Dorf gekommen. Dieser Guru habe gegenüber Ungo besonderes Mitleid, so dass er seine Frau dadurch vollständig zu heilen verspreche, indem er eine Weihgaben-Zeremonie veranstalte. Ein Berg-Gebet abzuhalten, koste nun 15 Won.

„Wann kannst du, Bruder, Geld dafür auftreiben?"

„Nein, das geht nicht. Eine Krankheit, die durch Berggeister geheilt werden kann, kann auch von alleine heilen, oder?"

So lehnte Ungchil die Bitte seines Bruders strikt ab, und er erinnerte ihn:

„Was habe ich dir mal gesagt? Ich habe dir angeraten, dein Weib zu verlassen und mir zu folgen“, und dann schloss er mit den Worten:

„Deshalb sagt man ja, das Los eines Bauern besteht darin, sich sein eigenes Grab zu schaufeln!“

Aber als sein jüngerer Bruder ohne ein weiteres Wort zu verlieren, sich von ihm abgewandt hatte und ins Haus zurückgetreten war, bereute Ungchil bereits, schon wieder eine unnötige Bemerkung gemacht zu haben.

Ungo brachte seine Frau wieder ins Zimmer und legte sie hin. Die Arznei war zur Genüge eingekocht. Sie musste vor dem Abdampfen nur noch ausgesiebt werden. Ungo hielt seiner Frau nach dem Abkühlen die Arzneischüssel an ihre Lippen, und sie schlürfte den Schlangenbrei folgsam.

Ungchil saß derweil untätig im Vorhof. Er dachte lediglich, dass das Leben des Menschen doch wichtig sei. Dennoch verstand er wirklich nicht, weshalb ein Ding namens Weib für Ungo so viel bedeuten konnte, dass er sich nicht von ihm zu trennen vermochte.

Er fragte nun seinen jüngeren Bruder:

„Du da, kennst du Sungpal, der dort drüben wohnt?“

„…“

„Ist er mit dir eng befreundet?“

„…“

„Antworte doch, wenn dein älterer Bruder dich was fragt.“

Ungchil schrie Ungo an, aber dieser erhob noch nicht einmal den Kopf, geschweige denn, dass er antwortete.

Derweil schaute Ungchil nur den Himmel an und rülpste dabei. Weiter geschah nichts. Der Geruch von Schnaps sollte in seine Nase stechen, aber stattdessen war nur der Geruch nicht gegorenen Chinakohls um seine Nase herum. Es wäre besser gewesen, noch ein Glas Schnaps zu trinken, er hatte nur den kostenlosen Chinalkohlsalat gierig aufgegessen. Ungchil steckte seine Pfeife wieder an die Taille und staubte die Erde von seinem Hintern ab. Er überlegte kurz, ob er ihm über die gestohlenen Reisstrohgarben erzählen sollte, dann verzichtete er mit Rücksicht auf Ungo darauf, weil dieser ohnehin in trübseliger Stimmung war. Ungchil dachte, es sei eher anständig, erst den Kerl zu ergreifen und dann vor seinem Bruder glänzend in Erscheinung zu treten.

Ungchil verließ das Haus seines Bruders. Nachdem er sich Ungos Zuhause angesehen hatte, führte er sich seinen einstigen ebenso kümmerlichen Haushalt vor Augen, was sein Herz doppelt stark belastete.

In solcher Situation helfe ein Rettich, dachte er. Dass Gott den Rettich erschaffen hat, war wirklich eine segensreiche Sache. Wenn man sich niedergeschlagen fühlte und dann in einen Rettich biss, schmeckte ihm vor allem, dass es beim Herunterschlucken einen Schlag in der Gurgel gab. Daher zog es ihn in ein fremdes Rettichfeld, und er zog ein gegabeltes Exemplar heraus.

„Heute hast du aber Schwein gehabt, und was für eins!", sagte er zynisch. Er warf es wieder hin und stieg mit einem anderen Stück zum Bergbach hinab. Dort schwenkte er den Rettich im Wasser, trennte sein Ende mit den Zähnen ab, warf dieses weg und biss den Hauptteil knuspernd an.

Die Pappeln auf der Böschung des Bergbachs waren einsam hoch aufgewachsen. Kieselsteine lagen unter den Bäumen hier und dort in dichten Gruppen versammelt. Am Rande dieser Kieselsteinfelder wuchs eine Bergwiese, auf die sich Ungchil legte, und von dort aus starrte er gedankenlos und nur die Augen rollend auf das gegenüberliegende Dorf. Es lag da umzingelt von vielschichtigen Bergen, als würden dessen Atemwege gänzlich erdrosselt werden.

Er fing an, ein Volksliedchen zu summen.

Arirang, Arirang, Arario.
Lass Arirang laufen, uns müßig vergnügen, dann gehen wir weiter.
Zur Abfahrt pfeift die Dampflok,
aber die Tränen fließen bei dem, der seinen Geliebten im Arm hält.
Arirang, Arirang, Arario.
Lass Arirang laufen, uns müßig vergnügen, dann gehen wir weiter.
Wir wissen nicht, ob wir heute oder morgen in die andere Welt gehen,
wozu säen wir dann den Mais.
Arirang, Arirang, Arario.
Lass Arirang laufen...

Ungchil sehnte sich dann plötzlich nach Gangneung. Dort sprangen nicht nur die Fische quicklebendig herum, sondern auch die Wellen waren schön, die im morgendlichen Sonnenlicht kräftig brausten. Ein Leben an jenem Ort war ja gar nicht zu vergleichen damit, wie er sich hier, in so einem dunklen und entlegenen Dorf sparlich durchs Leben brachte. Zwar prahlte er doch ganz gut damit, auch im Ackerbau gewisse Erfahrungen zu haben und sich damit auszukennen, doch huschte in diesem Moment ein unbeschreibares einsam-melancholisches Gefühl über sein Gesicht. Der Herbst in diesem Jahr war doch etwas völlig anderes als vor dreißig Jahren, als er Schnaps gebrannt und seine Schultern aus höchster Stimmung heraus hochgezogen und zur Basstrommel getanzt hatte. Wenn der Herbst kommt, wird das Dorf mit Freuden überflutet. Aber was war jetzt los? Das Dorf war von einer Mordlüsternheit beherrscht. Dabei fiel ihm ein, dass im vorvorletzten Herbst ein Räuber eines Nachts auf einem Berg einen Menschen mit einer Sichel umgebracht hatte. Es handelte sich um ein Verbrechen an einem Bauern, bei dem ein anderer Bauer diesen nach einem Marktbesuch auf dem Weg nach Hause getötet hatte. Und das Besondere war: Die Beute bestand aus nur vier Zon und sieben Kannen Hirse. Dazu noch hatte dieser heimtückische Henker seinem Opfer das Gesicht gehäutet und ihn mit der Sichel so schrecklich zugerichtet, wie man einen Adlerfischkopf zerquetscht, um seine Spur zu verwischen. Grausamer Kerl. Und das alles wegen vier armseligen Zon, tja, er selbst hätte an dieser Stelle dem Opfer eher noch sein Geld draufgelegt, dachte er. Ungchil grübelte darüber nach, ob es sich diesmal etwa wieder um solch einen Blutsauger handeln könnte, bekam Gänsehaut in der kalten Luft, so dass ihm die Haare zu Berge standen. Heute hatte er sich um die Äcker seines jüngeren Bruders gekümmert, so dass das Fassen des Diebes aufgeschoben werden musste. Es wäre richtig, den Kerl heute Abend zu fassen, ihm die Beine zu brechen und dieses Dorf am besten schon morgen langsam zu verlassen. Er grübelte nur noch zögernd darüber nach, wie man vorhersagen könnte, ob er diesen oder jenen Berg überqueren würde, und dann begann er langsam zu schnarchen.

Der Abend schlich heran, und alle Dinge schliefen ein. Im schwarzblauen Himmel wogten die Gipfel der Berge, als wären sie das wiegende Meer, und die Sterne traten mit ihren trüben Augen in Erscheinung. Aber dann, als die Wolken scharenweise hereinstürzten, verwandelte sich die Landschaft in eine pechschwarze Felswand. Auch in der Mitte des Dorfes rollte der wilde Wind einsam hin und her, und was in die Nase stach, war der frische Geruch des Bergtempels. Es gab eine Kneipe, die von einer Pappel am nördlichen Berg eingerahmt war, von dort blinzelte ein Licht, und es kam ein Volkslied leise und friedlich zu Ohren: „Vergnügen! Spaß haben! In jungen Jahren wollen wir uns vergnügen." Die Leute tranken Schnaps, die Zeche aber ließen sie anschreiben, da sie sich vielleicht auf die Reisgarben verließen.

Ungchil stand schweigsam, aber abrupt auf und begab sich auf die Straße. Erst als er aus dem Haus war, meldete er seinem Freund sein Fortgehen:

„Ich komme gleich wieder zurück!"

„Wo gehst du denn hin?"

Sein Freund schaute ihn verblüfft an, weil er nicht begriff, dann riet er ihm, er solle angesichts der späten Stunde schnell wieder ins Bett gehen. Ungchil kam seinem Freund merkwürdig vor, weil er sich so spontan aufgerichtet hatte, während er mit ihm zuvor so laut geschwatzt hatte.

„Ich gehe mal nach drüben und kaufe einen Beutel Tabak."

„Hier ist Tabak, wozu willst du noch einen kaufen?"

Der Freund nahm einen Hyyon-Tabak aus der Kleidertasche und zeigte ihn ihm.

„Komm wieder rein und hilf mir lieber, die Strohsäcke zu verflechten."

„Ach, die Strohsäcke, die habe ich ganz vergessen..."

Ungchil kratzte sich aus Verlegenheit mit einem entschuldigenden Gesicht am Hinterkopf. In der Tat hatte ihn sein Freund schon einige Tage lang darum gebeten, ihm beim Verflechten zu helfen, aber Ungchil hatte das irgendwie immer wieder vergessen, weil er in Glücksspiele völlig versunken gewesen war. Ungchil hatte ein schlechtes Gewissen, war er ihm doch zu Dank verpflichtet, weil er bei ihm essen und schlafen konnte. Dennoch sagte er:

„Ich komme ja gleich zurück...", und verließ mit schwammigen Worten das Haus.

„Ja, dann komm bald wieder zurück und sei unterwegs auf der Hut!"

Er wünschte sich sehr das Wohlwollen seines Freundes. Ungchil war stolz darauf, wenn ihm Leute mit einer gewissen Achtung begegneten. Selbst wildfremde Personen verbeugten sich vor ihm, wenn er mit ihnen ein paar Mal Gespräche geführt hatte. Ungchil prahlte mit seinen Erlebnissen vor den Leuten so, dass er seine Taten, die nichts anderes als Diebstahl waren, bei denen er ertappt und gedemütigt wurde, als stolz und hervorragend darstellte, und dann erstaunten die Leute und rissen ihre Augen auf:

„Oh, was Sie alles durchgemacht haben!"

Und andererseits beneideten sie ihn offenbar:

„Was haben Sie denn mit dem ganzen Geld gemacht?"

„Dennoch fällt es Ihnen immer wieder ein, es wieder zu versuchen?"

„Immerhin leben Sie ja im Vergleich zu uns Bauern auf großem Fuß!"

Ihre Wut schien ein wenig dadurch gelindert, dass sie von seinen Erlebnissen hörten, auch sie wollten wie Ungchil mit vermeintlich prall gefülltem Bauch leben, aber sie wussten nicht wie. Ungchil durchschaute die Leute ganz gut und erzählte fleißig weiter, er habe jemandem den Kopf auf einem Reisfeld in die Erde gesteckt und sei dann auf der Flucht erwischt worden und habe also schließlich eine Schande hinnehmen müssen; dann fügte er hinzu:

„Ihr seid noch nicht so weit, so etwas zu machen. Noch nicht, sage ich euch!“

So plapperte er fleißig Unsinn, sie nickten bloß schweigsam, stimmten ihm zu, und sie luden ihn in ihrem naiven Vertrauen normalerweise sogar zum Schnapstrinken ein und kauften ihm Zigaretten.

Ungchil war ärgerlich, weil sich der Kerl, der diesmal die Reisstrohgarben gestohlen hatte, offensichtlich etwas bei ihm furchtlos abgeschaut zu haben schien.

Als sich seine Gedanken so weit entwickelt hatten, hegte er gegen den Dieb noch mehr Groll. Dann nahm er einen Knüppel aus Schnabel-Esche in seine Hand, durchquerte den Reisfeldrain und stieg den Berg hinauf.

Es war eine tiefe, düstere Nacht am letzten Tag des Monats.

Der Weg war so dunkel, dass er nur unklare Konturen wahrnehmen konnte. Bis zu dem Reisfeld waren es schätzungsweise über drei Kilometer. An einem Ausgangsweg des Dorfes lag es auf einem Hügel, den er zu überwinden hatte. Und noch einen Hügel überquerte er. Dann lag das nur einen Morgen große Reisfeld vor ihm, zwischen zwei anderen Hügeln lehnte es sich schräg an einen dicht bewaldeten Bergrücken. Nur eines der Reisfelder gehörte Ungo. Sein Feld lag weit von der Straße entfernt, so dass man es nicht einmal leicht zu sehen bekam. Daraus, dass die Gerüchteküche im Dorf nicht brodelte, schloss er, dass dem Kerl der Himmel geholfen hatte und dieser von niemandem gesehen worden war, aber er war ziemlich sicher, dass es vom Charakter und Verhalten her Sungpal gewesen sein musste.

Ungchil ging über den ersten Hügel auf den Gemeindefriedhof. Und als er den nächsten Hügelrücken bestiegen hatte, hielt er mit einem Ruck inne. Auf der linken Seite des weiten Tals blinkte aus der Ferne ein Licht und erlosch gleich wieder. Für das Augenlicht eines Tieres war es zu schwach. Die Kerle sind also schon wieder unterwegs, dachte er. Er bog daraufhin in einen anderen Nebenweg. Er kletterte um Äste herum auf einen großen Berg hinauf. Ein kleiner Fels rutschte herunter, als er ihn mit seinem Fußrücken berührte. Brombeerdornen stachen ihn in seine Unterschenkel, aber unbeirrt stieg er den Fels kriechend hinauf. Ungefähr auf dem Berggipfel standen Schulter an Schulter zwei Felsen, unter denen es eine versunkene Höhle gab. Gräser wuchsen üppig in die Breite ausgestreckt, so dass der Eingang dieser Höhle bedeckt war.

Im Inneren waren fünf Kerle, die in einer Runde saßen und untereinander flüsterten. Sie hatten das Lampenlicht heruntergedreht und bedeckten es mit ihren aneinandergerückten Körpern. Sie saßen so zusammen, damit kein Licht hinausdringen und sie verraten konnte.

„Nun mach schon, nimm endlich eine Karte heraus, es ist ja unerträglich."

„Setzt jemand diesmal aus?"

„Diese Person ist es doch."

„Misch doch die Karten neu. Wofür hältst du mich, so ein billiger Trick", ärgerte sich ein Kerl, nahm eine Whatu-Karte ab und mischte eigenhändig und erschrak mit einem Mal. Er hatte Ungchil erblickt, der plötzlich in diese Partie hineinplatzte.

Sie schienen Ungchils Eintreffen wirklich nicht willkommen zu heißen. Es handelte sich um eine Hasardspielpartie der Milchbärte, und wenn sich Ungchil an diesem Spiel beteiligen würde, hätten sie kaum eine Chance, das Spiel zu gewinnen. Aber weil sie es sich nicht leisten konnten, Ungchils Missfallen zu erregen, gab es einen unter den Kerlen, der ihn oberflächlich anlächelte und sagte:

„Ach, du bist es, Ungchil. Komm doch herein."

Und ein anderer Kerl äußerte sich überheblich:

„Ich wusste schon, dass du kommen wirst. Auf dich habe ich gewartet."

Die Kerle empfingen ihn nach außen hin außerordentlich herzlich und zogen ihn an seinen Händen zu sich.

„Jetzt öffnen wir mal mit ihm die Karten."

Ungchil trat ein, musterte mit einem bedrohlichen Blick die anwesende Gesellschaft. Erstaunlich war, dass auch Jesung unter ihnen war. Noch vor drei, vier Tagen hatte der Kerl ihn um Geld gebeten, und zwar mit der Begründung, er habe nichts zu essen. Ungchil hegte einen starken Verdacht gegen ihn. Der Diebeskeim breitet sich oftmals in solch einer Hasardspielpartie aus. Neben ihm saß auch noch Giho. Dieser Kerl hatte vor einigen Tagen sein Weib verkauft. Dabei hatte er gesagt, er wolle mit dem Erlös in Yongdong ein Gewerbe als Krämer betreiben, aber er kam stattdessen hierher, um zu spielen. Anscheinend traute er sich zu, in der Partie Geld zu gewinnen. Noch ein anderer war Yonggu. Er war vernarrt ins Spielen, aber beim Ackerbau gab er sich wenig Mühe. Er wurde aus dem Dorf vertrieben, weil er sich an der Gemeindearbeit nicht beteiligt hatte. Und auch ein Arbeitsknecht aus einem fremden Haus war unter ihnen. Ein mittelalter Kerl mit traditioneller Haartracht war auch da, spielte angeberisch vornehm, war aber nicht anmutig. Diesen Typen hatte Ungchil vorher nie gesehen und so wusste er nicht, von wo dieser eingeflogen war. Igitt, was wissen die armen Kerle hier anzufangen.

Ungchil stieß an den Rücken von Giho, um mit ihm draußen unter vier Augen zu sprechen. Er führte ihn an eine abgelegene Stelle.

„Hast du kein Geld für mich?"

Dann schickte er sich an, sich umzudrehen, aber Giho sagte murmelnd:

„Ach, woher denn?"

„Ich habe gehört, dass du dich von deiner Frau getrennt hast, was hast du mit all dem Geld gemacht?"

„Ach, du, mit dem Geld habe ich doch meine Schulden getilgt!"

Giho, der seinen Blick hinabsenkte, schien es unbehaglich zu sein.

Giho drückte mit dem Daumen seiner rechten Hand ein Nasenloch zu und schneuzte sich die Nase, dann wich er aalglatt mit einer Antwort, um die er gar nicht gebeten worden war, aus, indem er als Ausrede vorgab, ihm sei die Hölle heiß gemacht worden, er sei zur Rückzahlung seiner Schulden gedrängt worden, und er kratzte sich dabei sanft mit dem langen Pfeifenbohrer den Rücken.

Aber Ungchil schimpfte innerlich auf ihn. Du Mistkerl.

Ungchil starrte ihn mit einem scharfen Blick an, indem er die Augen fadenförmig klein machte.

„Genau vier Won habe ich davon übrig", erzählte Giho bereitwillig und redete weiter.

„Mit dem Geld habe ich die Schulden beglichen, dann für sonstwas ausgegeben, und irgendwie ist alles verpufft..."

Dann lächelte er, seine Rede verschluckend.

Ungchil sagte unfreundlich zu ihm:

„Leihe mir nur zwei Won."

Er streckte Giho die Hand entgegen, aber dieser gehorchte nicht, so dass Ungchil nun schrie:

„Wenn ich das Spiel gewinne, teile ich das Geld mit dir, ich prelle dich doch nicht um dein Geld!"

Daraufhin beruhigte sich Giho anscheinend, hob die Ärmel seiner Tracht, fummelte im Inneren der Ärmel und nahm dann das Geld zaudernd heraus. Ungchil könne ja wohl mit seiner Kunst kein Pech haben. Falls er im Kartenspiel mangels Begabung dennoch verlieren sollte, werde er sicherlich mit Gewalt versuchen, die Partie zu seinen Gunsten zu entscheiden...

„Auch ich decke mal eine Schicht vom Stapel auf."

Ungchil ging gebückt in die Höhle hinein, indem er sich angeberisch bewegte. Über sein Gesicht huschte ein selbstsicheres und zufriedenes Lächeln. In der Tat gab es für ihn nichts Glücklicheres als das Hasardspiel. Auch wenn er traurig war, versetzte es ihn irgendwie in eine fröhliche Stimmung, die Whatu- oder Tujon-Karten in die Hand zu nehmen, und er konnte an keiner Hasardspielpartie einfach vorbeigehen, selbst wenn er sich irgendwoandershin sehr beeilen musste. Er musterte nun einmal flüchtig diesen und jenen Kerl unter den Anwesenden, um ein Vorgefühl zu bekommen.

„Teilen wir uns besser in zwei Gruppen, oder?"

Ungchil setzte sich mit Yonggu und Jesung zusammen und sie rückten zur Seite. Er mischte die Whatu-Karten in aufgeregter Stimmung, dann hielt er seine Hand über die Karten und sagte:

„Es sollten besser Tujon-Karten sein, na ja, mit welchen Sonderregeln wollen wir spielen? Soll es ein Spiel mit 600 Punkten sein?"

„Machen wir es so, dass wir nur nach dem herkömmlichen Punktesystem spielen!"

Unter den Anwesenden war es furchterregend still. Nur ein Geräusch war zu hören: der vom Wind aufgewehte und auf den Felsen rollende Sand. Nur selten aber hörte man Stimmen.

„Hier, schaut euch das an."

Dann wurde eine Whatu-Karte auf eine andere Karte, die auf dem Boden lag, schallend abgeworfen, um die Karte betont zu zeigen. Und dann war es wieder mausestill. Sie alle schmachteten so hitzig nach dem Gewinn, dass sie kaum Muße hatten, Worte auszutauschen. Ihre Augen waren vor Anspannung gerötet, weil sie gegenseitig Gift versprühten und aufpassen mussten, nicht betrogen zu werden. Man wusste doch überhaupt nicht, wer wen ausnimmt und wer von wem ausgenommen wurde.

Als Ungchil eine Karte herauszog und abwarf und dann eine andere Karte, die ein Bild eines Vollmonds über einem kahlen Berg zeigte, rasch umdrehte und den anderen Spielern gut sichtbar zeigte, schaute Yonggu Ungchil plötzlich jähzornig an.

„Was ist das für eine Trickserei?!"

„Was ist denn?"

„Du sagst, was denn ist, du hast doch diese Vollmond-Karte unter dem Sitz herausgenommen, nicht wahr?"

„Ja, und? Ist das ein Grund, sich zu ärgern?"

Ungchil schmatzte halbwegs aus Verlegenheit, dann sagte er:

„Dann war es diesmal ein Fehlschlag, oder?"

Dann lachte er laut und warf die Karten auf den Boden.

In diesem Augenblick schrie einer von der Seite urplötzlich:

„Du Kerl, ich bringe dich um!"

Alle Anwesenden erschraken, und der, der eben geschrien hatte, stand im Mittelpunkt des Geschehens. Der Arbeitsknecht ohrfeigte den Mann mit dem traditionellen Haarknoten, der ihm gegenüber saß. Dabei war davon die Rede, dass die Karte mit einem fünfpunktigen Zieraprikosenbild verkehrt herum abgeworfen worden sei.

Aber er war in Wahrheit deshalb wütend geworden, weil er das Spiel verloren hatte. Und das Geld, das er verloren hatte, war der mit Blut beschmierte Arbeitslohn eines ganzen Jahres. Na ja, dieses Geld hatte sein Gegenspieler versucht, auf einen Rutsch zu verschlucken...

„Du, Kerl, du bist ein Gauner. Gib mein Geld zurück!"

Der Arbeitsknecht ging dem Mann mit der traditionellen Haartracht an den Kragen und gab ihm zwei Ohrfeigen.

„Tja, was hat dieser Kerl, du hast keine Manieren vor einer älteren Person, was?"

Der Mann mit dem Haarknoten, der ruhig mit übereinander geschlagenen Beinen dasaß, richtete langsam seinen Rücken gerade auf, dann rügte er den Arbeitsknecht mit herrischem Gehabe. Das war doch unerhört, dass er von einem Kerl, der dem Alter nach sein Kind hätte sein können, geohrfeigt wurde. So erhob er seinen Hintern, als wollte er gleich etwas gegen ihn unternehmen, aber er setzte sich sofort wieder hin. Er dachte bei sich, dass ihm selber Schaden zufallen könnte, wenn er den Kerl, der ohnehin schon bis zum Gipfel aufgeregt war, noch weiter reizen würde. Er lachte lediglich höhnisch, rief innerlich „Scheiße" und schimpfte ihn weiter aus.

„Na, wo gibt es denn so einen Flegel!"

So weit war die Rüge des Mannes mit dem Haarknoten in Ordnung, aber dann wendete sich plötzlich das Blatt. Auf der Stirn blutete es aus einer Wunde. Ein Stein war auf seine Stirn geflogen und hatte die Haut aufgerissen.

Ungchil verließ lächelnd die Höhle. Es wäre ihm lästig gewesen, in diese Sache unnötig peinlich verwickelt zu werden. Vor allem hatte er weit gefehlt mit seiner Vorstellung, dass es sich bei der Partie um ungefähr einhundert Won handeln könnte, es waren nicht mehr als 40 Won oder weniger zu holen. Welcher blöde Kerl bleibt für dieses wenige Geld bei solch einer Partie?

Der Betrag, den Ungchil gewonnen hatte, bestand aus neun Won und 80 Zon, eine lächerliche Summe, die seinen Einsatz zu verraten schien. Ungchil gab Giho fünf Won zurück.

„Hier, das ist mehr als die Hälfte des Gewinns. Du bist ja wunderbar aufgehoben, nachdem du Geld und Weib losgeworden bist."

Ungchil warf ihm einen höhnischen Scherz zu und stieg dann unbekümmerten Schrittes in den Wald hinunter.

„Du da, ich habe eine Bitte."

Jesung folgte Ungchil hartnäckig aus Geldnot. Seine Bitte konnte Ungchil sehr gut vorahnen, ohne zu fragen. Nachdem Jesung beim Kartenspiel mit Ungchil schon all sein Geld verloren hatte, wollte er nun von Ungchil vielleicht ein Trinkgeld verlangen.

Ungchil ignorierte ihn ganz und ging weiter seines Wegs.

„Du, Ungchil, lass uns doch reden!"

Jesung bat dann den Arm von Ungchil ergreifend, ihn zu retten. Jesung habe zehn Säcke Reisstrohgarben gedroschen und dann versucht, sein Geld bei dieser Kartenspielpartie zu vermehren, aber er habe alles verloren. Er sei dem Sterben nahe, weil er nichts zu essen habe, also bitte er ihn um ein wenig Geld, um ein Grundkapital für das Hassardspiel zu bekommen. Na, wenn er die Reisstrohgarben gedroschen hat, sollte er sie doch gefälligst essen und sich nicht wieder zum Harsardspiel begeben...

„Ja, und? Habe ich dir das angeraten?"

Ungchil schrie ihn so an, wendete sich um und fand beim Hinschauen, dass die Augen Jesungs mit Tränen gefüllt waren. Schweigsam nahm Ungchil zwei Won heraus und reichte sie ihm.

Ungchil saß mit verschränkten Armen auf einem Stein und fröstelte. Zu allen Seiten umzingelten ihn Bäume. Eine dunkelschwarze Gestalt sah wie irgendein Schrat aus. Sie schwankte listig hin und her, indem sie zischte, wenn der Wind raschelnd wehte. Und sie erhob einen gellenden Schrei, als würde sie die Kehle eines Tierchens durchschneiden.

Ungchil drehte sich manchmal um und schaute hinter sich. Wer weiß, wer über ihn herfallen könnte. Der Sonangdang-Altar lag genau hinter ihm. Ein Wiesel oder sonst was tobte sich aus, und ansonsten gab es nur die raschelnden Geräusche, die die rollenden Steine auf dem Altar hervorriefen. Diese Geräusche erzeugten in ihm ein merkwürdiges Gefühl, als ob seine Wirbelsäule einen Stich abbekäme. Es war wie ein dunkler Alptraum im Schlaf. Vom Himmel kam der Tau herunter, so dass sein Kragen benetzt wurde. Furcht überkam ihn, aber vor allem war die Kälte kaum zu ertragen.

In diesem Bergdorf war vielleicht sogar der Berggeist verhungert. Denn vielleicht gab es niemanden mehr, der diesem Altar Reiskuchen als Weihgabe darbringen konnte oder darum betete, einen Sohn zu gebären. Wer weiß, vielleicht würde dieser verdammte Sonang noch vor Wut auf ihn stürzen, dachte er sich. Ungchil schaute wieder nach vorne und nach hinten und zog dann seine lange Pfeife aus seiner Taille. Er zündete sich dann eine Zigarette an, indem er sich vorn überbeugte, um das Feuer zu beschützen. Das Reisfeld, das er beobachtete, lag ungefähr ein Duzend Ruten von ihm entfernt. Er hatte das Reisfeld konzentriert im Visier, spähte scharfen Blickes durch die Lücken der Bäume. Als er sich anschickte, die Pfeife auf dem Boden auszuklopfen, bewegte sich ein Busch merkwürdig. Eine Schlange. Ja, es war nur eine Schlange. Bei einem Schlangenbiss im September und Oktober hat man keine Chance. Also wechselte er seinen Sitzplatz, gähnte und bedeckte mit der Hand seinen Mund.

Vielleicht waren über zwei Stunden vergangen. ‚Der Kerl kommt bestimmt', dachte er sich. Wie könnte er nicht wieder hier erscheinen? Bei solchen Langfingern galt das Prinzip, die Stelle des Verbrechens noch einmal aufzusuchen, bevor über die Tat geredet wird. Weil er nicht geschlafen hatte, waren seine Augen ausgetrocknet, und daher fielen sie langsam immer wieder wie von selbst zu. Wenn er sie angestrengt immer wieder aufriss, dann beugte sich seine Taille. Sein Magen tat stechend weh und der Kopf hämmerte. Ihn überfiel und fesselte flammender Zorn. ‚Ich wäre ein Hurensohn, wenn ich dem Kerl nicht seine Beine brechen würde', dachte er sich. Die Hähne krähten drei Mal. Dieser Ruf, der ihn von einem weit entlegenen Ort jenseits des Berges erreichte, klang sehr traurig. Einen großen Regen ankündigend, trieben schwarze Wolken über den Himmel. Schon troff der Regen.

In diesem Moment huschte eine unklare Gestalt kreuz und quer durch den Reisfeldrain wie ein halluziniertes Bild. Er versuchte, einen klaren Kopf zu bewahren. Gewiss handelte es sich um einen der beiden, also Sungpal oder Jesung. Dieser Kerl, der mich so plagt! Vor Wut knirschte er mit den Zähnen, keuchte die Schulter zuckend.

Den Knüppel hielt er bereits schroff fest. Dann stand er abrupt auf und ging die Äste beiseiteschiebend vorsichtig hinunter. Aber als er eine Furche erreichte, zog er sich mit einem Ruck zurück. Eben querten zwei Wölfe seinen Weg, zogen unbekümmert langsam von diesem Berg zu einem anderen Berg. Beschissene Wölfe. Die fehlten mir gerade noch. Er zog sich, sich den kalten Schweiß auf der Stirn abwischend, auf die Stelle zurück, wo er hergekommen war. Es könnte gut sein, dass es sich beim diesjährigen Dieb um einen Doppelgänger des Räubers vom vorvorletzten Jahr handelte. Eine ungute Vorahnung huschte ihm urplötzlich durch den Hinterkopf.

Er zog seinen Kragen fest und zündete sich noch eine Zigarette an. Plötzlich wurde der Wind noch stärker. Eine heftige Böe hatte sich im Tal angesammelt und tobte tollwütig. Wieder bebte er vor Kälte. Wieso ist der Herbst so beschissen. Ihm blieb die Spucke weg, weil er hier die heutige Nacht, ohne ein Auge zuzumachen, verbringen sollte.

Er wusste nicht, wie lange er so verweilte, jedenfalls kam der Augenblick, als er aufstand und umherschlenderte, um seinen Körper aufzuwärmen. Er sah ganz genau ein unklares Schattenbild, das sich dem Reisfeld näherte. In diesem Augenblick entpuppte sich all seine Müdigkeit und die Kälte als bloße Ausrede. Er stemmte sich gegen den Boden und stand auf, zog den Kopf nach vorne und konzentrierte sich mit funkelnden Augen.

Der weiße Schatten war schon wieder in der Dunkelheit verschwunden, nichts war mehr zu sehen, und er trat auch nicht wieder in Erscheinung. Einzig klirrte der Wind. Es war stockfinster. Sicher ging der Kerl ins Reisfeld, um die Reisstrohgarben zu stehlen. Der schlaue Kerl nutzte das schlechte Wetter aus und nahm wahrscheinlich bei diesem Wetter so viel, wie er wollte. Ein verräterisches Schwein war das, einer von uns, die wir doch alle am Hungertuch nagen. Gut, ich kriege dich früher oder später eh. Er sammelte seine Kräfte, knirschte mit den Zähnen und stieg langsam zu dem Reisfeld hinab.

Ungchil schritt ganz nah an das Reisfeld heran und heftete seinen Körper ganz fest an eine Kiefer. Unternähme er etwas Unüberlegtes, könnte er von einer Sichel getroffen werden, dachte er. Also wartete er darauf, dass der Kerl mit seiner Beute herauskomme. Ungchil umkrallte seinen Knüppel.

Eine kurze Weile war vergangen, der Dieb tauchte wieder auf. Nur sein Kopf ragte aus dem Reisfeld heraus, er spähte in alle vier Richtungen und kam dann hervor. Sein Gesicht war, abgesehen von den Augen, mit einem Tuch oder einem Stofffetzen vermummt. Der Dieb, der seine Last auf dem Rücken trug, machte sich gebückt aus dem Staub. Dann stürzte Ungchil in Windeseile auf ihn zu und brüllte wie ein Kanonenschuss:

„Du Kerl, stiehlst du die fremden Reispflanzen von anderen!“, so dass der Dieb sogleich am Reisfeldrain herunterrollte und hinabstürzte. Anscheinend war der Dieb so sehr überrascht und unheimlich erschrocken.

Ungchil fiel über ihn her und schlug ihn an seiner Taille grob nieder. Der Dieb stieß einen furchtbaren Schrei aus. Angesichts seiner Stimme spitzte Ungchil die Ohren, hob seinen Kopf und entblößte seine Ärmel. Fassungslos verschlug es Ungchil auf der Stelle die Sprache, als er den Dieb weiter nach oben hin musterte.

Dann herrschte ein furchtbares Schweigen. Nur der leichtfertig klirrende Wind tobte in der Luft.

Eine Weile lang seufzte der Dieb vor Schmerz und richtete sich dann auf.

„Sogar du, älterer Bruder, belästigst mich noch?“

Der jüngere Bruder drehte sich unverhohlen um und riss die Augen weit auf. Und dann brach aus ihm schluchzendes Weinen heraus. Die Bündel warf er derweil hin.

„Meins esse ich und wen geht das etwas an?“, fauchte er und ging torkelnd von dannen.

Der ältere Bruder blieb wie angewurzelt stehen, weil er das Gefühl hatte, dies sei ein böser Alptraum.

Nach einer Weile hob Ungchil dann mit einer Hand das Bündel auf, um sein Gewicht festzustellen. Es war so leicht, dass es höchstens fünfzehn Kilo wiegen konnte. Ungchil konnte wirklich nicht die Gedanken seines jüngeren Bruders verstehen, für so eine kleine Menge so weit zu gehen. Ungchil schüttete die Reisstrohgarben auf das Feld zurück. Und dieses schwarze Tuch konnte ein Rock seiner Frau sein, den er schnell zusammenfaltete. „'Meins esse ich', sagst du. Du hast Recht, mein lieber Bruder, aber was für ein sonderbares Schicksal hat ein Mann, der sein eigenes Eigentum stehlen muss!" Aber vor allen Dingen war er als sein jüngerer Bruder einer, der ihn, Ungchil, selbst verraten hatte.

Als Ungchil seinen Bruder mit den Worten „Igitt, du ungezogener Kerl“ beschimpfte, kamen ihm Tränen über die Wange. Er wischte sie sich mit der Faust grob ab, dann fiel ihm plötzlich etwas ein, nämlich die großen und runden Augäpfel eines Bullen. Ging man eine Wegstunde südlich des Berges, befand sich ein molliger Ochse im Vorhof eines Hauses nachts stets angespannt. Man konnte mindestens 70 Won dafür bekommen. Er lief schnurstracks seinem jüngeren Bruder nach.

Als er am Gemeindefriedhof ankam, erreichte er ihn. Er tippte auf den Rücken seines jüngeren Bruders.

„Du, ich habe eine Idee. Wie du dir gewünscht hast, treibe ich das Geld auf, wir gehen mal zusammen wohin."

Ungchil tröstete ihn in ermutigendem Ton, um ihn aufzuheitern. Aber sein jüngerer Bruder war so spröde, dass er noch nicht einmal den Mund aufmachte. Und nicht nur das; er schüttelte mit einer Bewegung seines Körpers die Hände seines älteren Bruders ab, die dieser ihm auf die Schulter gelegt hatte, als habe alles keinen Sinn. Und dann ging Ungo einfach weg. Ungchil fand das unglaublich, ja, ihm verschlug es erneut die Sprache.

„Du, Kerl!", brüllte er ihn erbost an.

„Hast du nicht gesagt, ich sei sozusagen dein älterer Bruder?", und schlug gleichzeitig mit seinem Knüppel krachend auf dessen Hintern. Der jüngere Bruder sackte zusammen, und Ungchil schlug wechselweise mal auf seine Unterschenkel, mal auf den Rücken. Er setzte seinem jüngeren Bruder dermaßen zu, dass dieser sich kaum noch aufrichten konnte. Er schlug ihn so weit nieder, dass sein jüngerer Bruder trotz des damit einhergehenden Gesichtsverlustes mit dem Bauch auf dem Boden lag und laut aufheulte.

Aber auch Ungchil behagte nicht, diese Szene mitanzusehen, obwohl er diese aus seiner wütenden Stimmung heraus verursacht hatte. Ungchil spuckte einmal und bemerkte :„wie kann es einem Kerl, der so ein blödes Los gezogen hat, auch anders ergehen". Daraufhin hob er seinen jüngeren Bruder auf und trug ihn auf seinem Rücken fort. Er war besorgt darüber, ob sein jüngerer Bruder Vernunft annehmen würde. Kummervoll pustete er und stieg schweigsam den Hügel hinunter.

Aus: *Chosonilbo*, 17.7.1935-30.7.1935

MEINE FRAU

Meiner Frau würde ja kaum einer sagen, sie sei schön, ganz egal, wer sie sieht. Außer den Kerlen, die nach Weibern total verrückt sind, aber die sind hier ausgenommen. Ich verbringe ja jeden Tag mit ihr zusammen, doch habe ich noch nicht den geringsten Hinweis auf Schönheit an ihr entdecken können, selbst wenn ich sie mit gutem Willen betrachte. Sollte bei einem Weib nicht wenigstens die Visage schön sein, damit man sie zu etwas brauchen kann? Verdammt noch mal, sie sollte wenigstens einige Söhne wie Bullen werfen. Einfache Leute wie wir werden unausweichlich am Hungertuch nagen, wenn wir noch im hohen Alter immer noch keinen Nachwuchs haben. Welcher Verrückte ernährt aus bloßer Rührseligkeit einen Menschen, der ohne Grund und Boden ist, der womöglich wegen seines unnützen Körpers auch noch arbeitsunfähig ist. Also, was ich sagen will, ist, dass man in jungem Alter haufenweise Blagen produzieren sollte, und zwar so viele wie möglich.

Und es kann doch nicht wahr sein, dass, nur weil die Mutter eine Fresse hat, die zu wünschen übrig lässt, sie auch noch Kinder kriegt, die ihrerseits ein derbes Gesicht haben. Wofür mein Sohn Ddolddol, der Gescheite, den besten Beweis liefert, sieht seine Mutter doch wie ein grob gemachter Reiskuchen aus, den man einmal in der Hand festgedrückt und dann fallengelassen hat. Aber ihr Söhnchen sieht hingegen in höchstem Maße gescheit und proper aus! Obwohl er nach dem Essen wie ein Feuer-Teufel über mich herfällt und unverhohlen nach noch mehr verlangt. Apropos, gerade dieses Kerlchen ist für mich wirklich ein unbeschreiblicher, ein wahnsinnig großer Schatz, weit bedeutender als mein Vater und Großvater zusammen.

Dass das Weib schließlich angefangen hat, sich mir gegenüber unangebracht wichtigtuerisch zu verhalten, lag daran, dass es dieses Kerlchen zur Welt gebracht hat. Vorher konnte sie es kaum wagen, mit so einer beschissenen Fresse mir gegenüber auch nur mit einem Pieps aufzumucken. Man sagt ja oft, das Gesicht eines Weibes sehe je nach der Brille des Betrachters anders aus. Aber gerade dieses Gesicht kann man keineswegs irgendwie anders sehen, selbst wenn man verfaulte und weich gewordene Augäpfel hätte. Es wird normalerweise angenommen, ein Gesicht mit einer kahlen Stirn und weiten Abständen zwischen den Augenbrauen sei physiognomisch durchaus als ein verständnisvoller Personentyp zu betrachten. Mag sein, aber man vermisst auf solch einem Gesicht einen weiblich einfühlsamen Zug, und was ist mit dem am Unterkiefer runden und breiten herunterhängenden Ding, das anmutslos abrupt nach vorn gewölbt ist und sich normalerweise Mund nennt? Die Lippe ist zwar schmollig, aber die Oberlippe ist hochgezogen, so dass ihr, wenn sie etwas sagen will, ständig die nicht so sauberen Oberzähne zum Vorschein kommen. Davon mal abgesehen, wie erfreulich wäre es immerhin, wenn zumindest die in der Mitte des Gesichts platzierte Nase ein wenig wohlgebildet wäre. Wenn man das Gesicht eines anderen sieht, sticht einem ja normalerweise zuerst die Nase ins Auge. Wenn ich das hier alles sage, hört es sich vielleicht so an, als rede ich schlecht über das Weib, aber trotz aller guten Absicht zu beschönigen drängt sich mir beim Anblick ihrer Nase doch immer wieder das Bild eines Schweines auf, das einen weit entfernten Berg betrachtet.

Weil sie solch ein Erscheinungsbild bot, versuchte sie in jeder Nacht, mir heimlich auf den Zahn zu fühlen. Anscheinend grämte sie sich irgendwie darüber, ob ich sie heute vielleicht wieder anmeckern und peinigen würde. Dies erregte Mitleid in mir, so dass ich mit ihr trotz aller Müdigkeit normalerweise eine kleine Konversation führte. Mal fragte ich sie zum Beispiel, was sie die ganze Zeit gemacht habe, oder ob und wie sie die geflochtene Tür repariert habe, worum ich sie gebeten hatte, oder ich bemerkte ihr gegenüber, dass ihre Nase heute Nacht irgendwie schöner als sonst aussehe. Dann freute sie sich, indem sie ihren Mund gleich albern breit zum Lächeln öffnete, lehnte ihre Schulter schräg an meine und rieb sich irgendwie daran. Und dann fragte sie mich mit glühenden Augen dauernd, ob meine Aussage, dass ihre Nase gut aussehe, wirklich wahr sei. Ihre Seele beabsichtigte, meine Aussage über ihre Nase, die sie selbst doch nicht für wahr halten konnte, wenigstens für kurze Zeit zum Eigentrost noch einmal zu hören. Weil ich ihr Inneres aber gut kannte, sagte ich ihr, dass ihre Nase vielleicht erhöht worden sei, dann erwiderte sie, die Nase könne ein wenig nach vorn gebogen sein, da sie dieselbe jedesmal mit den Fingern hochgezogen habe, wenn sie zum Abort gegangen sei, und sie versetzte sich dann in eine freudige Stimmung.

Aber es kam manchmal vor, dass ich von der ganztägigen Schufterei auf dem Gemüsefeld völlig erschöpft heimgekommen bin. Dann legte ich mich einfach so auf den Zimmerboden, ohne ein Wort mit ihr zu sprechen. Dann dachte das Weib, es liege an ihrer Visage und daraufhin machte es in einer Ecke sitzend ein langes Gesicht. Daraus, dass sie ihr Gesicht seitlich drehte und das Kinn spitz anhob, konnte man schließen, dass sie erwartete, dass ich zumindest ihr Profil einmal anschauen solle. Verdammtes Weib, es nahm anscheinend an, dass sich ihr Profil sesamgroß verbessert habe.

So ist mein Weib, seitdem Ddolddol geboren wurde, ganz plötzlich tonangebend und stolz geworden. Wenn ich seitdem ins Zimmer kam, schenkte sie mir keine Aufmerksamkeit mehr, als hätte sie mich vorher noch niemals gesehen. Sie senkte nur die Augen und stillte schweigsam ihr Kind. Und wenn ich mal den Kopf des Kindes kraulte und sagte:

„Du, Kerlchen, Tag und Nacht schläfst du nur", dann schlug sie mir mit der Faust grob auf meinen Handrücken.

„Lass es doch, willst du es aufwecken?"

Am Anfang starrte ich nur eine Weile lang gegen die Zimmerdecke, weil ich nicht wusste, was los war. Was für eine Gerechtigkeit ist das denn, dass man mit der Faust geschlagen wird, wenn man sein eigenes Kind anrührt? Dennoch war es für mich nach sorgfältiger Erwägung doch kein Unrecht. Ich habe langsam begriffen, dass dieses Weib ein Anrecht hat, mir gegenüber aufzutrumpfen. Seitdem haben wir uns beide stillschweigend darauf geeinigt, mir ein „du Kerl" entgegenzusetzen, wenn ich sie mit „du Schlampe" anrede.

Die Leute im Dorf begannen daher, uns „die Zänker" zu nennen, ohne zu wissen, wie es bei uns wirklich zuging. Wir hatten ja unseren Spitznamen verdient, weil wir uns gegenseitig auflauerten, um bei jeder Gelegenheit gegeneinander anzutreten. In der Tat versuchten wir uns gegenseitig zunächst mit „du Kerl" und „du Schlampe" anzugreifen, als fürchteten wir uns davor, einen einzigen ruhigen Tag zu erleben. Die anderen Ehepaare empfingen sich begeistert, wenn sie am Abend nach Hause kamen:

„Liebling, hast du schon gegessen?"

„Nein, ich habe auf dich gewartet, um mit dir zusammen zu essen."

Aber wir dachten gar nicht daran. Wir näherten uns nicht mit miauend-zärtlicher Stimme. Nein, sobald ich in das Zimmer stolz eintrat, trat ich sie in ihren breiten Hintern.

„Weib! Steh auf und bring mir das Essen!"

„Was hat dieser Kerl, ich breche deine Beine."

Dann sagte sie knapp, den Kopf leicht gedreht:

„Was hast du mit dem Geld aus dem verkauften Holz gemacht? Hast du schon wieder rumgesoffen?"

So brüllte sie mich sogar recht gut an. In Wirklichkeit fühlten wir uns auf diese Weise von Zuneigung haufenweise überschüttet, und so ist's recht beim Zusammenleben mit einem Weib. Es wäre für mich unerträglich, mitansehen zu müssen, wie ein Mann mit einem aufgesetzten infantilen Gesicht über seine Frau kindisch herfällt und dabei süßholzraspelt. Eine Ehefrau ist für einen Ehemann dafür gut, beschimpft, gestoßen und geschlagen zu werden, obwohl man denken könnte, dass das nur für Kerle gelte, die sich in armseligen Haushalten abplagen und schließlich boshaft wurden. Aber für andere kann das genauso gelten. Im Leben hat man doch hin und wieder Gelegenheit, sich eingeengt zu fühlen und vor Wut zu kochen. Du bebaust Ackerland – aber das wirft keinen Gewinn ab. Du wirst von Schulden bedrängt und musst dir dazu beim Nachhausekommen noch mitanhören und mitansehen, dass das Kleinkind quengelt und die Frau wegen fehlender Kleider friert – und dennoch schaffst du es, unter solchen Umständen ruhig zu bleiben? Dies und jenes bekrittelnd verprügelte ich dann das Weib kräftig, indem ich ihren Haarknoten abrupt ergriff. Hatte ich mich eine Weile lang ausgetobt, floss mir der Schweiß den Rücken runter und es war dann Zeit auszuatmen, mich zu beruhigen. Danach schubste ich das Weib dahin zurück, wo es zuvor gesessen hatte und ich brauchte mir dann nur eine Zigarette anzuzünden.

Genau dieses Genusses wegen sage ich ja immer, dass ein Weib ein dankbares Zeug ist, und an diesem liegt es, warum ich es nicht vergessen kann. Ansonsten hatte ich keinen größeren Spaß, als hin und wieder meiner Frau die Schulter liebevoll zu klopfen und mich bei ihr einzuschmeicheln, ihrer hässlichen Nase Komplimente zu machen, sie sehe gut aus. Aber wenn ich sah, dass das Weib schluchzend dasaß, verging mir der Spaß. Das Weib hatte ja ohnehin keine Chance, sich gegen mich zu behaupten, weder mit Faustkraft noch verbal. Unabhängig davon, wer einen Angriff anfing, es war doch am Ende stets das Weib, das von mir abgekanzelt wurde, das all das hinnehmen musste und sich schließlich von mir entfernt hinsetzte.

„Komm hier her, hau dich hin und schlafe."

„Nein, jetzt nicht. Du kannst dich ja hinhauen und schlafen."

So war die Frau auf den Höhepunkt ihres Zorns gelangt und widersetzte sich mir hartnäckig. Aber nach einigen Aufforderungen kroch sie dann doch zu mir. Sie zeigte mir dann ihr tränendes Gesicht. Also konnte es gut sein, dass das Weib im Zusammenleben mit mir einen Sinn fand, nämlich sich mir beharrlich zu widersetzen, nachdem es von mir geschlagen worden war.

Aber es ist doch nicht so, dass zwischen mir und meiner Frau keine liebevolle Zuneigung bestanden hätte, nur weil wir uns stets wie Erzfeinde miteinander stritten. Wenn schon von Zuneigung die Rede ist, muss ich sagen, dass gar keine andere Zuneigung so klebrig wie Klebreiskuchen sein konnte wie unsere. Je mehr wir uns hassten und je öfter wir miteinander stritten, desto klebriger wurden wir, desto fürchterlicher fühlten wir uns zueinander hingezogen, so dass wir nicht einmal einen kurzen Moment voneinander getrennt bleiben mochten. Ich weiß nicht, ob die Zuneigung eines Ehepaars von Natur aus eigentlich so ist, aber unsere war unverständlicherweise so festgebissen wie an die Haut gesetzte Blutegel. Nicht nur mir ging es so, sondern auch dem Weib ging es genauso wie mir, dass wenn es sich neben mich hinlegte, nachdem es von mir eine Weile lang durchgewalkt worden war, schließlich fragte:

„Mein Gesicht ist doch nicht so hässlich, oder?", und sich dann ständig und aufdringlich auf mich stürzte, als wäre sie wirklich schön. Was hätte ich ihr in diesem Fall sagen sollen? Tja, ich blickte verblüfft lediglich gegen die Zimmerdecke und pustete ins Leere.

„Du, Weib! Ist es ein Gesicht?"

„Wenn nicht, hätte ich es dann bei mir?"

„Nur weil ich es bin, lebe ich mit dir zusammen, und wer sonst könnte denn dich mit deiner Visage berühren, hm?"

Sie entgegnete dann trocken:

„Was, dachtest du etwa, was du hast, ist ein Gesicht? So eine dornige Kastanie, tja, nur weil ich es bin, lebe ich mit dir zusammen!"

Wenn sie zu weit ging, musste ich wieder zum Schlagen aufstehen und noch einmal schwitzen, vor Erschöpfung legte ich mich dann wieder hin. Was? Mein Gesicht sieht wie eine dornige Kastanie aus, es ist doch nicht irgendein Gesicht, sondern ein Gesicht, das meine Mutter nach der Geburt sehr erfreut und sie zu der Weissagung verleitet hatte, mein Gesicht sehe so aus, dass ich später wenn nicht viel, so doch zumindest einen Morgen Ackerland besitzen würde.

Diesmal erduldete ich aber ihre Beleidigung, weil es auch für mich lästig war, schon wieder Hand- und Fußbewegungen zum Schlagen zu vollführen.

„Also gut, ich werde dich liebhaben, du setzt dann aber später unendlich viele Kinder in die Welt."

„Wozu soll ich Kinder gebären, wenn wir nicht einmal in der Lage sind, sie zu ernähern? Willst du sie etwa verhungern lassen?"

„Weib! Kann man dann nicht Nahrung borgen und so die

Kindern ernähren?“, brüllte ich sie an, aber kriegte im Hinterkopf doch ein schlechtes Gewissen. Was sollte ich mit Kindern machen, wenn ich sie nach und nach angesammelt hätte und dann nicht durchfüttern könnte? Man kann sie weder einfach wegwerfen noch umbringen. Weiterhin wusste ich sehr wohl, dass mein Weib bei der Sache doch eine bessere Auffassung hatte als ich. Natürlich ist sie mit mir niveaumäßig nicht zu vergleichen, denkt man beispielsweise an den Abstand zwischen den beiden Brauen, die eine Wegstunde voneinander entfernt sind!

Wovon wir uns ernährten, war das Brennholz, das ich verkaufte. Im Sommer konnte ich wenigstens Arbeitslohn verdienen, aber konnte man etwa bei angehäuftem Schnee Eis brechen und dann essen? Na ja, es konnte ja den anderen Kerlen im Dorf nicht viel besser ergehen. Ich brachte an einem Tag Brennholz von dem Berg herunter und am nächsten Tag verkaufte ich das im nächstgrößeren Dorf. Weil ich körperlich so kräftig war, konnte ich zwei Kraxen wechselweise tragen. Zwei voll beladene Kraxen Reisig sammelte ich, transportierte eine volle Kraxe allein an eine Stelle und dann legte ich eine Pause ein, holte eine andere an diese Stelle und machte wieder eine Pause, und auf diese Weise legte ich die weite Wegstrecke von zwölf Kilometern an einem Tag zurück. Ansonsten hätten wir unser Maul nicht stopfen können, wenn ich nur eine Kraxe Brennholz an einem Tag verkauft hätte. Wenn ich zwei Kraxen Brennholz gut verkaufte, dann waren es achtzig Zon, an den unglücklichen Tagen sechzig oder fünfundsechzig Zon. Mit diesem Geld kaufte ich Hirse, Bohnen, Seetang und sonstige Nahrungsmittel ein und kam dann nach Hause zurück. Wir kochten mit diesem Getreide aber keinen Brei, was mengenmäßig viel gewesen wäre, sondern bereiteten das Essen ganz normal zu, wir griffen uns lieber an die Haut des verhungerten Bauchs, selbst wenn wir uns nicht gesättigt fühlten, weil das Essen nicht ausreichte. Ddolddol kriegte eine Schüssel, weil er ein vierjähriges Kind war, ich aß eine Schüssel und dann noch eine halbe, weil ich sein Vater war, aber das Weib fraß sonderlicherweise sogar zwei Schüsseln. Und dann verschlang sie alles schneller als ich und war daran gewöhnt, danach sogar noch weiter an einer Ecke meiner Schüssel herumzulöffeln. Einmal dachte ich, dass es gut sei, ein Weib zu haben, aber dann musste ich befürchten, mir einen Reiswurm ins Haus geholt zu haben. Ein armer Kerl sollte wenig essen, und was sollte das, sich den Ranzen so vollzuschlagen; und so riss ich die Augen weit auf und sprach zu ihr „warum frisst du so viel?“, worauf sie antwortete, ich solle auch erst mal schwanger werden, dann würde ich ja sehen. So mürrisch wurde sie dann. Na gut, sollte sie so viel fressen, wie sie mochte. Später würden sich ja die Kosten ihres Essens ohnehin wieder durch das auszahlen, was in ihrem Wanst drinsteckte. Ab und zu würde ich ein bisschen weniger essen und ihr von meinem Essen was abgeben. Verdammte Kuh. Dennoch fraß sie wirklich zu viel.

Aber das Weib war eigentlich trotz ihrer Talentlosigkeit doch verschlagener als ich.

Das Weib schlug mir vor, wozu sollten wir diesen beschissenen Acker weiter bebauen, wir sollten lieber zum Schnapsverkauf übergehen. In der Tat hatte sie doch Recht, das war wirklich eine hervorragende Idee, die mir nicht eingefallen wäre. Wie schön wäre es gewesen, wenn wir uns puren Reis, Fleisch, Kleidung in Hülle und Fülle hätten leisten können, endlich so viel wir mochten, anstatt am gewinnlosen Acker zu hängen. Aber, als ich mir darauf das Gesicht des Weibes ausführlich anschaute, ließ ich dann doch die Schulter entmutigt wieder hängen. Wenn man zu einer fliegenden Schnapsverkäuferin zum Trinken kommt, ist ja wohl bezweckt, auch mal das Gesicht des Weibes anzugucken, und welcher alberne Kerl hätte von ihrer Visage angetan sein können? Es war doch furchtbar ärgerlich, wenn ich daran nur denke. Wenn das Weib mit einem auch nur etwas besseren Gesicht auf die Welt gekommen wäre, hätten wir einen besseren Stand haben können. Als ich sie aus der Enttäuschung heraus verbittert nur anstarrte und schmatze, merkte das Weib offensichtlich, woran ich dachte, und sagte mir:

„Es kommt bei einer Schnapsverkäuferin nicht allein auf ein schönes Gesicht an, habe ich gehört. Man sollte vor allem einen guten Geschäftssinn haben."

„Ach, und du wärst in der Lage, so einen Geschäftssinn zu entwickeln?"

„Aber natürlich, ich kann das, wenn ich möchte. Warum denn nicht?"

Das Weib garantierte ja den Erfolg dermaßen dickhäutig und prahlend. Sie rechnete sicherlich damit, dass sie sich dadurch wenigstens kräftig das Essen nach ihren Wünschen voll reinhauen könnte, wenn sie sich erst einmal unter die fliegenden Schnapsverkäuferinnen begeben haben würde. Als sie mir, um sich zu vergewissern, nach mehrmaliger Nachfrage versicherte, dass unbedingt etwas aus ihr werden könnte, na bitteschön, dachte ich, dann versuchen wir es halt. Man brauchte dafür nicht einmal ein Grundkapital, es genügte, ihr ein paar Lieder optimal beizubringen, und dann hätte ich mit ihr losziehen können.

Kam ich fortan also am Abend nach Hause zurück, lehrte ich sie das Singen, indem ich sie vor mir Platz nehmen ließ. Erst sang ich Arirang einmal vor, indem ich auf meinen Schoß schlug und den Takt angab. „Arirang Arirang Arario. Du, Chuncheon, lebe wohl, du Bongui-Berg. Nehme ich das Schiff am Synyon-Ufer, verabschiede ich mich von dir.“ Eigentlich konnte jedes Weib in unserem Bergdorf wenigstens das Ariranglied der Gangwon-Provinz gut singen, aber mein Weib hatte noch nicht einmal das gelernt! Also musste ich mit einer leichteren Arirang-Version anfangen, sonst ging das nicht. Dann ahmte mich dieses Weib, das hockend dasaß, nach, indem es mit beiden Händen taktimitierend ihren Hintern schlug. Obwohl aus ihrem Rachen nur Geräusche wie aus einem Tongefäß herauskamen, glaubte ich, dass sie später eine ausgedehnte Stimme hinkriegen würde. Aber die Melodie musste vor allem stimmen, und die beherrschte sie allerdings überhaupt nicht. Ich machte ihr vor, wie man singt, aber dieses verdammte Weib sang nach, als lese es einen Roman, na, was sollte ich denn machen? Wenn ich mich mit diesem Subjekt vor mir hinsetzte und ihm Singen beibrachte, dauerte es hin und wieder bis zum Hahnenkrähen und machmal sogar bis zur Morgendämmerung. Weil das Weib so schlecht sang, musste ich alleine singen, um ein gutes Vorbild abzugeben, und wiederholte und wiederholte mich, woraus folgte, dass eher ich das Singen selber übte und lernte, als dass ich ihr das Singen beibrachte. Dumme Ziege, sie war auch fürchterlich müde, dass sie mit der Hand den Mund bedeckte und andauernd gähnte. Dennoch konnte sie mir doch nicht von sich aus sagen, sie wolle ins Bett gehen, bevor ich bestimmte „das war's für heute". Na, wer war es denn gewesen, der mir am Anfang eingeredet hatte, Schnapsverkäuferin werden zu wollen? Wenn meine Gedanken so weit kamen, kochte in mir der Ärger hoch und es flog meine Faust hin und wieder auf sie zu.

„Weib? Wach auf, du lässt mich hier alles alleine machen?“

„Kerl! Ich breche deine Arme.“

„Lernst du dies gut, kommt es dir zugute und du wirst erfolgreich, du Weib, du und nicht ich! Was soll das, hier groß zu tun?“

Diesmal drückte ich ihr mit einem Finger auf die Stirn, dass sie nach hinten plumpste.

Zu anderen Zeiten wäre sie verdrossen von mir abgehauen. Aber weil sie sich der Nachlässigkeit schuldig fühlte, richtete sie sich auf und wartete darauf, weiter singen zu lernen. Ratlos war ich also. Ich war vor allem skeptisch dahingehend, ob es klappen würde, und vor allem brach auch bei mir ständig das Gähnen aus; dennoch konnten wir nicht aufhören, da wir nun schon den Weg eingeschlagen hatten, verdammt noch mal, wir mussten ja schnellstmöglich versuchen, ein glücklicheres Los zu ziehen! Ansonsten musste ich doch weiter so wie bis dahin bis zum Tod leben. So sammelte ich noch einmal mühsam alle Kraft. Und dann sang ich dem Weib so laut wie möglich „die Litanei des Summens", dass es sogar in den nächtlichen Bergen und Ufern hörbar sein musste.

Lobenswert an dem Weib war auf jeden Fall ihre Bereitschaft, sich Mühe zu geben. Na ja, wenn sie die noch nicht einmal gehabt hätte, hätte sie noch nicht mal zum Düngemittel getaugt, geschweige denn zu einer Schnapsverkäuferin. Auch tagsüber übte sie allein bei jeder Gelegenheit die Volkslieder. Wenn sie die Wäsche wusch, sang sie das Volkslied „Die holde Sechzehn". Oder, wenn sie in einer Ecke des Zimmers saß und nähte, sang sie, die Schultern zuckend, das Volkslied „Die Melodie des Liedes". Bei jedem Taktschlag nähte sie nur einen Stich, so dass das Flicken eines Boson-Strumpfes zehn Tage dauerte. Aber lebten wir etwa von Boson-Strümpfen? Sollte sie nur gut das Singen lernen. Auch das Weib sehnte sich sichtlich so leidenschaftlich wie ich danach, in baldmöglichster Zukunft ein nur aus Reis bestehendes Hauptgericht mit Fleisch zu essen, denn manchmal hörte ich beim Vorbeigehen auf dem Gemüsefeld, dass es sogar in der Latrine ein Volkslied mit einer lustvollen Stimmung summte. Aber da sie erst jetzt mit Ach und Krach „Die Melodie des Liedes" und „Die Litanei des Summens" gelernt hatte, wie lange hätte es gebraucht, sich die nächsten anzueignen. Tja, dumme Kuh.

Dazu langweilte sich das Weib auch noch und forderte mich dazu auf, ihr moderne Schlager beizubringen. Wandernde Schnapsverkäuferinnen sollten, sei ihr erzählt worden, nicht nur alte Volkslieder, sondern auch und vor allem Schlager gut singen können, um von den Kunden bestellt zu werden. Das klang überzeugend, aber ich kannte mich ja mit modernem Schlager nicht aus. Ich war ja stets ein Kerl, der davon lebte, nur im Acker zu wühlen. Ich erwiderte also unbedarft, „so etwas kenne ich nicht". Dann kam das Weib einige Tage später nach Hause und hatte plötzlich von irgendwoher einen modernen Schlager gelernt. Sie sang ihn mir stolz vor, indem sie den Feuerofen umfasste und mit den Händen dessen Rand klopfte, als ob sie mir dies absichtlich so zeigen wollte.

„Aufgeblüht, sie sind aufgeblüht, die Lotusblumen sind aufgeblüht. Eben gab ich kund, sie seien aufgeblüht, doch beim Anschauen sind sie schon welk".

Wo hatte sie denn das gelernt? Wirklich, dieses Weib war fähiger als ich, ich war ganz begeistert. Nachher stellte sich allerdings heraus, dass das Weib es in der Abendschule gelernt hatte. Diese Abendschule war einfach eine kleine Grube mit einem Strohdach, die in unserer Nähe hinter dem Berg lag, in der man während des ganzen Winters den Bauernkindern Koreanisch beibrachte. Um das Frieren zu vermeiden, war das Weib zur Schule gegangen, als dort ungefähr die Musikstunde erteilt wurde und die Schüler zu singen anfingen. Das Weib lauschte mit dem Kind auf dem Rücken vor der Klassentür, ahmte das Singen der Schulkinder leise nach und wiederholte es. So war es und dennoch schwang sie nun große Reden, wenn sie nach Hause zurückkam. Sie sagte, sie treffe den modernen Schlager, sie könne ihn meisterhaft beherrschen, wenn sie nur noch ein wenig mehr lernte. Ich jedenfalls war nach allen Überlegungen allein wegen der Visage des Weibes nach wie vor besorgt. Mit dem Singen kam das Weib in gewissen Maßen allmählich zurecht, aber seine verdammte Fratze war trotz mehrmaliger Betrachtung doch hoffnungslos. Verdammtes Weib. Wenn es nur mit einem anständigeren Gesicht auf die Welt gekommen wäre, hätten wir doch in dieser Partie auf einmal kräftig Geld verdienen können. Ab und zu, wenn ich mich grün ärgerte, zwang ich mich, sie wortlos zu kneifen. Weil das Weib nicht begriff, worum es ging, rollte es nur mit den Augen und schaute mich verblüfft an. Unverschämtes Weib. Mit so einer Fresse hatte sie mich geheiratet, unverschämt war das. Auch das Weib hatte manchmal auch Kummer wegen seines Gesichtes, obwohl es sich nicht darüber äußerte. Ab und zu prüfte und inspizierte es mit einem Handspiegel, an dem ein Teil ausgefallen war, ihr Gesicht. Aber jeder Augapfel war gleich; es konnte nicht sein, dass sie in ihren eigenen Augen besser aussah, als andere sie sahen. So kamen auch ihrerseits nur wehklagende Seufzer, die entmutigt klangen. Aber wenn ich mich zufällig im Zimmer befand, wendete sie sich mir zu und fragte:

„Hallo! Ist mein Gesicht zurzeit nicht ein wenig besser geworden?"

„Ja, doch, du siehst ein wenig besser aus."

„Sag es doch ehrlich", drängte dieses Weib, meinen Arm zwickend, indem sie sich mir ruckartig näherte. Das Weib fragte mich nur so, weil es so verschlagen war, weil es sich anscheinend auf mich ganz und gar verließ, dass ich schmeichelhaft darauf reagieren würde. Wenn ich jemand gewesen wäre, der direkt und unverblümt gesagt hätte, wie sie aussehe, hätte es aus Angst nicht gewagt, mich so etwas zu fragen.

Auch ich sagte ihr verschlagen, dass sie doch schöner geworden sei. Daraufhin drosch sie Phrasen, es liege daran, dass sie den Puderstaub öfter entfernt habe, und außerdem brauche man doch nicht die Schönste zu sein, um eine fliegende Schnapsverkäuferin zu werden. Dumme Kuh.

Bei den Weibern ist die Bemerkung, dass sie ein hässliches Gesicht haben, anscheinend fürchterlicher als von einem Messer erstochen zu werden. Dieses Weib war so ein Weib, das trotz allerlei Beschimpfungen und trotz grober Hiebe wie ein Hund kurz danach lächelnd wieder zu mir kam. Aber was sollte ich machen? Wenn ich einen Makel auf ihrem Gesicht erwähnte, wich sie mir drei, vier Tage lang irgendwie aus und versuchte subtil, mich in Schwierigkeiten zu bringen. Trampel. Sie hätte lieber einen Schleier tragen sollen, wenn sie das nicht mehr hören wollte, dass sie so hässlich sei. Das Weib war ja so hinterlistig, dass es mich einfach verlassen hätte und mit einem potenten Kerl als Extra-Ehemann sicherlich durchgebrannt wäre, wenn es nur ein wenig hübsch gewesen wäre. Wenn ein Weib schön ist, nutzt es das in vollen Zügen aus. Wenn ich daran denke, war es für mich doch ein Glück im Unglück, dass die Fresse meines Weibes so derb ist.

Die Weiber haben vielleicht wahnsinnig Spaß daran, ihre Ehemänner zu hintergehen. Dass das Weib mir völlig aus der Luft gegriffen versicherte, dass es seine Rolle als wandernde Schnapsverkäuferin gut spielen könnte, läge daran, dass ihr vertraut war, sich so zu verhalten. Als ich früh am Morgen auf dem Abort war und mein großes Geschäft machen wollte, hörte ich, dass jemand irgendwo ein Lied sang. Durch die Lücke des Strohvorhangs schaute ich dann hinaus, und da sah ich, dass das Weib beim Reiskochen das Singen übte. Der Schneesturm heulte und sie hockte vor dem Feuer und klopfte mit der Feuerzange an den Reistopfdeckel. Und dann sang sie zu diesem Takt passend einen modernen melancholischen Schlager. Aber als der Reis dann überkochte, machte sie den Deckel schräg auf und fing daraufhin erneut an zu singen:

In jungen Jahren heißt die Küchenschelle Oma-Blüte,
mit gebeugtem Rücken
und auch auf ihre alten Tage
heißt sie Oma-Blüte,
lachhaft ist sie,
die gebeugte Oma-Blüte.

Trampel. Auf Schlager ist das Weib ja furchtbar närrisch. Ich hatte ihr einmal gesagt, sie solle gefälligst das Mühlenlied fleißig studieren, was es aber nicht machte. Na, Hauptsache, sie lernt viel, egal was. Aber dann machte sie die vordere Seite des oberen Teils der Tracht auf und es kam überraschenderweise eine lange Pfeife heraus. Sie schaute sich wieder um, stellte fest, dass niemand da war, hielt die Pfeife ans Feuer und zog einmal kräftig, um sie anzuzünden. Dann bekam sie einen Hustenanfall und schnäuzte die Nase mehrmals kräftig hintereinander. Auch vorgestern habe ich sie erwischt und ausgeschimpft, hatte sie doch partout meine Zigarette geklaut! Das Weib hätte nur kostenlos Singen lernen sollen. Dieser Trampel nahm unerhört meine wertvollen Zigaretten. Ich wäre beinahe gleich zu ihr hinausgesprungen, aber das große Geschäft war zu dringlich. Zumal Ddolddol zurzeit an einer Erkältung litt, weil das Weib ihn stets auf dem Rücken trug und ihn Tag und Nacht zur Abendschule mitnahm. Sie war schuld an seiner Lage. Verdammtes Weib, es hat keine Ahnung, wie wertvoll mein Sohn ist. Außerdem bestand die Gefahr, dass ihr Verhalten anstößig hätte sein können, wenn es sich als Schnapsverkäuferin betätigt hätte. Was diese dumme Kuh alles redete, sogar davon, dass man außer Singen auch Zigaretten rauchen, Schnaps trinken und Kunden anrühren können müsse, um als eine richtige Wander-Schnapsverkäuferin tauglich zu sein. All das seien doch die klugen Worte, die sie von einer fliegenden Schnapsverkäuferin, die vor einigen Tagen in unser Dorf gekommen war, gehört habe. So war das Weib jetzt ganz zappelig, um alles zugleich zu üben. Das Weib, das nicht einmal das Mühlenlied richtig singen konnte, hatte anscheinend das Gefühl, sie habe genug singen geübt!

Ein Kerl, der dies gemerkt hatte und schließlich das Weib umgarnte, war Mungtae, der in der Nähe unserer Nachbarschaft wohnte. Dieser Kerl ist wirklich ein Dreckskerl. Daraus, dass er sich in die Visage meiner Frau verguckt hat, ist doch klar ersichtlich, dass er ein Volldepp ist. Wahrscheinlich hat der Kerl nirgendwo ein Weiblein finden können, so dass er ausgerechnet das Subjekt anrührte. Na, so ein dreckiger Hund. Der Kerl kam zu dem Weib und lockte es – die Hand des Weibes an sich ziehend – damit, es gehöre zum Jahresende zum Höhepunkt, selbst zum Trinken eingeladen zu werden. Das Weib lehnte zunächst mit der Ausrede ab, ihr Mann komme bald nach Hause. Dennoch zog er die Hand des Weibes mit dem Wort zu sich, es brauche nur einen Moment, bevor ihr Mann zurück sei. Weil der Kerl ihr wahrscheinlich sagte, dass sie auch mal Erfahrungen sammeln müsse, wenn sie sich unter die Wander-Schnapsverkäuferinnen begeben wolle, folgte sie ihm unbekümmert. Das Weibstück treibt die Familie in den Ruin. Es wäre ja normal und richtig gewesen, dass sie zu Hause das Essen für mich zubereitet und auf mich gewartet hätte, als ich vom Verkauf des Brennholzes verspätet zurückkam. Ich musste ja in der Dunkelheit einen drei Stunden langen Weg flink zurücklegen, bevor ich nach Hause kam. Außerdem fror ich im knöchelhohen Schnee, so dass mir die Füße taub geworden waren, als fielen sie bald ab. Als ich in meinem Dorf ankam, war ich so hungrig, dass ich umzufallen drohte. Ich hatte mir vorgenommen, nach Hause zu eilen, eine Portion Reis reinzuschlingen und dem Weib wieder gegenüber zu sitzen und ihm den Gesang beizubringen. Als ich solchen Gedanken nachhing und an einer Kneipe vorbeiging, erschrak ich fürchterlich darüber, dass aus einem Zimmer der Außenseite dieses Hauses das schallende Gelächter meines Weibes herauskam. Als ich dann durch eine Luke der Zimmertür hinein guckte, sah ich, ach, dass diese blöde Kuh mit Mungtae ein Glas Schnaps trank!

Verblüfft schaute ich der Szenerie der beiden zu, aber dann konnte ich mich nicht mehr halten. Ich legte meine Kraxe ab, warf sie irgendwo hin, und gleich nachdem ich die Zimmertür der Kneipe mit einem Ruck rasch aufgerissen hatte, schmiss ich zunächst den Kerl Mungtae auf den Boden. Der Trinktisch war natürlich schon zerschellt, weil ich ihn mit dem Fuß gegen die Wand getreten hatte. Danach ergriff ich den Haarknoten des Weibes, schleppte es so nach draußen und steckte es, um das besoffene Stück erst einmal richtig zu sich kommen zu lassen, in den Schnee. Und dann setzte ich mich auf das blöde Weib drauf und schlug mit der Faust auf seinen Rücken los. Aber das Weib sank lediglich desto tiefer in den Schnee hinein, je mehr ich es schlug. Es hatte einfach zu tief ins Glas geguckt und war daher nicht in der Lage, sich mir zu widersetzen. Schlagen macht mir aber nur Spaß, wenn das Weib mich angreift, so, wie es jetzt lief, war es zu fade. Das Weib ließ ich daher einfach liegen, trat in das Zimmer ein und suchte den Kerl, aber der war schon wie ein Mäuschen irgendwohin abgehauen. Wirklich geht unser Dorf wegen solcher Kerle den Bach runter. Wenn er schon ein fremdes Weib verführt hat, dann hätte er auch die Konsequenz ertragen sollen, sich ihrem Mann zu stellen und den Schädel einschlagen zu lassen, anstatt sich einfach aus dem Staub zu machen. Unglaublich, es gibt solche Dackel. Gezwungenerweise trug ich das herabhängende Weib auf dem Rücken und torkelte nur mühsam nach Hause. Es war sehr kalt und ich war so hungrig, dass mein Bauch bohrend weh tat, es blieb mir keine Kraft mehr, mich noch mehr zu ärgern, selbst wenn ich das gewollt hätte. Dazu noch waren meine Knie breit abgeschürft, weil ich nach vorne stürzte, als ich auf den Hügel vor meinem Haus steigen wollte. Als ich in das Zimmer eintrat, stand mein Sohn Ddolddol, der nach seiner Mama schrie, alleine da. So eine verdammte Hurenschlange. Was sollte das, meinen Sohn so verwahrlosen zu lassen? Wenn ich das Verhalten des Weibes richtig betrachte, ist es ein hoffnungsloser Fall. Dieses Weib ist fähig, mich in einer Ecke einschlafen zu lassen und mit einem fremden Kerl durchzubrennen und abzuhauen, wenn ich mal mit ihm Schnapsverkauf betreiben würde. Du bleibst am besten zu Hause, ohne auch nur daran zu denken, als Wander-Schnapsverkäuferin Geld zu verdienen. Du ernährst dich ruhig davon, was ich dir gebe, und bleibst bloß gesund, damit du mir ein Kind nach dem anderen ausschütten kannst. Na, es müssen nicht viele sein, nur an Söhnen sollten es aber ungefähr fünfzehn sein, die einem kräftigen und großen General ähneln. Schauen wir mal. Verdient ein Kerlchen zehn Scheffel Reisstrohgarben in einem Jahr, so sind dies also zusammen einhundertfünfzig Scheffel pro Jahr, und wenn ich mindestens zehn Won pro Scheffel haben kann, macht das dann alles zusammen eintausendfünfhundert Won. Eintausendfünfhundert Won sind das. Wow, eintausendfünfhundert Won. Eintausendfünfhundert Won sind wirklich viel Geld. Vorher hatte ich das gar nicht realisiert, aber dieses Weib ist auf jeden Fall wertvoller als ich, weil es in seinem Bauch eintausendfünfhundert Won trägt, egal welche weiteren Berechnungen man anstellt.

Aus: *Sahegonglon*, 12. 1935

KAMELIEN

Auch heute wurde unser Hahn schon wieder grob angepickt, gerade als ich nach dem Mittagessen losging, um Reisig zu sammeln. Als ich den Berg hinaufsteigen wollte, krähten die Hähne hinter meinem Rücken und schlugen fürchterlich mit den Flügeln. Erschrocken drehte ich mich um, und wie erwartet sah ich, wie die zwei Hähne wieder aufeinander losgingen.

Der Hahn Jomsuns, der einen großen Kopf hatte und massig wie ein Dachs war, ging gegen unseren Hahn, der einen kleinen Körper hat, gnadenlos vor. Es war nicht irgendein einfaches Anfahren, sondern ein Hacken gegen den Hahnenkamm, während er die Flügel aufplusterte, sich dann wieder zurückzog, dann erneut und immer mit gewissen Abständen den Hals meines armen Hahns erbarmungslos attackierte. Dann pickte mein blöder Hahn nur mit dem Schnabel am Boden herum; das tat er jedesmal, wenn er angepickt wurde. Natürlich troff bei meinen Hahn dunkelrotes Blut, weil die Wunde des Hahnenkamms, die nach der letzten Verletzung nur oberflächlich verheilen konnte, schon wieder aufgerissen wurde.

Als ich das Ganze mit ansehen musste, fühlte ich mich so, als ob mir mein eigener Kopf blutete, und deshalb funkelte Feuer aus meinen Augen. Dabei dachte ich daran, am liebsten gleich über den Hahn von Jomsun herzufallen und mit dem Stock der Kraxe einfach draufloszuschlagen, aber ich überlegte es mir schließlich anders und trieb die beiden lediglich durch scheinbare Prügel auseinander.

Auch diesmal war es gut möglich, dass Jomsun diesen Hahnenkampf angefeuert hatte. Es war sogar ziemlich sicher, dass sie das absichtlich getan hatte, um mir auf die Nerven zu gehen.

Ich verstehe nicht, warum das Mädel seit kurzem damit begonnen hat, mich zu fuchsen. Auch bei der Sache mit den Kartoffeln vor vier Tagen habe ich ihr gegenüber nichts Falsches gemacht.

Das Mädchen, Jomsun, hätte gefälligst die Gebirgspflanzen pflücken gehen sollen, anstatt mich zu belästigen, da ich gerade damit beschäftigt war, den Zaun zu flechten. Dazu näherte sie sich mir mit verstohlenen Schritten, schlich langsam hinter meinem Rücken und quatschte dann blöd drauflos:

„Du! Arbeitest du alleine?“

Bis dahin hatten wir miteinander fast kein Wort gewechselt, uns gegenseitig keine Aufmerksamkeit geschenkt, uns also bisher vornehm-anständig benommen, selbst wenn wir uns begegnet waren, und was war denn nun los, dass sie sich plötzlich mir näherte? Vor allem ein so groß gewachsenes Mädchen wie ein Esel traute sich auf einmal, sich einem so sehr beschäftigten Mann wie mir anzunähern.

Also fauchte ich sie an:

„Wie sonst? Brauche ich eine ganze Kompanie dafür?"

„Du arbeitest wohl gerne?"

Und sie fuhr fort:

„Machst du schon den Zaun? Wäre es nicht besser, wenn du das im Hochsommer machen würdest?"

So schwätzte sie eine Weile lang, dann lachte sie kreischend, indem sie den Mund mit den Händen bedeckte, weil sie befürchtete, von den anderen gehört zu werden. Es war nicht besonders lustig, so dass ich überlegte, ob dieses blöde Mädchen vielleicht doch verrückt geworden sei, nachdem sich das Wetter erholt hatte und es wärmer geworden war. Dazu blickte sie kurz ein paar Mal in die Richtung ihres Hauses, zog die rechte Hand unter der Schürze hervor und hielt mir etwas abrupt unter mein Kinn. In ihrer Hand waren drei dicke Kartoffeln, die noch dampften, ich wusste nicht, wann sie die geröstet hatte.

„Bei euch gibt es diese nicht, oder?", prahlte sie und erwartete einen Dank und sagte dann weiter, ich solle die Kartoffeln nur schnell hier aufessen, damit die anderen nicht sähen, dass sie sie mir gegeben habe. Dann sagte sie:

„Weißt du, dass die Frühlingskartoffeln sehr gut schmecken?"

„Nein, danke. Iss du sie."

Ich schob also diese Kartoffeln mit der Hand, mit der ich arbeitete, rasch über die Schulter wieder ihr zu, ohne dabei auch nur den Kopf zu heben.

Dennoch schickte sie sich nicht an zurückzugehen, vielmehr keuchte sie außergewöhnlich und immer heftiger. Was war denn jetzt schon wieder, dachte ich, drehte mich schließlich um und erschrak dann wirklich sehr. Es waren schon drei Jahre vergangen, seitdem meine Familie in diesen Ort gekommen war, aber ich hatte noch nicht gesehen, dass Jomsun mit ihrem so dunkelbraunen Gesicht ganz rot wurde wie eine Karotte. Sie blickte mich mit giftefüllten Augen eine Weile an. Zum Schluss kamen ihr sogar Tränen. Dann nahm sie wieder ihren Korb in die Hand, biss die Zähne zusammen und haute torkelnd und beinahe hinfallend zum Feldrain schnurstracks ab.

Diese Jomsun ist eine, der ältere Personen aus der Nachbarschaft lächelnd empfehlen:

„Du musst doch bald heiraten, oder?“, die dann aber ungerührt und gelassen zu erwidern weiß:

„Keine Sorge. Wenn die Zeit reif dafür ist, dann werde ich wohl heiraten, darauf können Sie sich verlassen!“ Sie ist ohnehin weder ein Mädchen, das schüchtern ist, noch ein Depp, der etwa Tränen zeigen würde, wenn er wütend wäre. Eher würde sie mit dem Korb auf meinen Rücken erbarmungslos einschlagen und sich aus dem Staube machen, wenn sie einen Wutanfall hätte.

Seit jenem Vorfall mit den Kartoffeln und ihrem wutentbrannten Abgang griff sie mich nach besten Kräften an, wenn sie mich sah. Es konnte zwar an meinen schlechten Manieren liegen, die Kartoffeln, die sie mir gereicht hatte, nicht anzunehmen, aber was sollte das auch, mir so eine blöde Bemerkung zu machen:

„Bei euch gibt es diese nicht, oder?“, anstatt mir die Kartoffeln einfach zu schenken. Ohnehin macht meine Familie ihrer Pachtverwalter-Familie stets auf Gutfreund, weil wir von ihnen Äcker gepachtet haben und davon leben. Das war natürlich ein freundliches Angebot von ihren Eltern, dass sie uns das Grundstück verpachtet haben und uns darauf ein Haus bauen ließen, als wir in diese Gegend gekommen und in der Klemme steckten. Auch als uns mal die Nahrung ausgegangen war, gingen meine Eltern zu ihrer Familie und borgten sich öfter etwas. Dabei machten sie ihnen dauernd Komplimente, bis ihnen fast der Speichel ausgetrocknet war, als seien das seltene gute Persönlichkeiten, die woanders nicht zu finden seien. Dennoch ist es meine Mutter, die mir Vorsicht predigt, es könne von den Leuten schlecht geredet werden, wenn siebzehnjährige Dinger miteinander flüsternd herumliefen. Denn sollte ich mit Jomsun was zu tun haben, würden ihre Eltern bestimmt wütend, und dann könnten meine Eltern folglich nicht nur das Pachtrecht verlieren, sondern auch vom Hof gejagt werden. So ist die Lage der Dinge, aber dennoch gab sich dieses verdammte Mädel wirklich alle Mühe, mir fürchterlich auf die Nerven zu gehen.

Am nächsten Tag, also einen Tag, nachdem sie mich mit Tränen verlassen hatte, ging ich abends mit einem vollen Bündel Reisig den Berg hinab und hörte einen Hahn sich zu Tode krähen. Zuerst dachte ich, man schlachte einen Hahn in einem Haus irgendwo in der Nähe, dann kam ich hinter dem Zaun von Jomsuns Haus an und riss die Augen auf: Jomsun saß allein am Rand der Diele und hielt die Zuchthennen unserer Eltern vor ihrem Rock und sagte:

„Du blöde Henne! Du musst sterben, stirb!“, und prügelte keck drauflos. Wenn die geschlagene Stelle der Schädel gewesen wäre, wäre es vielleicht halb so schlimm gewesen. Aber sie haute mit der Faust ausgerechnet auf den Hintern der Henne, was dem Eierlegen sicher nicht sehr zuträglich war.

Die Wut funkelte mir aus den Augen und all meine Glieder zitterten, aber erst nach einem Rundumblick merkte ich, dass außer Jomsun niemand sonst da war. Ich schlug mit dem Stock der Kraxe, die ich in der Hand hielt, auf den Zaun in mittlerer Höhe ein.

„Ungezogenes Mädchen! Machst du das, damit meine Henne keine Eier mehr legt?"

So schrie ich sie an. Aber Jomsun tat überhaupt nicht überrascht, sondern rief weiterhin „stirb, stirb", als täte sie das mit einer eigenen Henne. Daraus zog ich den sicheren Schluss, dass sie absichtlich auf einen Zeitpunkt gewartet hatte, die Henne zu schlagen, während ich den Berg hinabstieg, um mir extra zu zeigen: ‚Schau dir das mal an'. Aber ich durfte natürlich nicht in ein fremdes Haus eindringen, um mit einem Mädchen zu streiten; also wurde mir bewusst, dass ich mich in einer ganz und gar ungünstigen Lage befand. So blieb mir nichts anderes übrig, als mit meinem Stock auf den Zaun zu schlagen, wenn meine Henne von ihr geprügelt wurde. Aber je mehr der Zaun geschlagen wurde, desto hagerer wurde das Dickicht, und das war keine gute Arbeit, die ich da leistete.

„Ach, Weib! Willst du unsere Henne wirklich töten?"

Erst als ich die Augen weit aufriss und sie noch einmal heftig anbrüllte, kam sie willig an den Zaun heran und warf mir das Huhn fast an den Kopf.

„Äh, es ist dreckig! Dreckig!"

„Habe ich dich gebeten, das dreckige Ding so zu misshandeln? Blöde Göre!"

Dann wandte ich mich rasch von ihr ab, stieg den Zaun entlang eilig hinab, als fände auch ich all das dreckig. Daraus, dass die Henne flüssigen Kot auf meiner Stirn hinterließ, konnte ich nur schließen, dass sie anscheinend recht mitgenommen und ihr Eierstock geplatzt war.

Und dann schimpfte sie mir mit nur knapp vernehmlicher Stimme hinterher:

„Du, deppischer Kerl! Du, du bist ein geborener Behinderter, oder?"

So weit in Ordnung, aber weiter:

„Du, ich habe gehört, dass dein Vater ein Eunuch ist?"

„Was? Mein Vater ist ein Eunuch?"

So wollte ich sie erneut anfauchen und drehte schnell meinen Kopf in ihre Richtung, da befand sich aber hinter dem Zaun kein Schädel mehr von Jomsun, der doch eigentlich hätte sichtbar sein sollen, wer wusste, wohin sie schon verschwunden war. Aber dann schleuderte sie mir erneut das Schimpfwort über den Zaun, das sie zuvor gebraucht hatte, vielleicht um mich zum Umdrehen zu bewegen. Ich dachte aber, dass ich trotz der herben Beschimpfungen gegen sie überhaupt nichts unternehmen konnte, noch nicht einmal verbal, so sehr sie auch Groll in mir erzeugt hatte. Mir kamen sogar Tränen und dabei merkte ich noch nicht einmal, dass ich meinen Fuß an einen Stein anstieß und mir einen Zehnagel abriss.

Aber den Schaden, den Jomsun bei mir angerichtet hatte, war damit noch nicht zu Ende.

Wenn keine Menschenseele zu sehen war, kam sie von Zeit zu Zeit mit ihren Hähnen zu unserem Haus, um ihre Hähne mit unseren in Kämpfe zu verwickeln. Ihre Hähne sahen grimmig und grob aus, traten bereitwillig gegen unsere an, und Jomsun tat das, weil sie ganz genau wusste, dass ihre Hähne ausnahmslos auf der Gewinnerseite standen.

So wurden unsere Hähne von ihren Hähnen ständig an den Hahnenkämmen und den Augäpfeln blutig zugerichtet. Einmal lockte dieses verdammte Mädchen unseren Hahn sogar mit Futter heraus, weil dieser nicht freiwillig rauskommen wollte, um zu kämpfen.

Das stieß mir sauer auf. So entschloss ich mich eines Tages, einen Hahn einzufangen und ihn heimlich dahin zu bringen, wo man Soßen lagerte. Lässt man einen Kampfhahn Peperonisoße fressen, könne er sich so ins Zeug legen wie ein kranker Ochse, nachdem er Mamushi gegessen hatte und dann vor Kraft nur so strotzte, hatte ich gehört. Im Soßenlager schöpfte ich also ein Tellerchen Peperonisoße ab und flößte diese in den Schnabel des Hahns. Und der Hahn fraß gut die Hälfte davon, ohne sich zu widersetzen, so als hätte er den Geschmack für sich entdeckt. Danach fing ich ihn wieder ein und steckte ihn in den Hühnerstall, um das wirken zu lassen, was er gegessen hatte.

Als ich zweimal Dünger auf das Gemüsefeld getragen hatte, trug ich den Hahn auf dem Arm hinaus, um eine Pause einzulegen. Gerade war niemand draußen außer Jomsun, die hinter ihrem Zaun anscheinend entweder mit dem Auseinandernehmen von Kleidern oder dem Abstauben der Watte beschäftigt war.

Ich ging also zu dem Gemüsefeld, wo sich die Hähne Jomsuns aufhielten, ließ meinen Hahn los und beobachtete sie leise. Die zwei Hähne gingen wie immer aufeinander los und kämpften gegeneinander, aber eine Wirkung meiner Behandlung zeigte sich zunächst kaum. Wieder begann mein Hahn, aufgrund der Hackattacken seines Gegners zu bluten, und er plusterte nur die Flügel auf, hopste umher, ohne auch nur einmal seinen Gegner anzupicken. Aber dann sammelte er seine Kräfte und sprang überraschend hoch, kratzte mit den Krallen die Augen des Gegners und pickte nach dessen Hahnenkamm. Der große Hahn erschrak sichtlich wegen des jähen Angriffs und zog sich mit einem Ruck zurück. Diese Gelegenheit ausnutzend raste unser kleiner Hahn auf ihn zu und stieß erneut seinen Schnabel in den Kamm des großen Hahns, so dass auch dessen grimmiger Schädel schließlich blutete.

Jawohl, ich wusste es jetzt. Ich freute mich innerlich riesig, man brauchte ihn also nur Peperonisoße zufüttern! Jomsun betrachtete das Ganze über den Zaun hinweg und war darüber erschrocken, dass ich unerwartet einen Hahnenkampf begonnen hatte, sie schnitt Grimassen, wahrscheinlich vor Bitterkeit.

Mir stieg die gute Stimmung hoch zu Kopf, so dass ich mir mit meinen Händen auf den Hintern schlug.

„Ja, du machst das gut! Spitze!"

Aber nach einer kurzen Weile musste ich entgeistert erstarren. Denn der große Hahn unternahm nun aggressive Stöße, um sich zu rächen, und meiner gackerte nur seufzend, ohne auch nur den geringsten Widerstand zu leisten. Jomsun sah das natürlich und lachte lauthals, warf mir ihr Gelächter geradewegs hinüber.

Weil ich das Ganze nicht mehr mit ansehen konnte, stürzte ich auf die Hähne, fing meinen ein und ging nach Hause. Ich bereute nun, dass ich ihn zu wenig Peperonisoße hatte fressen und ihn zu schnell mit dem Kampf hatte anfangen lassen. Also ging ich zum Soßenlager zurück und hielt ihm wieder die Peperonisoße unter seinen Schnabel. Er fraß sie jetzt nicht, anscheinend vor lauter Aufregung.

Ich legte den Hahn gerade hin und steckte ihm eine Pfeife in seinen Schnabel, goss ihm durch das Loch in der Röhre das Peperoniwasser langsam hinein. Der Hahn kicherte wie unter Drogen, vielleicht vor Qual, aber ich dachte, diese Prozedur sei nicht mit der täglichen Bluterei zu vergleichen.

Nach etwa zwei kleinen Schüsselchen Peperonisoße war ich aber ein wenig enttäuscht und resignierte, denn der Hahn, der eben noch frisch ausgesehen hatte, verdrehte langsam seinen Kopf, ließ ihn in meiner Hand hinabhängen. Weil ich befürchtete, von meinem Vater entdeckt zu werden, versteckte ich ihn schnell im Hühnerstall.

So ist es gelaufen, und was ich heute Morgen auf meinem Weg schon wieder entdecken musste, war, dass sie soeben schon wieder eine Kampfpartie veranstaltete, so ein blödes Mädchen. Sicherlich hatte sie sich in unser Haus, während niemand da war, eingeschlichen und unser Huhn von der Sitzstange heruntergenommen.

Zwar hatte ich den Hahn in den Käfig gesteckt und ihn besorgt verlassen, aber was sollte ich machen? Ich musste ja auf den Berg hinauf, um Reisig sammeln zu gehen.

Während ich die Äste der Kiefer abknickte, erwägte ich dieses und jenes, und da überfiel mich der Gedanke, dass ich dem Weibsbild wirklich einmal den Hals umdrehen mochte. Ich entschloss mich, ihr wenigstens kräftig eins auf ihre Wirbelsäule zu geben, wenn ich unten wieder ankäme, und dann stieg ich in Windeseile mit meinem Brennholz auf dem Rücken hinunter.

Fast war ich zu Hause, da hielt ich an und lauschte einer Rohrflöte. Zwischen den großen Felsen, die auf dem Bergrücken verstreut lagen, ragten gelbe Kamelien haufenweise hervor. In einer Lücke saß Jomsun und blies melancholisch eine Rohrflöte. Was mich noch mehr wunderte, war, dass das Huhn vor ihr gackernd die Flügel aufplusterte. Sicherlich hatte dieses Weib wieder absichtlich meinen Hahn herausgeholt und ausgerechnet am Weg, den ich nehmen würde, den Hahnenkampf angefeuert, und sie selbst spielte dabei ganz unbekümmert auf ihrer Rohrflöte, um mir auf die Nerven zu gehen.

Das brachte mich gleich wieder auf die Palme, die Wut trieb mir Tränen in die Augen, Feuer sprühend. Ohne die hölzerne Kraxe richtig abzulegen stürzte ich mich mit einem Kraxenbein in der ausgestreckten Hand hastig in das sich mir darbietende Trauerspiel.

Wie befürchtet, rang mein Hahn in der Tat blutend mit dem Tode. Nicht nur der Anblick des Hahns, nein die ganze Szenerie, die sich mir bot, ließ mich vor Wut erschaudern: Jomsun saß ungerührt vor dem blutenden Hahn und spielte seelenruhig die Rohrflöte. Ihr guter Ruf in der Gegend, ihr Arbeitswillen und auch ihr schönes Gesicht – all dies verblasste nun angesichts ihrer Augäpfel einer verdammten Füchsin.

Abrupt stürzte ich auf den großen Hahn los und warf ihn mit einem gezielten Schlag zu Boden. Der Hahn sackte sofort zusammen und lag nun mausetot auf dem Boden mit dem Bauch nach oben, kein Bein bewegte sich mehr. Ich hielt entgeistert inne, fiel plötzlich nach hinten, weil mich jetzt Jomsun bedrängte und mich mit rollenden

Augen scharf anblickte.

„Du, Kerl! Warum schlägst du meinen Hahn tot?“

„Warum nicht?“, erwiderte ich und stand auf, aber sie fauchte mich weiter an.

„Was? Kerl! Wem gehört wohl dieser Hahn?“, stieß mir dabei gegen die Brust, und ich fiel wieder nach hinten. Ich war so wütend, aber zugleich in großer Verlegenheit, ich musste befürchten, dass meine Familie Haus und Hof verlieren würde und dass man sie davongejagte, wenn die Sache mit dem Hahn herauskäme.

Unwillkürlich begann ich zu heulen, während ich torkelnd aufstand und mir mit einem Ärmel die Augen zudeckte. Dann kam Jomsun auf mich zu und fragte mich:

„Wirst du das in Zukunft nicht mehr machen?“, und ich beruhigte mich und fühlte, einen Weg gefunden zu haben, der ein Überleben unserer Familie garantieren könnte. Ich wischte die Tränen ab, ohne zu wissen, was ich ihrer Meinung nach nicht machen sollte, und antwortete daraufhin einfach mit „Ja!“.

„Machst du das noch einmal, dann werde ich dich immer wieder belästigen.“

„Ja, ja, ich werde das nicht mehr machen!“

„Über den toten Hahn brauchst du dir keine Sorgen zu machen, ich werde es meinen Eltern nicht verraten.“

Und dann legte sie ihre Hand auf meine Schulter, sackte abrupt zusammen, ohne zu wissen, wie das passieren konnte, und riss meinen Körper mit nach unten, so dass wir übereinander lagen, ganz und gar versunken in den gelben Kamelien, die in höchster Blüte standen. Angesichts des prickelnden und aromatischen Duftes wurde ich kurz ohnmächtig,alswürdederErdbodenwegendiesesDufteshinweggleiten.

„Sag es niemandem, ja?“

„Ja!“

Kurz danach rief ihre Mutter nach ihr, die eben nach Hause zurückgekommen sein musste, und sie schien sehr verärgert zu sein.

„Jomsun! Jomsun! Wohin ist das Ding gegangen, anstatt hier zu nähen!“

Jomsun kroch beangstigt aus den Blüten heraus und schlich den Berg hinab. Mir blieb nicht anderes übrig, als mich den Berg hinauf in die Flucht zu schlagen.

Aus: *Jokwang*, 5. 1936

KLEINE LEUTE

Macht man das Teiltürchen an der großen Tür auf, ist der ganze Sajik-Park mit einem Blick gut zu überschauen. Anscheinend war es schon später Frühling geworden. Dort drüben am Steinzaun stand die Kirschblüte in voller rötlicher Pracht. An allen Zweigen der Bäume sprossen frische Keime empor, und was spröde in die Kragen hineinkroch, konnte nur der winterliche Wind sein, der auf den kommenden Frühling eifersüchtig war. Die Elstern flogen mit Zweigen im Mund, um Nester für die Küken zu bauen und...

Verdammt nochmal, wann wird dieses Haus nun endlich repariert? Geplant hatte man es doch jedes Jahr, stets sagte man, diesmal müssen wir unbedingt Reparaturen vornehmen und dennoch besserte man nichts aus. Ich meine ja nicht, dass mir das Haus nicht gefällt, nur weil es auf dem Gipfel des Sajikhügels wie aufgeklebt wirkte und in der Tat ein doch ein wenig seitlich geneigtes Haus mit Strohdach war. Es ist doch einerlei, ob am Ende des flachen Dachrandes das abgenutzte, geflochtene Stroh haufenweise herunterfällt und ob die Eingangstür schief eingesteckt ist, meinetwegen kann sogar der Bretterzaun hinter dem Soßenlager mit einem Mal ganz nach hinten fallen. Aber was mir wirklich am Herzen liegt, ist, dass der beschissene Abort neben der Küche ein wenig ausgebessert wird. Weil der untere Teil der Trennwand einfach weggefallen ist, kann man nicht mehr unterscheiden, was Küche und Latrine ist. Unter anderem kriechen im Sommer sogar Maden von diesem Abort auf dem Boden zur Küche. Wenn ich das sehe, fühle ich mich beim Körneressen so, als kämen sie gleich wieder aus der Gurgel heraus, pfui Teufel, dieser Dreck, furchtbar. Verdammter Alter; dauernd hatte ich ihn doch gedrängt und gebeten und trotzdem...

Das Teiltürchen an der Eingangstür schloss sich lärmend. Die Vermieterin, die Hausherrin, deren Hände vom Abwasch des Frühstücksgeschirrs nass waren, trocknete sie am Rock ab und schnitt eine Grimasse.

In Wirklichkeit war sie deshalb verdrossen, weil sie die monatlich fällig werdende Miete noch nicht abkassiert hatte. Wenn sie ihren alten Gatten darum bat, die Miete abzukassieren, schob er ihr die Aufgabe zurück, und die Mieter zahlten bei ihr nicht freiwillig.

Die Vermieterin nahm sich ganz fest vor, sich nicht mehr zurückzuhalten. Ihr habt bisher immer wieder die Zahlung eurer

Miete aufgeschoben, aber heute nicht, dachte sie sich womöglich. Sie entschloss sich zu einem entschiedenen Verhalten und riss das Zimmer, das ihrem gegenüberlag, rasch auf.

„Hallo! Geht es heute?"

„Ach, es tut mir Leid. Auch heute..."

Er murmelte auch diesmal wieder zaudernd vor sich hin und kratzte aus Verlegenheit seinen struppigen Kopf mit dem modernen Männerhaarschnitt.

„Was reden Sie von ‚auch heute', wie wollen Sie es denn nun machen?", fragte sie ihn mit bedrohlich aufgerissenen Augen. Aber dieses großartige Gemüt war noch nicht einmal in der Lage, sich trotz ihrer andauernden Androhungen zu erzürnen.

Wie konnte ein blutjunger Kerl Tag und Nacht mit verschränkten Armen seine Zimmerecke so nichtstuerisch anstarren und so entgeistert aussehen? Wenn er das nicht tat, versank er bestimmt unter seiner Schlafdecke im endlosen Tagesschlaf. Weil er keine Sonne abbekam, war sein Gesicht schon ganz vergilbt. Er lebte mit seiner Schwester davon, dass sie in einer Fabrik für Polizeiuniformen als Arbeiterin ein monatliches Gehalt bezog. Gott sei Dank war seine Schwester noch eine alleinstehende Witwe, denn wie sollte es mit ihm weitergehen, wenn sie einen Mann bekäme und ihren Bruder verlassen würde? Er sagte zu der Vermieterin immer:

„Die Geldangelegenheiten regelt meine ältere Schwester. Bitte sprechen Sie mit ihr, wenn sie wiederkommt", ohne sich selbst darüber im Klaren zu sein, welch armseliges Leben er führte.

„Ihre Schwester sagt mir ja immer nur, dass ich mich noch drei, vier Tage gedulden solle, nicht wahr? Immer wieder redet sie von den drei, vier Tagen. Wann sind denn diese drei, vier Tage um?"

„Tut mir wirklich leid. Diesmal zahle ich ganz sicher in drei, vier Tagen. Wenn Sie so freundlich sind, sich weiter zu gedulden..."

„Wann sind diese drei, vier Tage?", fragte sie erneut und fügte aus Ärger eine Grimasse hinzu, obwohl sie ohnehin eine gerunzelte Stirn besaß. Diese beschissenen drei, vier Tage können gut drei, vier Monate oder sogar drei Jahre sein. Aber die ewige Mahnerei war für sie nicht länger zu ertragen, weil ihr Gesprächspartner ihr von vornherein beinahe weinerlich entgegentrat.

„Das Geld möchte ich nicht mehr. Räumen Sie heute das Zimmer."

Die Vermieterin verließ mit diesem eindeutigen Wort das Zimmer und knallte die Tür laut zu. Dann trottete sie ein paar Schritte knurrend weiter, kam wieder zurück, machte die Zimmertür wieder auf und sagte:

„Heute kommt mein Neffe, also braucht er sowieso ein Zimmer."

Überquerte man den Abflusskanal, der neben dem Lager mit den Sojasoßenkrügen lag, kam man an ein Hinterzimmer. Eigentlich war es ein Vorratslager, aus dem man hoppla hopp ein Zimmer errichtet hatte, um es zu vermieten. Da man in diesem Zimmer Lehm auf die Wände aufgetragen hatte, war es etwas unbeschädigter als die vorderen Räume, und obwohl die Wände lieblos mit Zeitungspapier tapeziert worden waren, sahen sie doch noch recht gut aus.

Die Schiebetür, deren Papiertapete vergilbt und durch Regen und Wind losgelöst war, machte die Vermieterin leise auf und warf einen scharfen Blick ins Zimmer. Dort befand sich der beschissene Gelbsüchtige, der wie immer wegen seiner Erkrankung unter einer Schlafdecke einfach seufzend dalag. Wie sich an seiner gelben Fresse mit den schroffen Backenknochen zeigte, sah er heute irgendwie noch schlimmer aus als gestern. Die alte Vermieterin verstand selber nicht, wie sie so gedankenlos gewesen sein konnte, so ein Subjekt in ihr Haus zu lassen.

Geld stinkt bekanntermaßen nicht, und vielleicht beunruhigte sie besonders nagend, seinen Leichnam womöglich auch noch bestatten zu müssen, was nicht in ihrem Schicksal vorgesehen war.

Na ja, Hand aufs Herz, sie kannte schon seit dem ersten Tag seinen kranken Zustand.

Als sie ihn beängstigt fragte:

„Sehr verehrter Herr! Woran leiden Sie denn?", hatte er bloß geantwortet:

„Ich habe nur eine Erkältung."

Wo gab es denn noch ein zweites so dämliches Kalb, wie dieser alte Greis eins war? Und nun, von diesem Tag an, seufzte er so qualvoll, als habe er Zahnschmerzen, und schiss blutig ins Klo. Das war nicht nur grässlich mitanzusehen, sondern bewirkte auch das Gefühl bei ihr als würden ihre eigenen Glieder zergehen, wenn sie seine Seufzerei auch nur hörte.

Aber was ihr auch unverschämt vorkam, war die Tochter, die das Subjekt mitgebracht hatte. Sie gab sich als Busmädchen aus und log von daher übermäßig. Es wäre immerhin beruhigend gewesen, wenn sie von Tuberkulose gesprochen hätte. Das Mädchen bestand aber hartnäckig darauf, dass er sich lediglich schwer erkältet habe. Wenn die Vermieterin daran zurückdachte, dass beide sie angelogen hatten, nur weil sie befürchten mussten, ansonsten kein Zimmer vermietet zu bekommen, flammten ihre Augen vor Wut.

„Alter! Heute bezahlen Sie mir die Miete, oder?"

„Ich leide gerade sehr unter Todesschmerzen."

Der Alte, der im Bett liegen blieb, drehte sich belästigt zur Wand hin, als spreche sie etwas Unnötiges aus. Und er fing an zu keuchen und schreiend zu seufzen, als schrumpfe er vor Leid zusammen.

„Na, wollen Sie die Miete denn nie mehr bezahlen?"

Sie konnte nicht anders, als ihn anzuschreien.

„Ich bin gerade so krank, dass ich fast sterbe. Also hören Sie damit auf."

„Na, dass Sie sterben, ist eine Sache, und die Miete ist eine andere Sache. Soll ich auf die Miete verzichten, weil Sie bald sterben?"

„Wie können Sie die Miete von mir abkassieren, wenn ich sterbe?"

Der Alte verdrehte den Kopf, riss die Augen weit auf, und er brüllte sie, ihr in nichts nachstehend, an. Offenbar war in ihm das Böse in vollem Maße hochgekommen, weil er dem Tod nahe war.

„Wenn Sie unbedingt müssen, kassieren Sie von meiner Tochter, wenn sie kommt."

„Unverschämtes Verhalten, was Sie da an den Tag legen."

Murmelnd zog sie sich zurück, das war für sie wahrscheinlich das Beste. Sich mit dem kranken Subjekt unnötig abzugeben, könnte eher nachteilig sein. Es wäre wahrscheinlich leichter und besser, mit der Tochter die ganze Angelegenheit gründlich zu besprechen und beide einfach rauszuwerfen. Knapp neben diesem Zimmer lag noch ein weiteres Zimmer, das durch eine Schiebetür abgetrennt war. Als die Vermieterin sich anschickte, den Türpfosten der Schiebetür anzurühren, um diese aufzuschieben, machte sie sofort einen heftigen Ruck. Die Schuhe, die unbekümmert auf der Vordiele lagen, waren sicherlich von Akiko. Sie verlor plötzlich ihren Mut und ging aus Verbitterung schmatzend in die Küche.

Der Vermieterin war unverständlich, weshalb die Mädels, die im Café oder so arbeiteten, keine Manieren kannten. In Yongae und Akiko schien nicht die geringste Anlage zu einem anständigen Menschen innezuwohnen, selbst wenn man sie mit aller Freundlichkeit betrachten wollte. Sie kannten vor allem nicht die Gepflogenheit, jüngere von älteren Personen zu unterscheiden und den Älteren gegenüber Achtung zu erweisen, und sie trieben es freizügig mit Männern und waren närrisch nach Parfüms. Dieses Weib Yongae gab ihr zumindest noch eine Antwort, wenn auch mürrisch. Diese Akiko aber erwiderte kein einziges Wort, hielt den Mund hartnäckig fest verschlossen, selbst wenn sie von der Vermieterin zur Zahlung der Miete aufgefordert wurde. Wenn sie dazu gedrängt wurde, dann wurde sie jähzorniger als die Vermieterin, die doch eigentlich einen besseren Grund hatte, sich zu ärgern.

„Meinen Sie, dass ich die Miete nicht gezahlt habe, obwohl ich das Geld habe? Ruhen Sie sich ein wenig aus und warten Sie noch eine Weile. Sie können sich darauf verlassen, dass ich sie zahlen werde. So'ne Hetzerei habe ich zuvor noch nie erlebt."

So stichelte Akiko und verblüffte sie so unheimlich, dass sie sich schließlich zurückzog.

„Verdammtes Weiblein! Bin ich jemals krank gewesen? Warum soll ich mich ausruhen?"

Die Vermieterin bezweckte mit der Vermietung der Zimmer, die sie selber gut hätte gebrauchen können, ihr karges Geld ein wenig aufzubessern. Es war keineswegs so, dass das alte Ehepaar aus Einsamkeit die Mieter als Freunde um sich versammelt hätte. Wie es auch immer um ihr Schicksal bestellt sein mochte, jedenfalls hatten sie als Mieter nur Taugenichtse. Diese Subjekte zahlten die Miete nicht oder, wenn sie denn mal zahlten, dann eine Monatsmiete auf drei Monate verteilt. Als ob sie es untereinander abgesprochen hätten, zahlten sie mal 80 Zon, mal 70 Zon, oder auch mal einen Won, tröpfchenweise nach und nach.

Heute hatte sie sich vorgenommen, alle laut anzubrüllen, aber ihr Schauspiel blieb das von gestern. Sie klagte innerlich darüber, dass es sich noch nicht einmal gelohnt hatte, all ihre Möbel aus den Zimmern herausgenommen und in der Vordiele aufgestellt zu haben, um die Zimmer zu vermieten. So konnte sich nur noch an den Rand der Vordiele sezten und sich eine Zigarette anzünden, um den Ärger verrauchen zu lassen.

Alles hin und her überlegt, war es sicherlich ein albern, ihre Zimmer vermietet zu haben und den Mietern keine Mahnungen zu schicken. Sie warf den Stummel auf den hölzernen Dielenboden, sammelte ihre Wut und ging erneut zum seitlichen Flügelbau. Sie riss die Zimmertür forsch auf.

„Akiko! Schläfst du noch?"

Akiko schnarchte in ihrer ureigenen Art und streckte akikomäßig unbekümmert alle ihre Gliedmaßen weit aus. Das Oberteil war aufgeknöpft und ihr Busen entblößt, worüber sie sich nicht zu schämen schien, und die Beine lagen oben auf der gestapelten Schlafdecke. Aus ihrem Zimmer roch es verqualmt und zugleich nach Puderduft.

„Du da! Akiko! Schläfst du?"

Diesmal konnte die Vermieterin auch draußen eine Stimme vernehmen. Es wurde ihr aber rasch klar, dass Akiko, die nicht einmal im wachen Zustand antwortete, ihr schon gar nicht im Traum eine Antwort geben würde. Sie redete so vor sich hin:

„So eine Göre, die Gabeln sind angelweit ausgebreitet, igitt."

Hervorgerufen durch den schneidigen Knall der Schiebetür fiel ein Augentropfengläschen, das auf dem Gerüst der Zimmertür stand, herunter. Davon erwachte Akiko, machte langsam die Augen auf, blieb aber nur sitzen. Verdammtes Weib, habe ich sie gebeten, gerade mich anzugucken, dachte Akiko sich, und dann nahm sie den Handspiegel, der neben ihr lag, in die Hand. Weil sie gestern Abend nicht ruhig geschlafen hatte, war ihr Gesicht leicht angeschwollen. Sie zündete sich eine Zigarette an.

Akiko pustete den Rauch an die Zimmerdecke und starrte vor sich hin. Vor ihren spitzen Lippen formte sich ein Rauchring nach dem anderen. Mit ihren Fingern stach sie in die Ringe, bis sie platzten. Das wiederholte sie einige Male.

Akiko wartete eine Weile lang auf Yongae, aber sie kam noch nicht zurück nach Hause, obwohl es schon um die Mittagszeit herum war. Dass Yongae ins Dansungsa-Kino gegangen war oder in den Changkyonwon-Zoo, war für Akiko jedenfalls unwahrscheinlich. Sie hätte unter keinen Umständen alleine dorthingehen können. In ihrem Fall empfand es Akiko von neuem als unangenehm, mit einer anderen das Zimmer zu benutzen. Sie wünschte sich zumindest ein etwas größeres Zimmer und eins, das zur sonnigen Seite lag und nicht immer so feucht war. Wenn eine von beiden, Yongae oder Akiko, in der Nacht einen Gast hatte, musste die andere außerhalb des Hauses übernachten. Das Zimmer war schon zu zweit zu eng, um zu schlafen, sie stießen ohnehin mit den Schultern zusammen, und es wäre zu beschämend gewesen, das Zimmer zu dritt zu nutzen. Es war auch gar nicht schlimm, eine Nacht anderswo zu verbringen, sofern es nur abgesprochen wurde, und für die Übernachtungskosten der Zimmergenossin bekam die, die das Zimmer zur Verfügung stellen musste, 50 Zon. Aber es war irgendwie auch ein wenig peinlich, am helllichten Tag nach Hause zurückeilen zu müssen.

Auch gestern begegnete Akiko, die eben aus der Gasse herauskam, Yongae, stieß sie mit den Fingern an und flüsterte ihr ins Ohr:

„Du! Heute schläfst du woanders und kommst morgen zurück."

„Schon wieder? Dir geht es gut!"

„Du meine Güte!“

Akiko überfiel ein bisschen Scheu und drückte Yongae 80 Zon zaudernd in die Hand. Das war mehr als üblich, aber sie meinte, sich damit ihr gegenüber entschuldigen zu können. Yongae verstaute das Geld, machte ein langes Gesicht und sagte dann:

„Du! Wir ziehen mal in ein großes Zimmer in die Nähe der Jongno-Straße um.“

„Ja, mal sehen. Tschüss, komm morgen früh zurück!“

Yongae grüßte Akiko aber nicht zurück, stattdessen ließ sie die Bemerkung fallen:

„Immer schlafe ich draußen!“

Das war sicherlich als Spott zu verstehen, der an Akiko gerichtet war. So eine Göre. Hat man ihr denn gesagt, dass sie dick und hässlich geboren werden soll? Wieso war sie denn so mürrisch? Wie auch immer, gegenüber Akiko konnte sie sich nicht trotzig verhalten.

Akiko sah wieder auf die Armbanduhr und stellte mit dem Kopfkissen die Taille gerade. Es war Viertel nach zwölf, schon wieder waren drei Minuten vergangen. Yongae sollte bereits zurück sein. Mensch! Ist sie etwa geschnappt worden? Sie gähnte, streckte sich noch einmal voll aus und legte ihren Kopf in die Nähe der Schiebetür. Am unteren Teil des Papierfensters befand sich ein Loch, durch das man einen Finger stecken konnte.

Durch dieses Loch war die Hausbesitzerin zu sehen, wie sie, die sich erst jetzt ein wenig abgeregt zu haben schien, den Saum ihres Rocks herumschwingend in ihr Damenzimmer eintrat. Und auf der Truhe in der Diele stand eine leere Flasche Sake, in die grob ein paar Äste mit Blüten hineingesteckt waren, wer weiß, wie lange sie sich dort schon befanden. Die roten Blüten waren vielleicht von einem Pfirsich, die gelblichen von einer Forsythie. Die Tür des vermieteten Kinderzimmers war immer noch verschlossen, und es hatte nicht einmal den Anschein, dass der Zimmerinhaber aus dem Zimmer gekommen war, um die Latrine aufzusuchen und sein Geschäft zu verrichten. Im Zimmer hockte vielleicht Tolstoi – Akiko hatte ihm diesen Kosenamen gegeben – mit geschlossenen Augen am Schreibtisch. Sie wäre gern einmal zu ihm rübergegangen, um mit ihm zu plaudern, aber sie wagte sich kaum aus ihrem Zimmer, weil die großschlangenähnliche Hausherrin patrouillierte.

Dieses Loch war also für Akiko eine unentbehrliche Vorrichtung, mittels der sie die Atmosphäre des Innenbaus ausspionieren konnte. Und nicht nur das: Die Löcher wurden in der Abendzeit zu

Guckkästen, mit denen sie interessanten Theaterstücken zuschauen konnte. Einmal saß sie auch zusammen mit Yongae, und sie spähten, die Köpfe auf den Kopfkissen, auf den Vorhof, jede vor einem Loch. Denn gegen halb sechs Uhr kam die total hysterische ältere Schwester von Tolstoi von der Fabrik nach Hause zurück.

Diese ältere Schwester war von einem derart temperamentvollen Charakter, dass ihr Kommen sich allen Hausbewohnern schon bei ihrem Eintreten durch die Großtür bemerkbar machte. Mit ihren fest geschlossenen Lippen und ihren gerunzelten Augenbrauen wirkte ihr Gesichtsausdruck stets unzufrieden und ohne Lebensfreude. Ihre Schultern hingen herab und sie war sichtlich entmutigt, nur ihre Schritte waren flink. Wenn sie zurück nach Hause kam, schmiss sie zuerst die leere Proviantdose polternd auf den hölzernen Fußboden vor ihrem Zimmer. Dies galt vor allem demonstrativ ihrem jüngeren Bruder, war aber zugleich auch ein Ventil, das sie zufriedenstellte.

Und dann riss sie die Augen weit auf und begann, überall danach zu suchen, was zu bemeckern war. Aber ihr Bruder hatte schon den Vorhof sauber gekehrt, das Geschirr auf dem Herd aufgeräumt und den Wasserkrug ordentlich zugedeckt. Für sie hätte zumindest das Schuhschränkchen falsch aufgestellt sein müssen, um ihren Bruder bekrickeln zu können, aber weil alles so schön sauber und in Ordnung war, warf sie einen Wassertopf in den Vorhof. Das war für sie eine Art Ausgleich, wenn sie keinen Missstand trotz gründlicher Suche hatte finden können.

„Wenn du schon den Vorhof gekehrt hast, solltest du ihn auch vorsichtig säubern. Was soll das, das Geschirr mit Erde zu beschmieren?"

Bei ihrer Rüge war das Ende des Satzes nur eingerollt gesprochen, und der Bruder war im Zimmer so still wie ein Mäuschen.

„Ernährst du dich von meinem Geld, sollst du dafür auch eine Gegenleistung erbringen, und ist das denn für dich so in Ordnung, immer nur in einer Zimmerecke wie ein Buddha zu sitzen?"

Das war eine Art Grußwort ihrerseits, das seine Ohren ein paar Mal täglich ertragen mussten, eine Rohheit, die sie mit erhobenen Augen in Richtung des Kinderzimmers, seines Zimmers, dessen Tür zu war, einfach losschoss. In solchem Zustand ragte eine dicke Ader an ihrem abgemagerten Hals hervor, und es floss ihr mit krumm gebeugtem Rücken sogar Schaum aus dem Mund. Das war der übliche Fall. Von Zeit zu Zeit kam sie beinahe wie eine Halbtote heim, weil sie vom Aufseher in der Fabrik eins mit der Faust auf den Kopf bekommen hatte, weil sie sich vermutlich zu viel Zeit genommen hatte, ihr großes Geschäft zu verrichten, oder mit der Nadel der Nähmaschine, die sie benutzte, in den Daumennagel gestochen hatte. Sie war ohnehin hastig und wurde deshalb noch hitziger und überreizter. Sie zerschmiss jedes Geschirr, das sie gerade in die Hand bekam.

„Weshalb sollte ich dich mit meiner Schufterei durchfüttern, sag mir das einmal!"

Sie verwandelte sich schlicht und einfach in eine Irre. Dennoch blieb ihr Bruder schweigsam im Zimmer sitzen, als ob er taub sei. Seine ältere Schwester quälte sich selber und dann brach in ihr schließlich explosionsartig ein Weinkrampf aus. Für das ganze Ach und Weh ihres Fabrikarbeiterdaseins machte sie ihren jüngeren Bruder verantwortlich. Dann kam ihr Bruder aus dem Zimmer heraus, stieg bloß in den Vorhof hinab, fasste mit seinen Händen die Schulter seiner Schwester und versuchte, sie zu besänftigen.

„Ältere Schwester! Ist ja gut. Beruhige dich doch, ich bin ja an all dem schuld."

„Du Kerl! Du nagst an meinem Fleisch."

„Ich weiß, ich bin für alles verantwortlich, also hör bitte auf."

„Halt dein Maul, bleib mir fern", und sie schubste ihn auf einmal nach hinten. Der Bruder war aber nur ein Mensch, der schnell auf den Boden hinfiel.

Als Akiko sah, wie er mit seinem erröteten Gesicht verlegen und sich entschuldigend den Hintern abstaubte und aufstand, fand sie ihn einerseits lustig, andererseits auch stark bemitleidenswert.

Noch lustiger waren die Szenen beim Abendessen in der Diele. Die ältere Schwester trat mit dem in der Küche zubereiteten Reis in die Diele und schob eine Schüssel davon schweigend ihrem Bruder hin. Und dann löffelte sie, von ihm abgewendet, alles eilig und schnell in sich hinein und stand dann auf. Natürlich aßen sie die Beilagen getrennt. Der jüngere Bruder, der mit hoch aufgerichteten Beinen dahockte, löffelte seinen Reis schweigsam und mit gesenkten Augen. Die alte Vermieterin schielte ihnen zu und schalt sie heimlich.

Yongae ärgerte sich, dass Tolstoi sich so idiotisch benahm. Ihrer Auffassung nach sollte er mutig gegen seine Schwester antreten, obwohl er von ihrem Geld lebte, und sie bemerkte bedauernd:

„Na, so einer."

Akiko bestand beharrlich darauf, dass er so sei, weil er zu gutherzig sei.

In der Tat benahm sich die ältere Schwester gegenüber ihrem

Bruder nicht aus Hass so. Als im vergangenen Herbst die Blätter umherflogen, war ihr jüngerer Bruder vor lauter Peinigungen eines Tages verschwunden, ohne ein einziges Wort zu hinterlassen.Nach einer Woche immer noch nicht zurückgekommen. Und sie wartete sie Tag für Tag auf ihn. Sie geriet bei der Suche nach ihrem Bruder geradezu außer sich. Der Fabrik, der sie bis dahin so pflichtschuldigst gedient hatte, blieb sie sogar einige Tage fern, und manchmal ließ sie auch das Essen ausfallen. Schließlich hatte sie die Befürchtung, ihr jüngerer Bruder könne womöglich noch wütend auf sie umgekommen sein. Da heulte sie laut auf dem Dielenboden, als sie nach Hause zurückkam. Dabei griff sie nach dem Handgelenk von Akiko und beklagte sich:

„Akiko! Suchst du bitte nach meinem Bruder, ich werde ja noch verrückt."

„Aber ich weiß ja nicht, wohin er gegangen ist."

„Bitte bring ihn zurück, wenn du ihn irgendwo aufgreifst. Er ist doch ein armer Kerl, der ohne Eltern miserabel aufgewachsen ist..."

Aber erst nach neun Tagen kam dieser von seinem Freund, der außerhalb des Südtors wohnte, nach Hause zurück. Wieder weinte sie, diesmal aber vor Freude. Und schon am nächsten Tag begann sie von neuem, ihn zu quälen.

Das Innere seiner Schwester konnte Akiko wirklich nicht verstehen, sie regte sich bereits auf, wenn sie das Geräusch der Haustür vernahm und es ein wenig anders als sonst klang.

„Du, Yongae! Das wetterwendische Weib ist zurück. Komm schnell her."

Insgeheim mochte Akiko nämlich Tolstoi. In ihren nächtlichen Träumen erschien er ihr stets. Wie der Schauspieler Valentino breitete er seine Arme aus und sagte: ‚Oh, wie liebe ich Sie. Kommen Sie in meine Arme'. Aber dieser verdammte Tolstoi schenkte ihr noch nicht einmal im Wachzustand Aufmerksamkeit, ahnungslos, wie sehr ihr Herz für ihn schlug.

Als müsste sie einem ihrer Kunden unbedingt einen Antwortbrief schreiben, ging sie zu ihm hinüber.

„Verehrter Lehrmeister! Schreiben Sie für mich bitte einen Brief."

„So etwas kann ich nicht schreiben."

„Sie sind doch jemand, der einen Roman schreibt, und Sie sagen, dass Sie keinen Liebesbrief schreiben können?" entgegnete sie entgeistert und starrte ihn eine Weile an. Sie hatte mehrmals gehört, was er immer am Schreibtisch schreibe, sei ein Roman. Daher verwendete sie die Anrede „Verehrter Lehrmeister" und nannte ihn sogar achtungsvoll Tolstoi. War es denn zu fassen, wenn er dennoch sagte, er könne keinen Liebesbrief schreiben? Verblüfft fragte sie ihn:

„Verehrter Lehrmeister! Waren Sie schon mal mit einer Dame befreundet?"

Daraufhin errötete er wie ein junges Mädchen, das in Verlegenheit gerät.

„Mit solchen Sachen kenne ich mich nicht aus."

Akiko wusste, dass er sich nicht für sie interessierte, er blieb spröde. Sie nannte sich Akiko, als wäre sie eine Japanerin, anscheinend, weil sie sich davor fürchtete, verachtet zu werden, nur weil sie als Bedienung in einem Café arbeitete. Sie verhielt sich wirklich so, als wäre sie eine echte Japanerin, und sie nahm auch an, ewig Akiko zu sein, und wies es zurück, auf Koreanisch angesprochen zu werden. Nun war es gut möglich, dass sich Tolstoi schändlicherweise in das Busmädchen aus dem Hinterzimmer verguckt haben könnte, mutmaßte Akiko. Und der Verdacht war nicht ganz unbegründet: Akiko hatte einmal gesehen, dass Tolstoi absichtlich ausgerechnet zu dem Zeitpunkt in den Vorhof hinauskam, um sich das Gesicht zu waschen, als das Busmädchen zur Arbeit losging. Es könnte sich also um eine Rivalin von Akiko handeln, war doch das Mädchen zurzeit ganz närrisch geworden, sich herauszuputzen. Vor einigen Tagen kam es mit einem Spiegel und einer Schere in der Hand rüber zu Akiko.

„Ältere Schwester! Schneide bitte meine Haare ein wenig ab."

„Warum willst du denn die Haare abschneiden? Sie sind doch gut so."

„Mir ist es lästig, täglich die Haare zu kämmen."

Sie verzog ihr Gesicht und fuhr dann weiter fort:

„Mir gefällt so eine Frisur wie deine, so schlicht und kurz!", beschied sie ihr lächelnd.

Weil das Busmädchen so quengelte, konnte Akiko nichts anderes machen, als die Schere zu nehmen und kräftig von der Mitte aus die Haare abzusäbeln. Das Busmädchen betastete die Haare und war vollauf begeistert. Es drehte sich rasch um und lachte.

„Ältere Schwester! Schneide doch bitte noch ein wenig kürzer, so wie deine."

„So, wie es jetzt ist, steht es dir doch ganz gut, oder?"

Das Busmädchen drängte Akiko weiter, aber Akiko ging nicht weiter auf ihren Wunsch ein, weil sie befürchtete, dass sie die Frisur des Mädchens vermasseln könnte. Daraufhin geriet das Busmädchen in feurigen Zorn, ging in ihr Zimmer zurück und schnitt sich die Haare selber noch kürzer. Es war ein Mädchen, das es wagte, sich mit einer Frisur auf die Straße zu begeben, als wären die Haare hier und dort angenagt worden, und das Gesicht weiß bepudert lief sie „Hurra" schreiend überall herum. Wenn es aber mal Löcher an den Fersen hatte, schlich sie sich rückwärts ins Zimmer, damit es niemand sehen konnte.

Das Busmädchen trug stets eine große Schultasche mit sich und benahm sich ganz bieder, wenn sie morgens zur Arbeit ging. Es war kein Wunder, dass Akiko sie aufgrund ihrer Erscheinung anfangs für eine Schülerin aus einer höheren Klasse hielt. Denn ihre Schultasche war so pompös wie solche von Schülerinnen aus höheren Klassen. Allmählich stellte sich aber heraus, dass diese Schultasche mit nicht gelesenen alten Magazinen gefüllt war, zwischen denen lediglich das Mittagessen steckte. Das Mädel ging also hin und her mit seinen bleischweren Magazinen, ohne zu merken, dass sie so schwer waren, weil es befürchtete, mit nur einer kleinen Tasche entweder als Fabrikarbeiterin oder als Busmädchen angesehen zu werden. Ab und zu machte das Mädchen aufgeregten Lärm, da irgendein Kerlchen aus einer unteren Schule, das wie ein Dieb aussah, ihr auf dem Heimweg am Abend hinterherlaufe.

„Hättest du ihm nicht die Beine brechen können?"

So tönte ihr kranker Vater unter der Bettdecke, ihr schmeichelhaft entgegenkommend. Und es war auch seine Aufgabe, jeden Morgen die Schultasche seiner Tochter nach ihren Wünschen zu packen. Einfühlsam lugte sein Gesicht aus der Zimmertür und er verabschiedete sie mit ausgestreckten Händen.

„Du! Komm nach Feierabend direkt nach Hause. Ansonsten könntest du dich erkälten."

Sah Yongae diese Szene, gefiel ihr das gar nicht. Ein Vater, der sich seiner Tochter gegenüber so niederträchtig anschmiegsam verhielt, sei unwürdiger als ein Hund, äußerte sie sich einmal. Darüber gab es auch einen unnötigen Streit mit Akiko.

„Verlangt sie denn von ihm zu viel, wenn er von dem Geld seiner Tochter lebt?"

„Eben deshalb sieht er noch erniedrigter aus, nicht wahr?"

„Ist es niederträchtig, von seiner Tochter ernährt zu werden? Er ist doch krank und was soll er denn machen? Du meine Güte! Worauf du so beharrlich bestehst!"

Akiko wurde schnell mürrisch, drehte sich dann wieder zu Yongae um und sagte mit kratzigem Ton:

„Dich hat dein Vater verkauft, habe ich gehört, war das ein gutes Gefühl?"

„Du meine Güte! Habe ich dich gebeten, darüber zu reden?", sagte Yongae und nahm ihren scharfen Blick zurück. So sehr hasste Yongae also den Dauerkranken. Sie konnte ihn, dessen Gesicht blassgelblich bis auf die Knochen abgemagert war, so wenig ausstehen, dass sie ihm sogar den Kosenamen Gelbe Melone verpasste. Denn diese Gelbe Melone hatte einstmals das Geschäft Yongaes gestört. An jenem Tag hatte sich die Gelbe Melone schon am frühen Abend mit seiner Tochter gezankt. Als Yongae gegen zwei Uhr morgens nach Hause zurückgekommen war, hatte sie zu hören bekommen, dass sie sich leise stritten. Er bauschte ohnehin gerne auf und gebärdete sich in jener Zeit noch recht theatralisch:

„Aua! Gott, gib mir Gnade!"

Und ein anderes Mal sagte er:

„Herr Gott! Hol mich zu dir, warum lässt du mich hier warten!"

Es wäre besser gewesen, wenn die Vorder- und Hinterzimmer mit Lehmwänden getrennt gewesen wären, aber sie bestanden nur aus dünnen, tapezierten Brettern. Schon ein Rascheln im Hinterzimmer drang bis zum Vorderzimmer durch. Er schrie und schlug dabei den Kopf an die Wand:

„Ach! Ich habe so ein beschissenes Los gezogen!"

Es sah so aus, dass er von seiner Seite aus versuchte, seine Tochter unter Druck zu setzen, er wolle gleich sterben. Dann erwiderte die Tochter mit grimmig-eiskalter Stimme:

„Habe ich Ihnen, Vater, gesagt, dass Sie sterben sollen? Sie gehen mir ja bloß auf die Nerven!"

„Einem Alten wie mir das Rauchen zu verbieten, heißt das etwa nicht, dass ich sterben soll?"

„Meinte ich, dass Sie sterben sollen? Wenn die Leute das hören, könnten sie das irrtümlich womöglich noch glauben."

Als die Tochter ihn aus Ärger mit knurrender Stimme gerügt hatte, fing er wieder an.

„Ach! Ich habe so ein beschissenes Schicksal!"

So kreischte er wie ein Kleinkind, indem er sich selber den Kopf gegen die Wand stieß. Dieses gellende Heulen klang so unerträglich, dass es einem selbst mit abgehärteten Ohren nicht zuzumuten war.

Der Gast Yongaes, den sie wie einen Regentropfen in der Dürre angeschleppt hatte, runzelte die Stirn. Und er torkelte besoffen und schweigsam auf dem Holzfußboden an der angrenzenden Zimmertür vorbei.

„Wollen Sie schon gehen?"

„Nächstes Mal komme ich wieder."

„Wollen Sie etwa in so dunkler Nacht gehen?"

Yongae schnappte vor der Haustür seinen Ärmel. Aber seine widerspenstigen Hände zogen sich hoch und er schüttelte sie ein paar Male ab.

„Ein anderes Mal komme ich wieder."

Und dann wankte er betrunken im Zickzackkurs einen Bach entlang. Yongae wurde so jähzornig, dass sie eine einzige Glühbirne doppelt oder dreifach wahrnahm. Sie legte sich allein im Zimmer hin und verfluchte die Gelbe Melone leise, und ihre Augen füllten sich mit Tränen.

Es war schon Viertel vor zwei Uhr nachmittags. Über Yongaes dralles Gesicht huschte ein Lächeln, sie trat tappend ins Zimmer ein. In der Hand trug sie eine voluminöse Tüte mit Gebäck.

Sie öffnete die Schiebetür, da fand sie alte Socken, die in der Ecke der hinteren Zimmerseite lagen, und eine verschmutzte Unterhose, es war eben chaotisch.

„Bist du schon zurück? Hättest ruhig noch länger bleiben können..."

„Na, du! Ich komme gerade aus dem Badehaus."

„Gehst du alleine zum Baden?"

Akiko wurde fast in eine mürrische Stimmung versetzt.

„Eben deshalb habe ich das Gebäck für dich gekauft..."

„Das wusste ich schon! Yongae, du bist ein Schatz!"

Akiko nahm die Hand aus dem Nachttopf heraus und stürzte eilig zum Gebäck. Akiko steckte ihre Hände stets in ihren Nachttopf, nachdem sie uriniert hatte, ließ erst die eine Hand, dann die andere eine Weile lang eintauchen. Sie machte das schon über drei Monate lang, gleichwohl schien sich die Beschaffenheit ihrer Haut nicht geändert zu haben. Nachdem sie sich mit einem Handtuch abgetrocknet hatte, sagte sie:

„Hast du nur Namakasi Gebäck gekauft?", und biss ein Stückchen von ihrem Gebäck ab.

„Isst du sie so mit der Hand, ohne dich zu waschen? Du, ich mag das nicht!"

„Wieso, ist sie dreckig? Du urinierst doch auch, oder?"

„Heißt das aber, dass man mit so einer Hand sein Gebäck anfasst?"

Aber Yongae war friedfertiger als Akiko. Sie meckerte nicht weiter, nahm es hin und aß mit ihr zusammen. In ihrem Inneren verbarg sich Neid auf das Leben von Akiko. Akiko, die von vielen Kunden geliebt wurde, war stolz auf ihr schönes Gesicht. Es war so klein und hübsch, dass sogar Yongae es fest umarmen mochte.

„Wann ist er gegangen?"

„Schon am frühen Morgen. Das war ein ganz Dummer."

„Du scheinst glücklich zu sein. Ich möchte mich auch mal mit jemandem befreunden!"

„Mach doch, hat dir jemand davon abgeraten?"

„Nein, ich mag keine Techtelmechtel wie deine. Ich meine eine richtige Romanze, nur geistige Freundschaft."

Aber ihr Ton war irgendwie ein wenig wankend.

Akiko erwiderte:

„Oh! Meinst du so eine Romanze, bei der man sich verknallt gegenübersitzt und bloß anguckt und sonst nix?", aber sie fühlte, irgendwie zu weit gegangen zu sein. Ohnehin war Yongae ja eine Person, die heimlich traurig darüber war, dass sie keinen schönen Körper hatte.

„Du! Sag so etwas nicht. Weißt du nicht, dass sich nach einigen Malen das Interesse abschwächt? Ich habe dich immer beneidet, dass du stets ruhig die Zeit allein verbringst!"

So tätschelte sie die Seele Yongaes, diese entgegnete ihr dann:

„Was gibt's denn an mir zu beneiden? Du sagst das nur so."

Akiko verneinte das zwar, mochte sich aber doch einem gewissen Überlegenheitsgefühl hingegeben haben. Yongae hatte auch schon mal mit Opium versucht, den lästigen fettigen Leib abzumagern. Wenn sie an ihr letztes Erlebnis zurückdachte, als sie haufenweise Opium auf einen Schlag eingenommen hatte, so viel wie jemand ihr angeraten hatte, und sich deshalb volle zwei Tage lang gequält hatte, ohne dabei auch nur aufstehen zu können, überkam sie heute noch das pure Schaudern. Aber es war wirklich erstaunlich, dass auch Yongae selten, aber doch hin und wieder, eine Postkarte bekam.

„Hat er schon wieder alles durchstöbert und was weggenommen?"

Yongae durchsuchte aufgrund eines Verdachtes ihre Schublade am Toilettentischchen. In der Tat war schon wieder ein fürchterlich wertvoller Liebesbrief, den sie vor einigen Tagen von einem Studenten einer Fachhochschule bekommen hatte, verschwunden. Sie konnte echt nicht verstehen, weshalb die jungen Männer so gerne den Hausrat des fremden Mädchens durchstöberten und etwas mitgehen ließen.

„Schon wieder mitgenommen! Was soll ich denn nur machen?"

Yongae wurde ein wenig weinerlich.

„Was denn?"

„Den Brief meine ich."

„Was für einen Brief?"

„Na ja, den Liebesbrief, den ich zuletzt bekommen habe."

„Pah, so was! Wozu hat der beschissene Kerl ihn mitgenommen. Ich habe den Brief aber nie gesehen. Er stellte sich so schüchtern, aber er muss hinterhältig sein!"

Akiko verzog ihre Braue, die ohnehin schmal war, noch mehr zur Seite. Und dann beobachtete sie Yongae eine Weile lang, als wäre sie verlegen, und sagte:

„Ich bitte mal Tolstoi für dich, einen Liebesbrief zu schreiben. So kannst du den Brief einfach abschreiben, wenn du später eine gute Vorlage brauchst!"

So besänftigte sie Yongae ein wenig. Aber es war zu bezweifeln, ob Tolstoi überhaupt jemals einen Brief für sie schreiben würde. Akiko war doch ein Mensch, der stets „mal sehen" sagte und zauderte, wenn Yongae wie so oft quengelte, gemeinsam dieses Haus hier zu verlassen! Ohne ihre Mühen zu bemerken, ging Tolstoi an Akiko stets einfach vorbei, als gäbe es bei ihr nichts Besonderes, um sich angezogen zu fühlen. Akiko kam deshalb einmal der Gedanke, ob das Busmädchen ihm am Herzen liegen könnte, aber es schien doch nicht so zu sein. Wenn Akiko tagsüber auf den Berg im Sajikwon-Park stieg, begegnete sie ab und zu Tolstoi. Er lehnte sich dabei an den Stamm einer dicken Kiefer und starrte nur in den Himmel. Selbst wenn Akiko vor ihm herlief, schenkte er ihr keine Aufmerksamkeit, so als sähe er sie gar nicht. Aus dieser Kränkung heraus beschimpfte sie ihn innerlich. Aber es stellte sich nachher heraus, dass er sich gar nicht einmal verstellt hatte, sie nicht gesehen zu haben, sondern er hatte sie mit offenen Augen wirklich nicht wahrgenommen. Tolstoi war so ein Typ, der total albern in sich versunken war. Akiko erinnerte sich an ihre eigene Vergangenheit, als sie den Besuch der Mädchenschule unterbrochen hatte, und sie empfand ihm gegenüber Mitleid. Wie schwer es ihm fallen musste, so ein Leben zu führen, sich von seiner älteren Schwester ernähren zu lassen. Und ihr kam einfach so der Gedanke an den wahren Tolstoi, von dem ihr ehemaliger Ethiklehrer einmal gesagt hatte, er sei gutherzig und albern gewesen, was schließlich ihrem Nachbarn Tolstoi ähnelte.

Akiko ging an ihm vorbei, indem sie sich räusperte. Mit den

Augen blinzelnd sprach sie ihn an:

„Mein Herr! Worüber sinnieren Sie so?“, und machte ein mitleiderregtes Gesicht, dann murmelte er verlegen:

„Nichts.“

„Versuchen Sie doch mal ein wenig Sport zu treiben, nicht immer nur herumzustehen.“

Dies riet sie ihm in ihrer großen Ratlosigkeit einfach mal so an.

Die Hausherrin blickte Tolstoi aufgereizt scharf an und sagte zu ihm:

„Heute sollte dieses Zimmer ausgeräumt werden. Mein Neffe ist schon angekommen.“

Die Hausbesitzerin konnte Tolstoi, der sich ihr in seinem Zimmer nur zaudernd zur Wehr zu setzen vermochte, wirklich nicht ausstehen.

„Hallo? Räumen Sie bitte Ihre Möbel aus dem Zimmer. Nur so kann der Neue einziehen, oder?“

„Bitte gedulden Sie sich nur noch drei, vier Tage. Dann werde ich die Miete bestimmt bezahlen.“

„Es geht nicht um die Mi… Miete, die Sie nicht bezahlen. Ich habe von heute an keine Unterkunft mehr, ich brauche das Zimmer unbedingt selber, das ist der Grund, es uns zu übergeben.“

So sprach der Mann mit den vorstehenden Zähnen, richtete sich auf und zog sich die Anzugshose, die nur lose am Hintern hing, hoch. Allem Anschein nach war der Kerl sicherlich der Neffe der Hausherrin, den sie dem Hörensagen nach bei jeder Gelegenheit einbestellte. Die Hausherrin pries an ihm stets überschwänglich, er sei ein großartiger Mensch, der ohne Schulbesuch allein durch selbstständiges Lernen zu einem Beamten im Rathaus aufgestiegen sei. Aber abgesehen von seinen Augenlidern, deren Außenseiten schräg nach unten gesetzt waren, schienen weder seine körperliche Gestalt im Anzug noch sein offenstehender Mund so recht der Vorstellung eines großartigen Menschen zu entsprechen.

Als Tolstoi den Neffen der Vermieterin anflehte:

„Gedulden Sie sich doch eine Weile, bitte warten Sie noch ein paar Tage“, entgegnete dieser: „Ach, hallo! Nicht nur Sie sind ein Mensch, oder?“, und er war sogar in der Lage, mit seinen Händen herumzufuchteln, um seine Angriffe zu unterstreichen.

„Na, so ein Kerl! Hässlich ist er auch noch. Vielleicht handelt es sich um den Laufburschen im Rathaus, oder?“, sagte Yongae.

„Das weiß ich nicht. Jedenfalls hat er sich sogar einen Kompetenzersatz umgebunden“, meinte Akiko und vergrößerte mit den Fingern die Löcher in ihrer Zimmertür. Akiko durchschaute das Innere der Großschlange, der Hausherrin, vollkommen. Die Vermieterin versuchte jetzt sogar, auf die Miete zu verzichten und alle Mieter davonzujagen. Das war ein Theater von ihr, und ihr erstes Opfer war Tolstoi, bei dem sie leichtes Spiel hatte, ihn gefügig zu machen und schließlich hinauszuekeln. Sie hätte es nicht wagen können, zuerst die Gelbe Melone oder Akiko anzurühren.

„Schau dir die Großschlange mal an. Die gibt ihm durch Augenzeichen ständig Anweisungen, oder?"

„Der Kerl ist aber auch ein Depp, oder? Der folgt blöd immer den Anweisungen seiner Tante."

„Na, dieses Ding versucht ja, gegen Tolstoi anzutreten. Was willst du denn machen, wenn du deine Jacke ausziehst? Kerl!"

„Er ist ganz aufgeregt, weil Tolstoi so ruhig bleibt. Wie der sich benimmt, ist grässlich, am liebsten möchte ich dem Kerl eine verabreichen."

„Wenn ich dem Subjekt einen Schlag gebe, wandert es auf den Gemeindefriedhof in der Goteckgol-Straße. Deshalb wagt er es auch kaum, zu Akiko zu kommen, nicht wahr?"

Dabei zeigte Akiko Yongae ihre Faust und stieß versehentlich an ihren Kiefer. Yongae drehte ihren Kopf zur Seite und war schon wieder mürrisch.

„Du, das mag ich nicht!"

„Wieso bist du schon wieder böse, habe ich das etwa absichtlich gemacht?", maulte Akiko, beruhigte sich aber gleich wieder.

„Also gut, Entschuldigung. Schluss damit. Mit ihrem Handrücken rieb sie den Kiefer von Yongae.

„Die da! Schau dir das mal an. Der Kerl hat die Ärmel hochgekrempelt und die Großschlange macht so'nen Lärm und stampft auf den Boden."

„Wau, das geht ja lustig zu. Er hat die Großschlange ganz schön auf die Palme gebracht, oder?"

„Guck dir den Kerl an, der tritt jetzt einfach so in das fremde Zimmer ein, nicht wahr?"

Akiko schaute Yongae an, indem sie ihre Augen weit aufriss.

„Er scheint irgendwas anzurichten, oder? Man sagt ja, Krüppel bekommen ihre spastischen Anfälle, wie wahr das doch ist!"

„Der Kerl nimmt sogar den fremden Hausrat einfach so heraus. Man sollte ihn verfluchen!"

„Es macht keinen Sinn, das Subjekt zu rügen. Man muss eher

sagen, dass Tolstoi ein Idiot ist! Er bleibt einfach seelenruhig wie ein Buddha sitzen, oder? So einen Deppen gibt's auch nur einmal auf der Welt!"

Akiko stand abrupt auf, als hätte sie das überhört. Rasch machte sie die Schiebetür auf und trat sie gewichtigen Schrittes flugs zum Ort des Geschehens. Mit aufgeregter Stimme sagte sie:

„Hallo da! Wo gibt es denn sowas, das fremde Mobiliar einfach so rauszuschmeißen?"

„Halten Sie sich da raus!"

Der Depp, der gerade dabei war, den Tisch Tolstois hinauszutragen, hielt plötzlich auf der Türschwelle an. Da er mit aufgerissenen Augen innehielt, schien er sichtlich von der aufmüpfigen Akiko überrascht worden zu sein.

„Von heute an werde ich hier schlafen... Deshalb... räume ich das Zimmer auf..."

So äußerte sich der Depp ein wenig gehemmt.

„Schaffen Sie seine Sachen auf ihr Geheiß weg?"

„Wen sollte ich denn fragen, um mein Zimmer auszuräumen?", konterte er nun barsch, blinzelte aber seiner Tante, der Großschlange, zu und schien zu fragen, was nun weiter zu tun sei.

„Ja, natürlich, wer sagt mir, dass ich mein Zimmer ausräumen soll?"

„So geht das nicht. Den Schreibtisch bringen Sie dorthin zurück. Es wäre richtig, nach der monatlichen Miete zu verlangen, wo gibt es denn so eine Ungerechtigkeit, seinen Mieter einfach rauszuwerfen?"

„Na, Akiko sollte am besten daran denken, die eigene Miete zu bezahlen, und sich aus anderer Leute Angelegenheiten heraushalten, oder? Geh zur Seite!"

Die Großschlange zog den Arm von Akiko, die die Tür verstellte, an sich. Diese Alte hatte bisher gegen Akiko nicht leicht antreten können, aber heute war der Tag gekommen, an dem sie den Deppen ganz und gar einsetzen konnte. Yongae, die das Ganze mitangesehen hatte, ging das gewaltig gegen den Strich.

„Sprichst du von deiner Miete? Mit wem redest du per Du? Deine Augäpfel sind kaputt gegangen, was!"

Dabei ergriff sie ihren Arm rasch von hinten. Die beiden waren in ihrem Körpergewicht kaum miteinander zu vergleichen. Die Vermieterin torkelte zunächst und stürzte dann gegen die Wand. Dennoch war es ein wenig übertrieben, dass sie die Augen schloss und mit dem Kiefer zitternd „Aua" von sich gab.

Der Neffe warf den Schreibtisch auf die Türschwelle und sprang blitzschnell darüber hinweg. Nicht einmal Akiko blieb Zeit, daran zu denken, der Kerl ahme schäbigerweise den berühmten Schauspieler Talmadge nach, so schnell verpasste er der Wange von Yongae eine Ohrfeige.

„Weib! Schlägst du eine Greisin?"

„Ach, schau dir mal diesen Kerl an! Wen ohrfeigst du denn?"

Akiko schrie auf, griff nach seinem Gürtel und zog ihn nach hinten. Der Neffe stolperte dabei über einen Bügelstein in der Diele und fiel hin; und das daraufhin einsetzende Fliegen eines Korbs mit verbrannten Holzscheiten, den Yongae in die Hand genommen hatte, war das Abreagieren von Yongaes Ärger, die fuchsteufelswild war.

Dann wurde das nächste Zimmer abrupt aufgerissen und die Gelbe Melone kam auf einen Stock gestützt aus seinem Zimmer heraus, wobei es eher so schien, als ob der Stock ihn schleppte und nicht umgekehrt.

„Wer ist dieser Kerl? Weshalb ohrfeigt er ein fremdes Mädchen? Na, dieser verdammte Kerl kann wohl nicht mehr erkennen, wen er vor Augen hat. Es ist ohnehin von einer apokalyptischen Welt die Rede, aber solch einen Kerl muss man doch wirklich einmal..."

Die Gelbe Melone stieg fürchterlich schreiend von dem Vorhof in die Diele, um seine Stimme in alle Richtungen gut hörbar zu machen. Er schlug mit seinem Stock auf die Mitte der Brust des Mädchenmisshandlers, der Akiko an den Kragen ging, und seine Attacke konnte als Rache verstanden werden dafür, dass er stets von der Großschlange unterdrückt wurde.

„Na, wo gibt's denn so einen Kerl, der bei einer Typhuskrankheit so viel schwitzt, bis seine Schweißdrüse platzt!"

Gleichzeitig fiel die Gelbe Melone wie Stroh nach hinten. Während derselbe Stock, mit dem er vorhin gefuchtelt hatte, auf seinen Besitzer zurückschlug, wurde seine bis auf die Knochen abgemagerte Taille niedergeschlagen. Die Gelbe Melone richtete sich kriechend und torkelnd wieder auf und eine Wut überkam ihn wie das Gift einer Giftschlange, die im September oder Oktober Hagel abbekommt.

„Du, Kerl! Wie behandelst du einen Alten, der dein Vater sein könnte?"

Schlagartig flog der Stock auf das Ohr des Deppen und schlug ihn nieder. Es erklang ein dumpfer Ton, als es im Knochen knackste. Der Depp sank, der Kopf neigte sich, beide Hände hielten sich die Ohren, und er bewegte sich nicht, als sei er gestorben. Auch Akiko, die von ihm eins auf die Wange bekommen hatte, weinte. Bei dieser Gelegenheit stürzte sie mit rotem Gesicht auf den Rücken des Neffen. Sie dachte kurz, ob sie ihn in Boxmanier fertig machen sollte, dann biss sie ihm keck in seine Schulter und verharrte in dieser Position. Seufzend riss der Neffe das Maul wieder weit auf, und was dann gezielt auf seinen Hinterkopf flog, war die Faust von Yongae. Tolstoi fühlte sich bei all dem sehr schuldig, so dass er nicht wusste, was er tun sollte. Mit beiden Händen schüttelte er die Schulter Akikos und rief:

„Lassen Sie ihn bitte los. Hören Sie auf damit. Was machen Sie denn?"

Auch die Großschlange zitterte vor Angst.

„Will dieses Weib den Menschen umbringen, was? Loslassen! Lass ihn jetzt los!"

Die Vermieterin drohte Akiko und zog sie grob zu sich. Aber der Neffe schrie umso lauter, je stärker Akiko von der Vermieterin an sich gezogen wurde. Die Großschlange befürchtete nun, dass die ganze Sache aus dem Ruder laufen könnte. Immerhin waren mittlerweile die Seitenpfosten der Schiebetür des Damenzimmers gebrochen und zwei Suppenschüsseln, die auf der Reiskiste gestanden hatten, heruntergefallen und zerborsten. Die Vermieterin bebte am ganzen Körper und sorgte sich um das Leben ihres Neffen, dessen Zustand bedrohlich geworden war, vom Zimmer ganz zu schweigen. Dazu noch der Schlagstock, mit dem die Gelbe Melone grob hantierte...

Die Großschlange ging nun mit dem Neffen schnurstracks durch die Großtür aus dem Haus. Während sie in die Gasse hinabstieg, erzeugte sie Wind mit ihrem flatternden Rock.

„Du hättest lieber nur nach der Monatsmiete verlangen und nicht gleich versuchen sollen, die Mieter davonzujagen, dann wäre es nicht zu dem ganzen Drama gekommen, oder?"

„Niemand hat versucht, sie zu verjagen. Ich hatte nur die Zahlung der Miete eingefordert, da kam das Weiblein Akiko in die Diele und hat meinen Neffen angegriffen und wollte sonstwas!", sagte sie zu dem Polizisten, der sie begleitete.

„Red keinen Unsinn, ich weiß schon, dass du beabsichtigt hast, sie rauszuekeln. Beim letzten Mal war es doch das gleiche, oder?"

Der Polizist folgte der alten Frau, indem er seine Faust vor den Mund hielt, um sein Gähnen so lang wie möglich zu ziehen. Es war nicht wenig lästig, dass diese Alte bei jeder Gelegenheit zur Polizei kam und sie zäh wie eine Klette bedrängte. Der Polizist betrachtete ihren grauen Haarknoten, der klein und abgemagert an ihrem Kopf angeklebt zu sein schien, und fragte:

„Wie alt?"

„Das Weib ist 19 Jahre alt. Und so ist sie..."

„Nein, ich meinte die Greisin vor mir."

„Ach so, mein Alter meinen Sie? Ich hatte doch schon beim letzten Mal gesagt, dass ich 57 Jahre alt bin. Trotzdem muss ich unter solchen Bedingungen leben."

Sie beklagte sich weinerlich, ihr Argument war erbärmlich. Für die Alte war Akiko am gehässigsten, weit schlimmer als die Gelbe Melone, Tolstoi und all die anderen. Akiko mischte sich in alle Angelegenheiten ein und bekam epileptische Anfälle, wenn sie die Miete verlangen wollte, und außerdem sang sie Tag und Nacht ihre Lieder. Dazu war Akiko ein Mensch, der nach dem Gesichtwaschen absichtlich das Abwasser vom Vorhof bösartig in Richtung des Vermieterehepaars warf. Diesmal sollte dieses Weiblein angemessen gerügt werden, dachte sich die Vermieterin. Und als sie aus innerlichem Jucken so flott daherschritt, stolperte sie über einen Stein und fiel nach hinten. Dabei zerriss eine Seite ihres Rocks an einem Nagel, der an einer Ecke des Mülleimers herausragte.

„Verdammter Kerl, der kann nicht einmal einen Nagel richtig in den Mülleimer reinhauen!" Sie richtete sich gereizt auf und staubte ihren Hintern ab. Der Polizist, der ihr zuschaute, deckte seinen lachenden Mund mit der Hand zu.

„Siehst du! Komm nie wieder zu mir. Jetzt bin ich ja schon dabei, aber ich werde dich, alte Frau, festnehmen, wenn du nochmal zu mir kommst. Verstanden?"

„Ja, ich werde zu Ihnen nicht nochmal kommen, auf keinen Fall. Aber erteilen Sie bitte diesmal dieser Akiko eine Lektion. Nicht nur beschimpft sie alte Menschen wie mich, sie wendet auch Gewalt an! Und außerdem weiß man gar nicht, wie viele Mannsleute dieses dumme Küken überhaupt hat, man kann sie gar nicht mehr zählen!"

Der Wachtmeister hörte ihr gar nicht zu, antwortete ihr nur durch die Nase. Das lag daran, dass er das Interesse längst verloren hatte, zu oft schon hatte er von all dem gehört. Er zog nur eine Grimasse, während er sie stützte, als sie auf der Türschwelle nach vorne stolperte und eintreten wollte. Es stellte sich heraus, dass er anscheinend schon wieder belogen wurde. Sie hatte ja so laut geplappert, aber als er nun den Tatort besah, war nur ein fremder Mann im Anzug im stillen Haus, der am Rande der Diele saß und unbekümmert rauchte. Es gab weiter nur noch ein Mäuschen, das zwischen den Sojasoßenkrügen hierhin und dorthin sprang und an irgendetwas nagte, und nicht ein einziger Schuh stand chaotisch. Er war sprachlos.

„Wo ist wer getötet worden?"

„Wie ärgerlich! Die Subjekte hintergehen mich wieder! Bis eben hatten sie sich geschlagen, bedrängt und gebissen."

Die Alte klagte und schlug sich mit der Faust an ihre Brust. Denn diese Mieter hatten schon gemerkt, was die Vermieterin vorhatte, und sie waren schön brav auseinandergegangen und hatten sich ganz anständig in ihre Zimmer zurückgezogen. Akiko summte in ihrem Zimmer bei geschlossener Zimmertür, und die Gelbe Melone, die sich stockschlagend ausgetobt hatte, seufzte wie eh und je an seinem Leiden, als wäre er vorhin gar nicht dabei gewesen. Die Vermieterin erkannte nun, dass sie auch diesmal vom Polizisten einfach nur gerügt werden würde, und knurrte.

„Ach, wie ärgerlich!"

Dabei schlug sie sich aus Verdruss mit der Faust auf die eigene Brust und wandte sich an den Neffen:

„Du! Was ist weiter passiert, dass du jetzt hier alleine sitzt?"

„Wie sollte es weitergegangen sein?"

Der Neffe riss die Augen nach oben und antwortete unfreundlich. Er hegte doch sichtlich Groll gegen seine Tante, die einen Polizisten herbeigeschafft hatte.

Es sah so aus, dass er fürchterlich in den sauren Apfel gebissen hatte.

„Das fehlt mir gerade noch, dass auch du gegen mich bist!"

„Was gibt's da ärgerlich zu sein, du Dummkopf!"

Der Polizist fauchte sie an und machte Anstalten umzukehren.

„Gnädiger Herr! Schauen Sie sich das mal da an. Aus dieser zertrümmerten Tür und aus dem zerschlagenen Geschirr können Sie doch ersehen, was hier geschah, oder?"

„Welcher Neffe ist denn nun gestorben?"

„Dieser da, er ist von meinen Mietern aus heiterem Himmel angefallen worden, dennoch bleibt er so ruhig, weil er einfach ein Idiot ist!"

„Wenn er so doof ist, kann er dann nach dem Tod weiterleben?", sagte der Wachtmeister, und als er die Diele inspizierte, indem er seinen Kopf nach vorn streckte, befanden sich dort in der Tat zerschlagenes Geschirr und eine zertrümmerte Zimmertür. Ihm war bewusst, dass die hinterlistige alte Frau übertrieben hatte, aber er konnte angesichts seiner Verantwortung doch nicht einfach so seinen Einsatz beenden.

Er hielt die Alte für jemanden, der gerne großes Trara in einem negativen Sinne macht und sagte:

„Na, wer hat denn das angerichtet?"

„Die da, die Akiko hat das verschuldet!"

„Akiko! Du kommst mit mir auf die Wache."

„Ja, gut!"

Weil Akiko das schon mehrmals durchgemacht hatte, war sie ganz gut daran gewöhnt. Sie zog sich das Oberteil um und kam mit einem lächelnden Gesicht in den Vorhof hinunter. Aber als sie dem Polizisten folgend durch die Großtür ging, blickte sie die Großschlange von der Seite her scharf an.

Der Polizist ging mit Akiko locker und langsam in eine Gasse. Sie überquerten nun die Bretterbrücke, hinter der jener Hof des Sajik-Parks lag, im schönsten Sonnenlicht, und die Wiesengräser standen grünlich empor, als wolle sich der Frühling von seiner besten Seite zeigen. Von oben hörte man, dass jemand die Wäsche mit einem Waschknüppel schlug, und in einer anderen Ecke tobten sich Leute lärmend beim Fußballspielen aus. Ein Auto gab ein böswilliges Hupen von sich. Eine Frau in einem hellrosafarbigen Trachtenoberteil und einem blauen Rock begab sich stolz mit einem Bogen in der Hand anscheinend zu einem Bogenschießplatz in diesem Park. Und ein Kerl, so lang wie eine Latte, nahm eine Geldbörse heraus.

„Warum machst du immer Scherereien?"

Der Polizist wandte sich an Akiko und warf ihr lächelnd einen Seitenblick zu. Er begriff nicht, warum die Alte stets Akiko auf dem Kieker hatte. Eine alte Frau könnte eine junge Frau wie Akiko normalerweise ein wenig liebhaben, dachte der Wachtmeister. Dass sie so sehr gegen sie war, könnte vielleicht daran liegen, dass Akiko ihr zu wenig schmeichelnd begegnete, mit einem kleinen Geschenk zum Beispiel. Ansonsten konnte man nicht verstehen, weshalb sie ausgerechnet über Akiko schlecht redete und alle anderen Mieter beiseite ließ.

Dann sagte Akiko:

„Scherereien, ich?"

„Du hast die Hausherrin doch angefallen und sogar einen Menschen umgebracht, habe ich gehört, nicht wahr? Und es gab auch beim letzten Mal das Gerücht, dass du in einem Café einen Kunden geschlagen hast, oder etwa nicht?"

So ließ er die Sache auf sich beruhen. Ein Lächeln huschte über sein Gesicht, während er die Augenbrauen hochzog. Er konnte nichts anderes machen als aufzugeben, im festen Glauben, dass sie zwar ein gescheites Gesicht hatte, aber unbelehrbar war.

„Nicht, dass ich wüsste!"

Akiko spuckte verächtlich auf den Boden und antwortete völlig unbekümmert. Und als sie ungefähr das Tor des Sajik-Parks erreichten, sagte sie:

„Wir sehen uns dann."

Eigenwillig verabschiedete sie sich von ihm und ging zum Berg. Während sie am Bogenschießplatz abbog, drehte sie sich aus Neugier noch einmal um und schaute nach hinten. Der Polizist war verblüfft, gähnte müde und hielt die Faust vor seinen langgezogenen Mund. Die Leute auf der anderen Seite tollten und spielten fröhlich mit einem Ball. Akiko dachte, dass auch sie Fußball spielen würde, wenn sie als Mann geboren worden wäre. Dann ging sie um den Berg einmal herum und entschloss sich, diesmal im Hinterhof beim Soßenlager ihren Nachttopf auszuschütten. Für die Großschlange gab es nichts Unerträglicheres als Urin in der Umgebung des Lagers jener Krüge.

„Blödes Weib! Du wirst es diesmal sehen. Ich werde bei deinem Lager pinkeln!"

Das beschloss Akiko ganz fest und vergewisserte sich mehrmals ihres Entschlusses.

Aus: *Jokwang*, 2. 1937

DIE GLÜHENDE SONNE

Der stattliche und muskulöse Doksun zog mit der rechten Hand an seinem linken Ärmel, strich sich damit die Schweißtropfen vom Nasenrücken ab und hielt unvermittelt an, als er die Tongan-Kreuzung erreichte. Sein Gesicht war stark gerötet, weil er in praller Sonne lief, und er schaute nun in alle vier Richtungen umher. Weil die Sonne an diesem mittsommerlichen Tag gnadenlos glühte, liefen die Leute auf der Straße im Schatten der Vordächer. Der Erdboden glänzte vor Hitze, und der heiße Staub wehte stickig, wenn ein Auto vorüberfuhr. Als Doksun zu dem Schluss kam, dass es trotz intensiver Ausschau nach einer Person mit Gemütsruhe im Gesicht niemanden gab, den er nach dem Weg hätte fragen können, strich er sich erneut den Schweiß ab. Und dann blieb er verdrossen stehen. Da kam ein Straßenkind vorbei, und er winkte höflich.

„Du, wie kann man zur Universitätsklinik kommen?"

„Gehen Sie bitte hier geradeaus."

Doksun schlug also den Weg nach Norden ein, den der kleine Bettler ihm mit seinem Kinn gewiesen hatte. Bei jedem Schritt drückte die schwere Kraxe schmerzend auf seine Schulter und die Haut seines Hinterns war vom herunterrinnenden Schweiß so weich geworden, dass sie brennend stach. Während er sich schwer beladen die hügelige Straße hinaufschleppte, pustete er vor Ungeduld, schnäuzte sich mit den Daumen geräuschvoll die Nase und klebte den Rotz einfach an die mittlere Stelle der hölzernen Stromstange. Er fühlte sich tief bedrückt. Er hätte am liebsten gleich die Kraxe hingeworfen und sich in den grünen Schatten hingelegt, aber weil er das nicht tun konnte, wurde er gereizt. Gern hätte er die Stirn gerunzelt und losgepoltert ‚Verdammt! Wieso ist das denn so schwer!', aber er verkniff sich dies aus Rücksicht auf seine Frau, die auf seiner Kraxe saß und in Verlegenheit hätte geraten können. Er litt also nur innerlich vor sich hin und sagte knapp:

„Ach, es ist so heiß!", beklagte sich und konnte schließlich doch nicht mehr weiter gehen.

Doksun legte die Kraxe unter die Weide an der Straße und trocknete sich den Schweiß, indem er mit den zwei Händen die Ärmel der Tracht wedelte. Die Straße, auf der es keinen Windhauch gab, brannte, und der darauf liegende Sand glühte vor Hitze. Er schaute kurz zum Himmel, musste darauf verzichten, Regen „auszukosten", aber als er so dastand und mit dem trockenen Mund schmatzte, fuhr plötzlich ein Wassertankwagen läutend vorbei und sprühte Wasser auf seine Füße, so dass er plötzlich völlig zu sich kam, als wäre er wieder zum Leben erwacht. Er steckte die Hand in die Tasche seines Oberteils, um ein Mundstück herauszunehmen und sich eine Zigarette anzuzünden, aber er musste ärgerlich das Etui wieder in der Tasche verstauen, weil ihm bewusst wurde, dass da schon seit gestern keine einzige Zigarette mehr drin war.

„Tut dir dein Hintern nicht weh, da oben auf der harten Kraxe?"

Docksun fragte das, sich nun an sie wendend. „Es geht!"

Sie antwortete mit tränenden Augen in einem fast vom Sterben gezeichneten Gesicht, welches sein Mitleid erregte. Ihr Gesicht, das in den letzten zwei Monaten keine Sonne mehr gesehen hatte, war gelblich und verwelkt, und da sie bloß nickend auf der Kraxe sitzen blieb, schien es, als ob sie bald dahinscheiden würde.

Docksun warf seiner Frau einen scharfen Blick zu und sagte dann:

„Ach, warum weinst du denn?", rollte die Augen und hörte seine Frau klagen:

„In der Klinik wird man mir sagen, dass ich vielleicht operiert werden soll."

„Ach was. Sie schlitzen nicht jedem gleich den Bauch auf, oder? Untersuchen wollen sie dich!"

So versuchte er, so gut er konnte, sie zu beruhigen. Aber Doksun dachte, man sollte sich vor allem gut ernähren, um zu überleben, mal ganz abgesehen davon, ob man ihr den Bauch nun aufschneidet oder nicht.

„Hast du nicht gehört, was Giyongs Großvater gesagt hat?"

„Ist es denn wahr, dass man in der Klinik die Patienten nicht nur monatlich bezahlt, sondern auch heilt?"

„Ja, natürlich. Der alte Mann kann uns doch nicht belügen, oder? Hast du etwa nicht gehört, dass zurzeit der japanische Doktor Ito oder so ähnlich ein vierzehnjähriges Chosonkind aufgenommen habe, das größer als ein Erwachsener sei und eine merkwürdige Krankheit habe? Um die Krankheit zu untersuchen, gebe man ihm 10 Won pro Monat, und nicht nur das, es werde voll versorgt, indem man es ernährt und kleidet."

„Und dann muss ich auch auf Dauer in der Klinik bleiben, oder?"

„Das werden wir ja dann erfahren, wenn wir da sind."

Obwohl er ihr gegenüber Zuversicht ausstrahlte, zweifelte er doch an dem Wort von Giyongs Großvater. Für Doksun, der vor kurzem aus dem Dorf hierher kam, war es keine Angelegenheit, mit der er sich auskannte, weil sie sich in Seoul abspielte, so dass er zunächst einen Ausweis für einen kostenlosen Arztbesuch besorgen musste. Davon mal abgesehen, war es ja so, je merkwürdiger die Krankheit war oder je schwieriger sie zu heilen war, desto höher sollte das monatliche Gehalt sein, das ein Patient beziehen konnte. Er war innerlich so neugierig darauf zu erfahren, wie „teuer" denn nun die unbekannte Krankheit seiner Frau sei. Doksun träumte nun also davon, wenn ein Kind schon 10 Won wert sei, dann müsste es dafür doch vielleicht 15 Won geben, und in diesem Fall wäre es gut, weil sie geheilt und gut ernährt würde, und ihrem Leben könnte ein neues Los beschieden sein. Dann wurde er auf ein Kind aufmerksam, das von ihm ein wenig entfernt Melonen, die es ausgelegt hatte, verkaufte.

„Meine Damen und Herren! Probieren Sie mal diese Melonen."

Die Melonen waren länglich und frisch, und an einem heißen Sommertag wie heute war das geschälte Fruchtfleisch nur allzu verlockend. Doksun erwägte erstarrt, eine Melone auszusuchen, dann fiel ihm schnell ein, dass in seinem Geldbeutel nur vier Zon steckten, und er nahm seinen Blick im nächsten Moment selbst zurück, und zwar mit dem Gedanken, das gehe doch nicht. Wenn er auf diese vier Zon noch einen Zon drauflegte, könnte er sich einen Beutel Hyyon-Tabak kaufen, und gerade diese vier Zon könne er doch nicht für eine Melone dahinschmelzen lassen, dachte er.

„Schatz, halt die Kraxe gut fest!"

Er setzte sich die Kraxe wieder auf den Rücken auf, dachte an die 15 Won und schritt wieder los, mit einer überwältigenden Hoffnung.

Doksun wartete auf Anweisung einer Krankenschwester vor der Tür der gynäkologischen Abteilung darauf, an die Reihe zu kommen.

Seine Frau, die ermattet auf einem Stuhl so dasaß, wie ihr Mann sie von seinem Rücken abgesetzt hatte, atmete schwer. Sie hielt sich mit einer Hand den maßlos geschwollenen Unterbauch, indem sie ihren Rock zusammendrückte, und keuchte und schwenkte bei jeder Atmung den abgemagerten und kraftlosen Hals. Vor allem war es für sie ein grauenhafter Anblick, wie andere Patienten in dem Operationssaal auf Bahren getragen wurden und geronnenes Blut und Eiter in beschmierten Eimern zu sehen war. All dies war Anlass genug, mit den Zähnen zu klappern.

„Du brauchst keine Angst zu haben. Kranke Menschen kommen vor allem in ein Krankenhaus, um geheilt wieder nach Hause zu gehen!“

Zwar redete er so zu ihr, um sie zu trösten, aber er war doch nicht weniger nervös als seine Frau. Ihn plagte die Wissbegierde über dieses und jenes und er fragte sich, was für eine Krankheit sie denn nun habe, ob sie das Monatsgehalt überhaupt kriegen würde, weil sie doch an einer außergewöhnlichen Krankheit leide, und ob sie denn überhaupt völlig kuriert werden könne.

Während er über dieses und jenes nachgrübelte und den Oberkörper seiner Frau stützte, wurde sein Blick zufällig auf einen Zigarettenstummel gelenkt, die neben einem Spucknapf lag. Er schaute kurz umher, ging schnurstracks auf ihn zu, las ihn schnell auf und wartete – sie am langen Mudstück anzündend – weiter darauf dranzukommen, aber der Name seiner Frau wurde und wurde nicht ausgerufen.

So mussten sich die beiden zwei Stunden lang die Zeit totschlagen. Endlich kam die Krankenschwester aus dem Sprechzimmer heraus und rief den Namen von Doksuns Frau auf.

„Ja! Hier ist sie!“

Doksun nahm seine Frau hastig auf den Rücken und ging in das Behandlungszimmer hinein.

Als zwei Krankenschwestern auf seine Frau stürzten, ihr die Kleider auszogen und sie betasteten, zitterte sie, ganz klein geworden wie ein erschrockener Hase. Nicht nur der stechende Geruch nach Chemie machte ihm Gänsehaut, sondern auch die an einer Seite liegende Maschine, die glitzerte, beängstigte ihn sehr, mehr noch als der Geruch. Weil seine Frau in einer Art Angststarre verharrte, ging es auch Doksun nicht anders, verlegen hielt er ihren Arm ganz fest und spielte seine Angst mit groß aufgerissenen Augen herunter.

„Was gibt‘s denn zu fürchten?“

Aber es erregte auch in ihm Furcht, als bei der Untersuchung ein Gerät mit einer Glasplatte klirrte und es ihm deshalb kalt über den Rücken lief.

„Seit wann haben Sie denn Bauchschmerzen?“, dolmetschte die Krankenschwester das Wort des dicken Arztes.

„Ich weiß nicht so genau, aber...“

Doksun antwortete zögerlich, indem er sich den Kopf kratzte, und fuhr fort, vielleicht sei es seit dem letzten Winter, dass der Bauch so groß wie jetzt geworden sei, er habe anfangs daran gedacht, ob da vielleicht ein Kind drin sein könnte, aber es war doch nicht so, und wenn es so gewesen wäre, wäre es nach zehn Monaten geboren worden.

„Wo gibt es denn so ein Kind, das dreizehn Monate lang drinbleibt?"

Dann bereute er sogleich, ein „Hoppla" von sich gebend, dass er von einem Kind oder sonst was unnötig geplappert hatte und fügte ein paar Worte hinzu, bevor der Arzt den Mund aufmachte.

„Keiner weiß, was für eine Krankheit das ist. Alle sagten, sie sehen so etwas zum ersten Mal in ihrem Leben."

Doksun vergegenwärtigte sich noch einmal, dass das weitere Schicksal der beiden von diesem Moment abhing, schaute eifrig auf den Mund des Arztes. Aber der Arzt mit einer Brille mit goldener Fassung machte nicht so leicht den Mund auf. Er tastete sie mehrmals ab, horchte eine Weile lang auf ihre Atmung, dann ging er auf die andere Seite und vermittelte den Eindruck, dies sei keine besondere Sache. Dann wusch er sich die Hände in einem Waschbecken und sagte zur Krankenschwester:

„In dem Bauch ist ein Kind. Es ist gestorben, weil ihr Muttermund zu klein war, als es herauskommen wollte. Wenn man es in ihrem Bauch lässt, wird sie nicht länger als eine Woche überleben, also muss sie gleich morgen operiert werden. Aber weil ein erfolgreicher Ausgang der Operation nicht garantiert werden kann, sollte sie eine Erklärung unterschreiben. Sie werde im Falle von Komplikationen keinen Einwand erheben."

So schoss die junge Krankenschwester, ohne zu zögern, los und fuhr weiter fort:

„Wie wollen Sie es machen?"

„Wie sollen wir es denn machen..."

Doksun kratzte sich mit einem verdutzten Gesichtsausdruck wieder nur an seinem Hinterkopf. Er dachte, dass er zwar nicht jedes Wort der Krankenschwester begriffen hat, fürchtete aber, dass seine Frau das ganze ungefähr mitbekommen haben könnte, zumindest die Tatsache, dass ihr Leben höchst gefährdet und sie nur schwanger sei, so dass ihre Krankheit kaum als Untersuchungsobjekt zu taugen schien, was nur zu einer Enttäuschung führen konnte. Aber wenn es schon ein Flopp war, dann –.

„Wir haben nichts zu essen..."

„Sie brauchen sich keine Sorgen zu machen, weil sie hier untergebracht und ernährt wird."

„Eine Frage, so...", erkundigte sich Doksun zaudernd mit einem verlegenen Gesicht:

„Kriegen wir etwa kein Monatsgehalt oder so etwas Ähnliches?"
„Was für ein Monatsgehalt meinen Sie?"
„Na ja, die Patienten bekommen hier ein Monatsgehalt, wenn sie geheilt werden, habe ich gehört."
„Warum sollten wir Ihnen auch noch ein Gehalt zahlen, wenn wir Ihre Krankheit kurieren?"
Nach solch anfauchendem Ton der Krankenschwester errötete Doksun schließlich doch. Es war ihm nun klar geworden, dass sein Plan, ein neues Los zu ziehen, völlig danebengegangen war. Sein verhungerter Bauch knickte ein, nun konnte er nichts anderes machen als sich mit seiner dicken Hand den kalten Schweiß abzustreichen. Aber weil das Leben seiner Frau sowieso gerettet werden sollte, verbeugte er sich höflich und sagte:
„Dann bringe ich meine Frau morgen wieder hierher, bitte retten Sie meine Frau."
So versuchte er, sich für das Leben seiner Frau einzusetzen und dem Personal des Krankenhauses entgegenzukommen, aber dann erhob sich seine Frau plötzlich, die bisher entgeistert starr dalag, und schrie mit heftiger Stimme:
„Ich lasse mir meinen Bauch auf keinen Fall aufschneiden, ich würde lieber sterben!"
Ihr Gesicht wurde ganz blass, was auch ihn erstarren ließ. Wenn er sie nun ohnehin nicht retten könne, dann wollte er sie wenigstens so sterben lassen, wie sie es mochte, das war er ihr als Ehemann vielleicht doch schuldig. Weil der Anblick seiner Frau ihn so überraschte, sagte die Krankenschwester:
„Es ist ja doch wohl besser zu operieren als zu sterben!"
Dann schleppte Doksun seine Frau auf dem Rücken hinaus, indem er den Blicken der Krankenschwester, die sich ein höhnisches Lächeln nicht verkneifen konnte, und des Arztes auswich. Als er aber seine Frau wieder auf die Kraxe aufsetzte und sich aufrichten wollte, fragte er sich verwundert, ob sie denn nun doppelt so viel wiege wie auf dem Hinweg. Doksun stieg den Weg, den er vorhin mit großer Hoffnung hinaufgestiegen war, entkräfteten Schrittes wieder hinab. Er konnte seine Frau zwar nicht sehen, aber er führte sich vor Augen, wie sie auf der Kraxe schluchzte. Der belesene Arzt hat ja mehr Ahnung als das ungebildete Ehepaar, also konnte Doksun gar nichts dagegen unternehmen, wenn der Arzt sagte, sie könne nicht länger als eine Woche mehr leben. Ihm blieb nur noch, sie zu Hause auf dem nicht einladenden kalten Zimmerboden wieder hinzulegen und

darauf zu warten, dass sie sterbe.

Doksun dachte, während er sich ständig den über die Augen fließenden Schweiß mit der Faust abwischen musste, darüber nach, wie es nun weitergehen solle, wie düster es nun werden würde. Obwohl er mit großer Erwartung nach Seoul gekommen war, verdiente er nicht gut und war jetzt in der unangenehmen Lage, auch noch seine Frau zu verlieren.

„Verdammte Scheiße! Was für ein Schicksal habe ich verdient!"

So seufzte er, verkniff sich jedoch weitere Klagen, die aus seinem Rachen hervorkommen wollten.

Am Mittag wurde die Hitze angsterregend.

Doksun konnte nicht länger den Schmerz auf der Haut seines Rückens ertragen, es fühlte sich an wie ein Geschwür. Daher legte er die Kraxe in dem Baumschatten ab, wo er auch auf dem Hinweg eine Pause eingelegt hatte. Während sein Schweiß trocknete, schaute er leise seine Frau an, bereute, dass er sie in der vergangenen Zeit nur abplagen ließ, ohne sie richtig zu ernähren. Wenn er das vorher gewusst hätte, hätte er vielleicht ein Huhn aus dem Nachbarhaus geklaut und ihr zu essen gebracht.

„Weine doch nicht, was wissen schon die Subjekte im Krankenhaus? Die haben doch keine Ahnung!", ließ er seine Frau wissen und fuhr fort:

„Willst du eine Melone probieren?"

„Keine Melone!"

Seine Frau zeigte offenbar durstig mit der Hand auf das Eiswasser, das jemand auf der anderen Straßenseite im Schatten verkaufte. Ihr Ehemann kaufte das Wasser mit dem Geld, mit dem er Zigaretten kaufen wollte, hätte er was dazugelegt. Er hielt es ihr an den Mund und sie trank es dankend in einem Zug. Danach fragte er sie, ob sie noch mehr möchte, aber sie verlangte nach japanischem Reiskuchen. Doksun dachte, das könnte ihr letzter Wunsch sein, so dass er von dem restlichen Geld drei japanische Kuchen kaufte, sie ihr gab und sie dabei anstarrte, wie sie langsam, aber fest kaute, ohne ihre Tränen bis dahin abgewischt zu haben. Dann schluchzte seine Frau mit dem Kuchen im Mund. Man wusste nicht, was sie sich dachte, und dann hob sie an:

„Vergiss bitte nicht, der älteren Cousine die zwei Kannen Reis, die ich entliehen habe, zurückzugeben."

Und es leuchtete ihm ein, dass das sicherlich ihr Testament sein sollte.

„Darüber brauchst du dir doch keine Sorgen zu machen!“

„Und Liebling, deine Kleider kannst du Yongguns Mutter zum Waschen bringen, wenn du ihr deine Lage verständlich machst.“

So sprach sie und begann dann wieder zu schluchzen, während sie den Mund verzog.

Doksun fand dieses Testament sehr betrüblich, in seine Augen schossen Tränen. Er stand wieder auf, nahm die Kraxe auf seinen Rücken. Es sei seine Pflicht als ihr Ehemann, sie schnell wieder nach Hause zu bringen und ihr wenigstens eine Schüssel Reissuppe anzubieten, wenn er die auch leihen musste.

Es war eine glühende Sonne, die sogar die Hörner eines Ochsen schmelzen ließ.

Als Doksun mühselig und keuchend hinabstieg, sich den Schweiß, der wie ein Regenguss über sein Gesicht lief, mit den Händen abwechselnd abwischte, versuchte sie auf der Kraxe noch mehrmals, ihren letzten Willen der Reihe nach zu verfassen und weinte dabei.

Aus: *Yosong*, 2. 1937

DAS KIND

Kinder genießen das Privileg, aufs Geratewohl liebenswürdig behandelt zu werden, sobald sie in den Schoß der Welt fallen. Sie haben auch von Geburt an die Begabung, mit lautem Gekreische zu heulen und ihren Versorgern auf diese Weise Befehle zu erteilen. So schütten sie uns zuschreiend Träne um Träne aus. Trotzdem beklagt man sich nicht darüber, dass die Kinder ohrenbetäubend seien. Man führt lediglich die Anweisungen des Kindes aus und genießt zugleich seine Pflicht und das köstliche Glücksgefühl, es in die Arme zu nehmen und zu hätscheln:

„Oh, mein Mäuschen, weine doch nicht."

Aber das Kind, von dem hier die Rede sein soll, hatte ein anderes Schicksal zu ertragen. Es war nämlich ein Kind, das von der Mutter ungefähr zwei Monate nach ihrer Vermählung wie ein Ausgestoßenes in die Welt geworfen wurde.

Das Kind war aber unheimlich starrköpfig. Trotz seiner Lage bestand es kreischend darauf, seine Rechte geltend zu machen. Die Erwachsenen aber schnitten lediglich Grimassen und wendeten sich von ihm ab. Auch das Weinen kennt eine Grenze. Nach einer Weile raubte es dem Kind alle Kräfte und seine Stimme wurde heiser. Es hielt seine zwei so kleinen Fäustchen wie Esskastanienstückchen eingerollt unter seinen Kiefer und schlug stets mit den Beinen in die Luft. Dabei gab es quietschende Geräusche von sich, als sei eine Maus in die Falle getappt.

Jedesmal, wenn seine Großmutter an ihm vorbeiging, ärgerte sie sich und fauchte es schnalzend an.

Und nicht nur das: Wurde sie von seiner Mutter nicht gesehen, beäugte die Oma es oftmals feindselig.

Der Großvater war hingegen falsch wie die Nacht.

„Du da, still ihn doch mal. Darf man das Kind einfach heulen lassen?"

So sprach er zu seiner Schwiegertochter, nach außen hin mit einem freundlichen Gesichtsausdruck. Aber wenn er sich in der Nacht an die Seite seiner Frau legte, flüsterte er ihr unter der Decke schlechte Dinge über das Kind zu.

„Liebling, es ist mir unerträglich, dass es ständig heult!"

„Mir geht es so, als würde mein Trommelfell platzen. Wie soll das nur weitergehen!"

„Sollen wir es aussetzen? Was tut man denn mit einem Bastard?"

Ab und an schmiedeten sie derart heimtückische Pläne.

Die Mutter des Kindes hatte keine Ahnung davon. Hätte sie davon erfahren, hätte sie sogleich gegen ihre Schwiegermutter protestieren können.

„Ist mein Kind etwa kein Mensch? Das ist ja lachhaft, wo gibt's denn so was!"

Weil die Mutter des Kindes jedoch ahnungslos war, nähte sie gelassen neben ihrem Kind die Kleider. Und dennoch trog der Schein, dass sie das Kind lieb hatte. Ein Kind ist nur lieb, wenn man bei der Geburt `komm raus, komm raus´ aufsagt. Ein zur Welt kommendes Kind ist nicht lieb, wenn es im Augenblick der Geburt mit `komm nicht raus, bitte stirb´ begrüßt wird. Das Kind war für die Mutter grundlos zum Feind geworden. Jedesmal, wenn das Kind kreischte, erhitzte sich ihr Gesicht rasch. Manchmal schrie sie ihr Kind an:

„Stirb schnell, ich finde es widerlich!"

Damit ließ sie den Ärger, raus der sich gegen ihre Schwiegermutter richtete. Es gab nur eine einzige Person, die das Kind wirklich liebte, und zwar der Großvater mütterlicherseits. Wenn er ab und zu seine Tochter besuchte, liebkoste und hätschelte er den Hintern des Kleinen, an dem reichlich grüner Kot klebte, und hielt ihn hoch. In solchen Momenten lachte das Kind fröhlich und gluckste vor Freude.

Dieser Großvater mütterlicherseits war aber eine merkwürdige Person.

Er dachte gar nicht daran, seine Tochter vermählen zu lassen, obwohl sie schon in heiratsfähigem Alter war. Selbst als ihr die Busen emporstanden und sogar die Pickel auf dem Gesicht platzten, unternahm er nichts in Hinblick auf eine Heirat. Seine inneren Gedanken kreisten um folgendes: Was für ein Blödsinn wäre es, eine Tochter, die man zur Welt gebracht hat, irgendeinem Bräutigam für nichts hinterherzuwerfen. Es stand ihm zu, auch ein wenig Nutzen aus seiner Tochter zu ziehen nach all den Mühen, die die Aufzucht gekostet hatte. Käme nur der richtige, nämlich ein reicher Kerl, in seine Falle, dachte er sich, dann schnappe er zu und verschlinge ihn. Aber was hat schon ein Reicher bei ihm verloren? Es konnte als Prinzip gelten, dass Reiche hinterlistig und beharrlich danach trachteten, einen noch reicheren Menschen als sich selbst zu angeln, so dass dem Großvater kein Glück beschieden war. Das einzige, was sich sprunghaft vermehrte, war das Alter seiner Tochter. Plötzlich musste der Vater überrascht feststellen, dass er bis dahin gar nicht bemerkt hatte, dass der Bauch seiner Tochter jäh emporragte. Es war ja die natürlichste Sache der Welt, dass eine volljährige Frau schwanger wurde; aber er konnte die Sache nicht einfach auf sich beruhen lassen. Schließlich war es die größte Schande auf der Welt, wenn eine angebliche Jungfrau plötzlich ein Kind zur Welt brachte. Was war also Fürchterliches passiert, was kann man zu tun?

Ihr Vater rief sie zu sich, als es bereits tiefe Nacht war.

„Hast du auch zurzeit deine Tage?"

„Ja."

Seine Tochter antwortete ihm mit einem arglosen Gesichtsausdruck und senkte den Kopf tief. Aber auch für ihn war es eine Sache, die ihn verlegen machte. Also beließ er die Angelegenheit so, wie sie war.

Mit der Zeit wuchs der Bauch jedoch immer weiter und wölbte sich vor. Er nahm immer mehr die Gestalt eines runden Tonkrugs an. Es gab nun keinen Grund mehr, etwas anzuzweifeln. Abrupt nahm er eine Rute und prügelte seine Tochter so richtig durch. Erst dann verriet sie erzwungenermaßen, ein Kerl aus der örtlichen Stromfirma habe ihr diesen Anblick beschert. Ihr Körper war eigentlich dergestalt, dass man mit ihm locker zehn- oder zwanzigtausend Won hätte verdienen können, wenn man die Sache gut angegangen wäre; aber wie hatte sie ihr Glück so vermasseln können, ausgerechnet mit einem wertlosen Kerl aus der Stromfirma! Ihr Vater fühlte sich, als ob aus seinen Augen blutige Tränen herausflössen. Sogleich beauftragte er seinen Sohn, den Kerl zu schnappen und herbeizuschaffen. Er zog ihm seine Haare lang und schlug ihm mit einem Knüppel den Hintern windelweich. Dann nahm er ein Küchenmesser in die Hand und machte ihm die Hölle heiß, indem er tobte und androhte, mit ihm gemeinsam zu sterben. Aber es genügte dem Vater nicht, den Kerl zu töten, der ihm die Lebensgrundlage abgeschnitten hatte, die so wichtig war wie eine Ahnentafel. Der Kerl hatte offenbar schlimm gelitten, daher verlor sich nach seiner Flucht jegliche Spur von ihm. Nur seine Mutter kam noch öfter zum Vater, keifte eine Weile lang, er solle ihren Sohn wieder auffinden, und dann kehrte sie wieder zurück.

Aber der zukünftige Großvater geriet immer mehr in Verlegenheit. Es wäre für ihn besser gewesen, wenn er den Kerl in Ruhe gelassen hätte, dann hätte er ihn jetzt wenigstens zu seinem Schwiegersohn machen können! Was sollte man denn nun mit diesem Kind machen? Die Arznei für eine Abtreibung zeigte keine Wirkung, selbst bei hoher Dosierung nicht. Es gab nun keinen anderen Weg mehr, als irgendeinen Kerl auszusuchen, dem er seine Tochter übergeben könnte.

So begann der Vater damit, Mundpropaganda zu machen. Mit ihm gehe es zur Neige, und weil seine Hände so untätig seien, fühle er sich so einsam. So suche er nach einem Schwiegersohn, der nur einen robusten Körper haben solle, alles andere sei nicht so wichtig.

Einer derjenigen, die das sehr überraschend fanden, war Pilsu. Er schaute während des Abendessens ganz entgeistert, vielleicht weil er sich zu sehr darauf gefreut hatte.

Er war schon einmal verheiratet gewesen, aber seine Frau hatte sich nach vier Jahren aus dem Staub gemacht. Offensichtlich lohnte es sich für sie nicht, weiterhin mit so einem bitterarmen Mann zusammenzuleben. Seitdem hatte er ohne Frau fünf Jahre lang ganz allein gelebt. Er war in jener Zeit schon weit über dreißig Jahre alt und mittellos. Daher war es für ihn so schwer, erneut eine Frau zu ergattern, so schwer, wie einen Stern vom Himmel zu holen. In dieser Lage erschien das heiratswillige und jungfräuliche Mädchen nun als ein unglaublicher Glücksfall, zumal es auch noch 50 Scheffel Ackerland als Brautgabe geben sollte.

„Vater, ist es wahr?"

„Aber ja, das ist doch kein blödes Gerede!", sagte dieser, an der langen Pfeife emsig saugend und über etwas sinnierend.

Die Mutter von Pilsu, die neben ihm saß, fügte folgendes hinzu:

„Tu nur, was ich dir sage, und rede kein unnötiges Zeug. Das ist ein gutes Zeichen, dass in unserer Familie etwas laufen wird!"

„Sie wollen uns einmal sehen. Aber sie wollen es nur auf den Bräutigam ankommen lassen, ohne Rücksicht auf den sozialen Status der Familie und die Sitten und Gebräuche des Clans", sagte der Vater und schloss die Augen beruhigt zu. Allem Anschein nach war lediglich das Alter seines Sohns ein Makel. Nach der Vorstellung seines Sohnes täte es diesem sicher sehr weh, wenn er schließlich von ihr dennoch abgelehnt würde.

So wies ihn sein Vater an:

„Wenn du morgen zu ihr hingehst, setz dein Alter ein wenig herab. Die andere Seite hat irgendeine Handelsschule oder so etwas absolviert, so dass sie sehr wählerisch sein könnte."

„Eine Handelsschule?"

Das war eine noch angenehmere Überraschung. Es war, als halte man ihm Honigkuchen unter die Nase.

Pilsu war früher Arbeiter in einer Druckerei. Über zehn Jahre lang war er dort tätig gewesen, und er hatte währenddessen 60 Won als gutes Monatsgehalt bezogen, bevor er wegen schlechter

Konjunktur ausgesiebt wurde. Das lag daran, dass er die beschissene Erzfeindsprache, das Japanische, nicht sprechen konnte. Wenn er also mit solch einer Ehefrau täglich pauken würde, könnte er sie in ungefähr drei bis vier Monaten beherrschen, überlegte er sich. So stieg in ihm die Vorfreude. Aber es gab auch die Tendenz, dass ein Mädchen, das eine Schule besucht hat, lieber einen Studenten heiraten wollte. Eine Frau mit einem Schulabschluss wünschte sich sicherlich keinen ungebildeten Arbeitslosen wie Pilsu.

„Vater, geht das denn, wenn sie einen Schulabschluss hat?"

Dem Sohn trocknete vor Anspannung der Mund aus, und hastig fragte er seinen Vater aus. Obwohl die Nacht schon weit vorangeschritten war, dachte er nicht daran, schlafen zu gehen. Seine Mittellosigkeit, seine fehlende Ausbildung und seine Arbeitslosigkeit machten ihn wirklich traurig. Er war besorgt, als Gehilfe seines Vaters, der als Makler im Trödelhandel tätig war, altern zu müssen.

In dieser Hinsicht war auch sein Vater ratlos. Dieser strich nur seinen weißen Bart, dann antwortete er bereitwillig:

„Ich habe eine Idee."

Ihm fiel folgender Gedanke ein: Sein Cousin väterlicherseits war Arzt. Es gab niemanden unter den Verwandten außer ihm, der im ganzen Clan so verehrt wurde und auf so großem Fuß lebte. Und wer auf der Welt war tonangebender als ein Arzt?

„Du stellst dich morgen als Arzt vor."

Bei Hochzeitsangelegenheiten fehlt es normalerweise nicht an leerem Gerede. Na ja, versuchen darf man es doch, und wenn es klappt, dann ist es gut, und wenn nicht, dann eben nicht.

Am nächsten Tag ging der Vater schon vor dem Frühstück aus dem Haus. Er ging zum Besitzer des Trödelladens, in dem er tätig war, brachte seine Lage verständlich zum Ausdruck und sprach seine Bitte aus. So vereinbarte er mit ihm, drei Dinge für nur einen halben Tag auszuleihen zu dürfen: ein Gewand aus Serge, eine Ledertasche und Arztschuhe. Als der Vater zurück nach Hause kam, war sein Sohn schon herausgeputzt. Auf die Haare hatte er sogar Öl aufgetragen, und das Gesicht war gepudert. So sah er doch ein bisschen jünger aus.

„Du siehst ja prächtig aus, beeil dich, zieh dich schnell an und geh los."

Die Mutter zog ihm das Gewand an, er lächelte sie in unheimlich fröhlicher Stimmung an, denn nicht allein das Mädchen, das er treffen wollte, war für ihn aufregend, sondern auch die Kleider aus Serge, die er das erste Mal in seinem Leben anprobierte.

„Was ist denn das, die Ärmel sind zu lang und schlotterig!", und er machte dabei alberne Arm- und Kopfbewegungen und wendete seinen Körper herum. Er machte das, weil er einerseits froh, aber andererseits auch verlegen war.

„Du, Kerl, es ist für dich doch wirklich höchste Zeit, Vernunft anzunehmen."

Der Sohn war gemessen an seinem Alter noch recht zappelig. Der Vater war besorgt darüber, ob sein Sohn vor seiner Braut unangebrachtes Zeug plappern würde.

„Das ist doch gut, ein vornehmer Mensch zieht sich normalerweise locker gewandet an."

Der Vater begleitete seinen Sohn bis zur Haustür und ließ ihn eigenhändig in eine Rikscha einsteigen. Dem Rikschakuli zahlte der Vater das Fahrgeld von 40 Zon im Voraus, aber er tat das nur ungern. Er selbst verdiente den ganzen Tag mit seinen Vermittlungen höchstens 40 Zon oder weniger. Er war nun sehr besorgt darüber, dass sich diese Investition nicht lohnen könnte. So gab er ihm noch folgendes mit auf den Weg zu den Eltern der Brautkandidatin:

„Sag ihr, du kämest auf dem Weg zum Dienst ins Krankenhaus kurz bei ihr vorbei."

Und dann noch:

„Du, sag ihr, du seist von mir geschickt worden, hierher zu kommen. Ansonsten quatsche bitte nicht viel herum."

Der Sohn, der seine leere Arzttasche an der Seite trug, fuhr arrogant sitzend los.

In der Tat bewahrheiteten sich die Worte des Vaters auf wunderbare Weise. An jenem Abend bekam er eine Nachricht von der Familie des Mädchens. Sie habe so einen hervorragenden Bräutigam bis dahin noch nie gesehen. Die Hochzeit solle also blitzschnell durchgeführt werden, solange der erste Eindruck noch frisch sei. Wie wäre es mit einer Hochzeit bereits morgen?

Für Pilsus Familie kam diese Entscheidung wie gerufen. Der Ablauf der Hochzeit wurde voll und ganz der Familie der Braut überlassen, selbst der Boten, der alle Vorschläge überbrachte, wurde höflich behandelt. Allerdings war die Familie Pilsus auch besorgt. Denn sie hatte eigentlich nur beabsichtigt, der Brautkandidatin lediglich den Bräutigam zu präsentieren, und nicht den armseligen Haushalt von Pilsu. Also ging es darum, alles blitzschnell hinter sich zu bringen, bevor sich die wahren Umstände entpuppten.

Am vierten Tag wurde die Hochzeit eilig in Gang gesetzt. Sie hatten nicht einmal genug, um sich zu ernähren, und wie sollten sie die Hochzeit finanzieren? Nach langen Überlegungen entschlossen sie sich dazu, Geld von Verwandten und Freunden zu entleihen. Sie hatten ungefähr 40 Won auftreiben können, und sie versprachen, es ihnen in anderthalb Monaten zurückzuzahlen. Aber das Geld reichte nicht aus, was sie bemerkten, als sie die Bettwäsche aus künstlicher Seide, die Kleidung und das Essen zubereiteten. Wenn schon eine Hochzeit durchgeführt werden sollte, dann musste sie auch hervorragend sein, damit der Bräutigam nicht dumm dastehe vor der Braut und der Nutzen der Hochzeit auch offenbar werde.

Auch am Hochzeitstag gingen die alten Eltern von Pilsu schon frühmorgens aus dem Haus, um weiteres Geld aufzutreiben. Es war bereits später Herbst, so dass kalter Wind in die Ärmel eindrang. Die Ehefrau sagte zu ihrem Mann, während sie sich vor Kälte schüttelte:

„Was willst du machen, wenn wir das aufgetriebene Geld hinterher nicht zurückzahlen können?"

Sie war sehr besorgt. Aber ihr Gemahl blieb gelassen. In gemächlichem Tempo sagte er, ohne sich ihr zuzuwenden:

„Es sieht so aus, als ob wir es aus einem Loch herausnehmen und damit ein anderes Loch stopfen müssen. Loch bleibt Loch..."

Als Pilsu am Morgen aufgestanden war, ging es im Haus schon geräuschvoll zu. Angesichts des Festes waren alle in ausgelassener Laune. Von den weiten Verwandten bis hin zu den kleinen Mädchen aus der Nachbarschaft hatten sich alle in der Erwartung versammelt, es gäbe etwas Schönes zu kosten.

Pilsu war einerseits froh, andererseits fühlte er sich aber auch ein wenig unzufrieden. Der Hauptgrund für diese Hochzeit waren die 50 Scheffel Ackerboden. Aber wenn Pilsu die Visage seines Schwiegervaters mit seiner altmodischen Haartracht genau betrachtete, bekam er von ihm den Eindruck eines Geizhalses.

Pilsu war ins Zimmer hineingegangen und hatte ihn begrüßt, indem er sich verbeugte.

„Guten Tag. Ich heiße Pilsu Kim."

Dann erzählte er, dass er von seinen Eltern geschickt worden sei.

„Ja, setze dich da hin", erwiderte sein künftiger Schwiegervater und begann von vornherein, ihn zu duzen. Obwohl er eine vornehme Haartracht mit einem Haarknoten trug, war er nicht frei von arroganten Gebärden. Er redete über dies und jenes, dann sagte er:

„So, du musst viel Geld angesammelt haben, wenn du sagst, du arbeitest schon lange als Quacksalber."

„Viel kann man es nicht nennen. Vielleicht so ungefähr zehntausend."

Es schien Pilsu aber keineswegs so zu sein, dass der Vater des Mädchens ein Freund von ihm werden könnte, denn er schaute ihn Auge in Auge an, lachte nur oberflächlich und sagte:

„Na, dann hast du ja viel Geld gespart!"

Und zudem schickte sich der Vater an, Pilsu hinauszuwerfen, ohne ihn zumindest zu einer Portion Nudelsuppe eingeladen zu haben, was gastfreundlichen Manieren entsprochen hätte. Dann sagte er zu Pilsu:

„Du bist sicherlich in der Klinik sehr beschäftigt. Also geh schon."

Pilsu war verblüfft und es überkam ihn Verlegenheit und zugleich Besorgnis. Er fühlte sich irgendwie verlassen, als ob er in eine Tigerhöhle geraten sei. Und vor allem: Danach zu urteilen, wie er aussah, könnte man von ihm kein einziges Paar Socken erwarten, geschweige denn ein Grundstück.

Aber als er dann stolz das Hochzeitsgewand mit dem dazugehörigen Hut und Gurt trug und die Sänfte bestieg, verflogen alle beunruhigenden Gedanken. Nun überwog die brennende Neugier, wie die Braut denn aussehe. Wer wusste schon, vielleicht hatte er Glück und konnte eine glänzende und ganz nette Frau ergattern.

Er stieg vor der mittleren Haustür der Braut vornehm aus. Er vergaß nicht die Bitte seines Vaters, sich anständig und bieder zu benehmen, ohne allzu verplappert zu sein. Er ging aber unangebracht arrogant zum Altar. Vor lauter hochkommender Neugier konnte er sich einen Blick auf die Braut nicht mehr verkneifen. Er blickte sie also flüchtig an, richtete aber sofort wieder den Blick auf die Diele. Sein Traum war sofort zerplatzt. Ihr Gesicht sah so aus, als hätte sich jemand daraufgesetzt und es eingedrückt. Es war mollig, fleischig und viereckig. Sicherlich lag das daran, dass ihr Löffel zu groß war. Und der seitlich gerissene Mund! Und ihr Hintern, der so groß war, dass man mit ihm zwei Säcke Mehl auf einmal zum Kuchenbacken hätte kneten können! Wieso war der nur so breit?

Kurz und gut, sie sah unheimlich hässlich aus. Schon ein einmaliger Blick verdarb ihm den Appetit vollkommen. Das Gesicht der Braut änderte sich während des Schminkens ein wenig. Das ungeschminkte Gesicht könnte vielleicht besser sein.

‚Sei mir gnädig und lass ihr eigentliches Gesicht doch ein wenig schöner sein als es jetzt scheint!' Der Bräutigam begrüßte – sich verbeugend und innerlich betend – seine Braut.

Er wusste selbst nicht, was bei dieser Vermählung vorging. Der festliche Gabentisch für den Bräutigam sollte normalerweise prächtig sein, nicht wahr? Es wurden aber nur drei verschiedenfarbige Obstsorten, Nudeln, Pressfleisch, Kimchi, Sojasoße und andere wertlose Kleinigkeiten serviert, als würde man dem Todestag einer Hausdienerin gedenken. Das war kein freundlicher Empfang, sondern die Bewirtung für einen Hund, was ihn in eine sehr unbehagliche Stimmung versetzte. Wie er die Familie der Braut einschätzte, lebten sie sicherlich in einem Ziegeldachhaus, und wie behandelten sie ihn nun? Vor allen Dingen sollten sie ihn als Arzt doch sein Gesicht wahren lassen, wenn er sich schon als solcher ausgegeben hatte.

Den Abendtisch hatte er gleich wieder zurückgestellt. Er dachte daran, dass bereits das Löffeln, das Probieren dieser oder jener Speise doch eher seinem Ansehen schaden könnte. Auch in der Hochzeitsnacht fühlte er sich bei der Familie der Braut nicht gut aufgehoben. Denn es fand sich kein einziger Kerl und keine einzige Frau, der oder das die Nase ins Zimmer der Hochzeitsnacht hineinsteckte, das war wirklich kein gastfreundlicher Empfang für den Bräutigam.

Er machte jedenfalls eine böse Miene und zog der Braut die Hochzeitskleider aus. Jetzt sollte er sie auf die Schlafmatte tragen. Mit seinen zwei Armen versuchte er, Beine und Taille auf einmal zu heben, aber weil sie so groß und grob war, konnte er das nicht mit einem Ruck machen. So schob er sie in gehockter Haltung und sich am Schoß und an Schulter anlehnend ruckartig bis an die vordere Seite des Zimmers. Aber dann stand sie, ohne sich von ihm, dem Mann, führen zu lassen, abrupt auf. Ohne zu zögern, ging sie mit großen Schritten, stieg aufs Bett, legte sich gerade hin und deckte sich mit einer Decke einfach zu. Das konnte kein jungfräuliches Wesen sein! Er fühlte sich schmerzlich getroffen, aber es war doch kein außergewöhnlicher Vorfall, wenn man erwog, dass es nicht unüblich war, dass Mädchen, die eine Schule besucht haben, oftmals lebhaft und auch vorwitzig sein konnten. So dachte er verständnisvoll und legte sich neben sie in leichter Annäherung hin.

Als er die Hand zu ihr ausstreckte, um sie zu umarmen und an sich zu ziehen, kam seine Hand mit ihrem Bauch in Berührung. Er umfummelte ihn hier und dort und riss die Augen weit auf. Das war aber auf keinen Fall der Ranzen einer Jungfrau. Wie konnte eine Jungfrau solch einen harten, vorgewölbten Bauch haben? Beängstigt dachte er sich, es handle sich wirklich um einen erkrankten Bauch.

„Was ist denn das?“

„Wozu wollen Sie das wissen?“

Die Braut erwiderte das, ohne dabei auch nur mit einer Wimper zu zucken. Sie war nicht nur schamlos, sondern auch noch frech, indem sie ihn einfach so zurückfragte, wozu er das wissen wolle. Na ja, er war immerhin ihr Ehemann, der mit ihr ein Leben lang auskommen musste – der ihr Kleider kaufen würde, der sie ernähren würde, wie konnte sie auf die Frage des wichtigen Ehemanns nach diesem Bauch so antworten, wozu er das wissen wolle? Gott sei Dank hatte er zwei Nasenlöcher, ansonsten wäre er in Ohnmacht gefallen.

„Na, wie kannst du auf die Frage deines Mannes so antworten, wozu ich das wissen will?“

„Das werden Sie im Laufe der Zeit schon erfahren...“

Pah, das Mädchen war ja gewiefter als eine Kisaeng! Aber wenn diese Vermählung eigentlich wegen eines Ackers zustande gekommen sein sollte, dann brauchte er nicht allzu enttäuscht zu sein. Man braucht nicht unbedingt ein unbeflecktes Mädchen zu sein, um zu heiraten. Er ballte seine Hand und sagte ihr, während er an ihren Bauch klopfte:

„Ui, dieser Bauch sieht ja vielversprechend aus!“

So hatte er seine Hochzeitsnacht gesichtswahrend gut hinter sich gebracht.

Ihre Schwiegereltern meckerten kaum über ihren hochschwangeren Zustand. Wenn das Mädchen ein modernes Mädchen ist, war es offenbar keine große Schande, mal von dem einen Kerl schwanger zu werden und mal von einem anderen. Wichtiger sei doch schließlich, dass sie so gescheit sei, den Nachwuchs richtig aufzuziehen, nicht wahr? Natürlich wusste er, dass es anders war. In Wirklichkeit gab es keinen Grund, alle unbefleckten jungen Frauen zur Seite zu schieben und ausgerechnet ein erkranktes Mädel auszuwählen. Als das Mädchen zum Begrüßungsfest der Braut im Haus des Mannes angekommen war, empfingen ihre Schwiegereltern es mit offenen Armen, als würden sie eine königliche Hoheit empfangen. Sie zitterten beinahe vor Ehrfurcht, so dass es schien, als ob sie als Untertanen ihrer künftigen Herrin Loyalität erweisen müssten. Sobald die Schwiegertochter aus der Sänfte ausstieg, stürzte die Schwiegermutter schnurstracks zu ihr und stützte sie höflich beim Aussteigen.

„Das war bestimmt eine qualvolle Fahrt. Tritt schon mal ins Zimmer ein und ruhe dich aus.“

Die Schwiegermutter überließ ihrer Schwiegertochter jegliche

Freiheit. Auch der Schwiegervater lächelte sie an, fügte aber dabei schmeichelhaft seinen inneren Eindruck hinzu:

„Na klar, wenn ihr Körper so fürchterlich aussieht, hat sie doch bestimmt stark gelitten."

Die jungen Frauen aus gutsituierten Familien sind normalerweise so. Und auch diese Schwiegertochter war sehr vorlaut. Obwohl seit der Vermählung nicht einmal drei, vier Tage vergangen waren, stand sie zum Frühstücken oft erst dann auf, wenn die Sonne ihr einen Hieb auf den Hintern gab und sie davon erwachte. Unverblümt hustete sie auch laut und spuckte Schleim.

Die Schwiegermutter stand vor ihr schon früh am Morgen auf und machte das Frühstück. Nachdem sie sich Geld geliehen hatte, bereitete sie die Beilagen zu, um ihrer Schwiegertochter mit Leckereien Appetit zu machen. Sie röstete Meerlattich. Auch eine Fleischbrühe kochte sie. Hin und wieder machte sie auch Reiskuchen, stets in Sorge, ob der Appetit ihrer Schwiegertochter gestillt werden könnte. Früher hatten nicht einfach so Meerlattich und Reiskuchen auf dem Esstisch gestanden, niemals.

Erst wenn die Schwiegermutter den Esstisch in das Zimmer trug, hörte die Schwiegertochter auf, ihre Zigarette zu rauchen, sie drückte sie nun auf dem Zimmerboden aus.

„Erst essen, dann waschen!"

Die Schwiegertochter betrachtete den Esstisch. Dann sagte sie:

„Heute schon wieder Kabeljaubrühe?", und zog stirnrunzelnd die Augenbrauen zusammen. Die Schwiegermutter hatte sich Mühe gegeben, und nun stellte sie den Esstisch schon wieder zurück? Sie war niedergeschlagen. Gestern erst hatte die Schwiegertochter sich Kabeljaubrühe gewünscht, und heute mochte sie etwas anderes, es war für die Schwiegermutter wirklich schwer, den hin und her pendelnden Vorlieben nachzukommen.

„Schaffen Sie das bitte weg und bringen Sie mir ein Glas Wasser."

Die Schwiegermutter folgte schweigsam den Anweisungen der Schwiegertochter und schöpfte das Wasser in der Küche und brachte es ihr, wie sie ihr befohlen hatte. Nichts wäre für die Schwiegereltern furchterlicher, als wenn sie gereizt würde und deshalb zu ihrer eigenen Familie zurückkehrte.

Die Schwiegertochter hatte eine Begabung darin, ihre Kleidung stolz zu präsentieren. Manchmal stöberte sie im Schrank und zog Kleidungsstücke heraus, die sie als Mitgift bekommen hatte, und dann sagte sie vorlaut:

„Meine eigene Familie trägt Kleidung nur aus echter chinesischer Seide ‚Sampal'." Wie sie sich benahm, war zum Kotzen. Dennoch versuchte die Schwiegermutter, sie zu verstehen, und tröstete sich mit dem Gedanken, sie sei so, weil sie gut behütet aufgewachsen sei.

„Na klar, in deinem Zuhause ist das doch eine Selbstverständlichkeit!"

Die Schwiegermutter antwortete ihr entgegenkommend, indem sie ihr verbittertes Gefühl unterdrückte.

Derweil kam ihre verheiratete Tochter zu Besuch. Weil diese ohne Entfaltungsmöglichkeiten aufgewachsen war, sah sie blass und zierlich aus, als falle sie jeden Moment um. Sie war wie eine leere Hülle. Obwohl sie noch nicht einmal 30 Jahre alt war, lag ihr Lebensfrühling schon ganz weit hinter ihr.

„Mutter, ich kann nicht mehr", schüttete die Tochter ihr Herz aus und hielt dabei die Hand der Mutter. Aus dem schmollig zusammengepressten Mund schien sie ihren Eltern noch immer nicht verziehen zu haben.

„Was denn, bist du schon wieder von ihm geschlagen worden?"

„Ich kann nicht mehr mit ihm zusammenleben!"

Und dann lehnte sie den Kopf an die Mutterbrust und weinte sich aus.

Die Mutter wusste ganz genau Bescheid, musste ihre Tochter nicht erst ausfragen. Sie überfiel ein fürchterliches Ressentiment gegen ihrem Mann, eine Flamme loderte auf, so dass sie ihn gleich anbeißen mochte. Wie war es möglich, dass er seine vierzehnjährige Tochter damals zu einem 37-jährigen Kerl als seine fünfte Nebenfrau geschickt hatte? Der Vater war dabei davon ausgegangen, dass sein zukünftiger Schwiegersohn vielleicht einhundert Scheffel Acker zur Verfügung stellen würde, weil er Grund und Boden genug besaß, um zehntausend Scheffel zu erzeugen. Aber dann bekam ihre Tochter nur gelbe Blüten auf dem Gesicht vor lauter Plage, und ihr Vater konnte keinen Nutzen aus dieser Vermählung ziehen. Hinzu kam noch, dass der Kerl schweinische Anfälle bekam, wenn er Schnaps becherte, und dann zuschlug und mit den Füßen trat. Auch biss er sie dann, nachdem er sie unter Zwang ausgezogen hatte; eine Schande war das. Und all das war ihr Schicksal, dachte die Mutter.

„Weine doch nicht. Es wäre eine Blamage, wenn die Frau von Pilsu das hörte. Psst, hör auf damit."

Die Mutter führte ihre Tochter an der Hand in das gegenüberliegende Zimmer, um sie zu besänftigen.

Es wäre eine unglaubliche Traurigkeit für die Mutter, wenn ihre Tochter von ihrem Mann verjagt zu ihren eigenen Eltern zurückkehren müsste. Die Mutter tröstete ihre Tochter, die ihr gegenüber schluchzte, was bisher nicht vorgekommen war.

„Du, es gibt keinen anderen Weg. Das Leben verheirateter Frauen ist nun mal so!", und sie wischte die Tränen ihrer Tochter ab.

„Dass du als Weib geboren wurdest, war vielleicht ein Fehler, aber gegen wen soll man denn Groll hegen?" Die Mutter wischte sich die eigenen Tränen ab und zündete sich eine Zigarette an, die sie ihrer Tochter reichte.

„Lerne mal Zigaretten zu rauchen. So kannst du mit deinem Ärger fertig werden."

So versuchte die Mutter, ihre Tochter einfühlsam zu besänftigen. Aber als sie sich in der Nacht mit ihrem Mann unter einer Decke traf, sagte sie:

„Du blöder Alter. Du wolltest Nutzen ziehen und nun hast du einen schönen Erfolg, was?"

Aber der alte Herr starrte nur ratlos vor sich hin. Er hatte doch fest erwartet, dass seine Tochter durch die Heirat auf großem Fuß leben würde, und wie hätte er sich jemals vorstellen können, ihr Gesicht vor lauter Abmühen dermaßen verblasst zu sehen?

„Na, komm mir nicht so! Welche Frau zieht am Bart ihres Mannes?", rügte er seine Frau vornehm. Weil sie sich maßlos geärgert hatte, klopfte er auf ihre Schulter, aber es war für ihn sehr anstrengend, sie wieder zu beruhigen.

Der alten Frau Schwiegermutter waren Körper und Seele erschöpft, ihr Rückenmark war verbraucht, um ihre Schwiegertochter noch weiter versorgen zu können. So überließ sie das Kochen und Tischdecken für ihre Schwägerin ihrer Tochter, nachdem diese nun schon einmal da war, und ihr oblag es nun, der Schwiegertochter mittels leckerer Beilagen den Appetit anzuregen.

Ihre Tochter war von Kind an stets verschlossen gewesen. Überdies hatte sie mit einem grässlichen Mann zusammengelebt, was sie so weit ausgeblutet hatte, dass sie beinahe untauglich geworden war. Nur noch eine leere Hülle ihrer selbst war sie. Sie arbeitete gehorsam und befolgte die Anweisungen ihrer Mutter. Auf der anderen Seite gäbe es für ihre Tochter keine peinlichere Sache, als wieder in die Stammfamilie zurückzukehren und von den eigenen Eltern ernährt werden zu müssen.

Es war ein eiskalter Winter. Der ohrenschneidende harte Wind heulte unter dem Vordach. Und der Schnee sprühte ständig in die Küche hinein. Es konnte einfach nicht wahr sein, dass das Haus noch kälter schien als sonst, nur weil es abgenutzt war und ein Strohdach hatte. Aber wenn man bitterarm ist, breitet sich auch die Kälte vom Hintern beginnend weiter nach oben aus. Die Tochter stand schon früh am Morgen auf, kam in die Küche und schauderte vor Kälte. Als sie ihre frosterstarrten Hände ins kalte Wasser tauchte und Reis wusch, hörte sie, wie die Frau ihres Bruders sie aus ihrem Zimmer heraus anschrie:

„Hallo, schüttest du bitte den Nachttopf aus!"

Weil es so kalt war, hatte diese noch nicht einmal den Nachttopf vor ihr Zimmer gestellt. Wenn es sich um einen normalen Tag gehandelt hätte, hätte die Tochter ihn ausgeleert, war doch die Schwiegertochter daran gewöhnt, aber heute war die Tochter irgendwie ein wenig gereizt. Was sollte diese Überheblichkeit von ihr, dass sie sie, die draußen beim Arbeiten halb erfror, auch noch als ihre Dienerin anzutreiben versuchte, ohne selbst auch nur einen Finger zu rühren. Die Tochter ignorierte ihre Bitte, ohne etwas zu erwidern. Dann war von der Schwiegertochter noch dieses und jenes unzufriedene Wort zu vernehmen. Sie waren nicht eindeutig zu verstehen, aber es handelte sich sicher um Flüche, und wenn es keine waren, dann bestimmt Beschimpfungen.

Die Tochter deckte den Tisch mühevoll mit Reis und trug ihn mit beiden Händen ins Zimmer hinein. Die Frau von Pilsu wandte sich nicht einmal ihr zu, senkte lediglich den Blick. Und dann begann sie schnell zu löffeln, und noch bevor ihre Schwägerin das Zimmer verlassen hatte, begann sie kauend:

„Meinst du, dass der Reis angemessen zubereitet worden ist? Lauter Steinchen reiben geräuschvoll zwischen den Zähnen!"

Dann schlug sie mit dem Löffel auf den Tisch. Das war einfach zu viel für die Tochter, die gerade für die Ehefrau ihres Bruders den Esstisch gedeckt hatte, sie konnte es nicht mehr mitansehen. Aus Verblüffung schaute sie auf diese herab und sagte:

„Bedanke dich bitte bei Gott, dass dir jemand den Tisch serviert. Mach du das mal, dann siehst du, wie schwer das ist."

„Isst du kein Essen, wenn es kalt ist?"

„..."

„Mein Körper ist schließlich nicht in einem gewöhnlichen Zustand, das solltest du berücksichtigen. Werde du einmal schwanger!"

War das zu fassen? Man wusste nicht, weshalb die Schwiegertochter so vorlaut veranlagt war, auch nicht, wessen Kerls Kind sie im Bauch trug. Zurzeit traute sie sich sogar, ihrer Schwiegermutter aufdringlich und grob zu widersprechen, was wirklich ein gehässiges Verhalten war.

Nun konnte die Tochter nicht anders reagieren, als zu keifen, während ihr vor Aufregung das Gesicht errötete.

„Habe ich dir etwa empfohlen, ein Kind zu empfangen, was soll das, so gebieterisch zu sein?“

Daraufhin schrie die Schwiegertochter:

„Was?“, und fiel über ihre Schwägerin her, griff nach ihrem Haar und zog sie an sich, was sie in Wallung brachte. Auf ihr viereckiges Gesicht schien ihre Verschrobenheit vielschichtig aufgetragen worden zu sein, sie stöhnte vor Ärger vor sich hin und sagte dann:

„So etwas habe ich in meinem Zuhause vorher noch nicht erlebt!“

Die Schwägerin war ohnehin krankheitsanfällig, hatte vor allem keine Kraft und war demzufolge auch nicht in der Lage, sich ihrer angeheirateten Schwägerin zu widersetzen. Derweil sie von ihr einige Male geschlagen wurde, überließ sie ihr ihren Körper ganz und gar. Hinterher heulte die Schwägerin dann laut, weil sie eher mit ihrem Schicksal haderte denn über körperliche Schmerzen klagte.

Der alte Herr, der im Damenzimmer frühstückte, riss vor Verärgerung die Tür auf.

„Wieso reizt du schon wieder deine ältere Schwester, du Weib?“, rügte er verkehrterweise seine Tochter und leistete seiner Schwiegertochter Beistand. Das wäre schön und gut gewesen, wenn die Tochter sie grundlos aufwiegelt hätte, er begriff aber nicht, warum sie ihr auf die Nerven ging. Ohnehin redete sie in letzter Zeit davon, zu ihrer eigenen Familie zurückkehren zu wollen, diese Abplackerei hinter sich zu lassen. Vor Wut rief er seine Tochter zu sich und schimpfte sie fürchterlich aus, indem er seinem verdrängten Verdruss, dass er aus seiner Schwiegertochter keinen Nutzen ziehen konnte, Luft verschaffte. Der Tochter machte der Vater so viele Vorwürfe, dass sie auf der Stelle, ohne sich umzuziehen, im Herzen grollte und nach Hause zurückkehrte. Zum Abschied bemerkte sie gegenüber dem Vater noch weinend, dass er ihr Leben ruiniert habe und dies gefälligst nicht vergessen solle.

Als die alte Gemahlin dem Geschehen zusah, wurde sie in höchstem Maße gereizt. Auch sie versorgte ihre Schwiegertochter mit großer Mühe, aber schließlich konnte sie nicht mehr. Das alte Ehepaar wurde ja verkehrterweise von ihrer Schwiegertochter ausgenommen, von Nutzenziehen konnte keine Rede sein! Das war wirklich eine Sache, die noch nicht einmal als lachhaft bezeichnet werden konnte. Daher stellten die Eltern ihrem Sohn Pilsu die Auflage, ihr ein wenig auf den Zahn zu fühlen. Man konnte doch nicht unendlich lange darauf warten, dass der versprochene Acker von alleine anmarschiert komme und in den eigenen Besitz übergehe.

Als Pilsu seiner Frau sagte:

„Wenn wir genügend Mittel hätten, könnten wir vielleicht darauf verzichten, aber so ist es eben nicht, und mein Herr Schwiegervater wollte uns doch ein Grundstück schenken, aus dem man 50 Scheffel Reis erzeugen kann, also geh du mal zu ihm hin und rede mit ihm darüber!", war seine Frau ohne weiteres mit seinem Vorschlag einverstanden, aber dann sagte sie, das Ende ihrer Worte verschluckend:

„Ich denke auch, aber mit leeren Händen kann ich doch nicht zu meinen Eltern gehen..."

Wie wahr! Will man einen guten Karpfen fischen, sollte man zuerst mal einen guten Köder haben, nicht wahr?

„Dann..., was sollte man mitbringen?"

Pilsus Frau schien, während sie ihre Augen schloss, über etwas nachzugrübeln.

„Was hältst du davon, wenn wir ihm das Grammophon geben würden? Mein Vater ist altmodisch und mag so etwas."

Dieses Grammophon gehörte einem Fremden, der es heute dem Vater zum Weiterverkauf gebracht hatte. Es war Trödelware, höchstens 15 Won oder weniger wert, selbst wenn man es samt Platte verkaufen würde. Sie wollte sich dieses Ding nun schnappen, na, das ist doch nicht so schlimm. Es sollte nicht kaputt gehen oder zu sehr abgenutz werden, wenn es ausgeliehen würde. Der Vater lieh das Ding also seinem Sohn, gab ihm aber wiederholt die Weisung, es am nächsten Morgen wieder zurückzuholen. Am Abend wurde das Grammophon also zu Besuch mitgenommen und am nächsten Tag kam der Sohn zurück – aber mit leeren Händen.

„Was ist mit dem Grammophon passiert?"

„Geht nicht so schnell. Er will es später zurückgeben."

So war es also. Man wusste nicht, was mit dem Grammophon los war, jedenfalls wurde darüber kein Wort mehr verloren. Wegen des fehlenden Grammophons wurde der Familie nun dauernd die Hölle heiß gemacht, die Schulden zu begleichen. Deshalb konnte man mit Fug und Recht sagen, dass sich das Nutznießen in sein Gegenteil verkehrt hatte und man eher wie ein Depp dastand. Für die Ehefrau war ihre Schwiegertochter maßlos gehässig, aber sie traute sich doch nicht, sie anzugreifen. Stattdessen hielt sie sich an ihren Gemahl.

„Hast jetzt so riesengroßen Nutzen daraus gezogen! Erst hast du unsere Tochter gefressen, und jetzt willst du auch noch unseren Sohn fressen, du Henker?“

„Pah, du darfst so nicht sprechen. Welche Frau zwickt ihren Mann?“

Ihr alter Mann äußerte sich zwar nicht zur Sache, aber es tat ihm im Inneren stets weh. Ihm war nicht wohl zumute, mitansehen zu müssen, wie seine Schwiegertochter täglich schlimmer prahlte und sich immer manierenloser benahm, nur weil ihre Stammfamilie ein paar Mittel habe. Natürlich war er schuld daran, er hatte alles eingebrockt. Aber der Pfeil war schon geschossen, jetzt konnte man mit keiner Kunst etwas an seinem Lauf ändern. Pilsus Vater wandte sich hin und wieder von seiner Schwiegertochter ab, spuckte einmal seinen Speichel unzufrieden aus und verzog ansonsten nur Grimassen.

Dem Sohn Pilsu kam seine Frau allmählich hübsch vor. Ihr Gesicht war fürchterlich hässlich, und Pilsu musste nur noch den Finger lecken, bevor er den beschissenen Acker herunterschlucken konnte. Dennoch, und das versteht sich von selbst, darf man ihm das nachträglich nicht verübeln. Er wurde bald 40 Jahre alt, und als langjähriger Alleinstehender fühlte es sich schon gut an, wenn er das Wort „meine Frau“ in den Mund nehmen konnte. Dazu noch hatte er mittlerweile schon ungefähr zwei Monate lang mit ihr zusammengelebt, so dass er mit Hass und Liebe ein großes Miteinander empfand, das er nicht mehr missen wollte.

Seine Mutter aber führte ihn in die Küche und versuchte, ihn vorsichtig zu beeinflussen und zu überreden.

„Du schickst sie bitte zu ihrer Familie zurück. Hättest du keine Bessere finden können? Weshalb musst du mit so einer zusammenleben?“

Darauf erwiderte er albern:

„Was weiß ich...“, und kehrte die Sache unter den Teppich.

In der Tat hatte auch Pilsu einmal mit seiner Frau heftig gestritten. Das war an irgendeinem Tag, nachdem sie ungefähr einen Monat verheiratet waren. Pilsu hatte zwar eine Frau ergattert, aber hatte nichts, um sie zu ernähren. Mit einer vagen Hoffnung hatte er zwar Schulden da und dort gemacht, aber er konnte sie nicht zurückzahlen. Und so musste er sich schließlich spärlich durchs Leben bringen. Es war abzusehen, dass seine Haare ergrauen würden. Er musste auf jeden Fall eine Verdienstmöglichkeit ergreifen, aber dazu brauchte er schon mal 20 bis 30 Won, um eine vermittelnde Person freundlich ansprechen zu können. Als er mit gebeugtem Rücken in der Sonne auf dem hölzernen Fußboden im Vorraum saß und über dieses und jenes nachgrübelte, trat plötzlich irgendein fettleibiger Feuerwehrmann mit einem Buch in der Hand ein. Er kauderwelschte etwas in einer unverständlichen Sprache, die Pilsu kaum verstehen konnte. Zum Glück, dachte sich Pilsu, sei seine Frau gerade im Zimmer anwesend.

„Liebling, was sagte dieser Herr denn gerade? Bitte komm mal her und antworte ihm."

So schickte sich Pilsu an, angeberisch seine moderne und gebildete Ehefrau zu präsentieren. Sie aber fauchte ihn an:

„Ach, das ist eine Schande. Welcher Mann lässt seine Ehefrau einem fremden Mann eine Antwort geben!"

„Halb so wild, du hast ja sogar die Schule besucht, wie hast du denn die Schule besuchen können!"

Dennoch knurrte sie bloß im Zimmer, ohne auch nur daran zu denken, aus diesem herauszukommen. Der dicke Japaner blieb eine Weile entrüstet stehen, dann rollte er entschlossen die Augen, fauchte mit irgendeinem Wort und ging hinaus. Es sah so aus, dass er sich so geärgert hatte, weil das Ehepaar nur miteinander über andere Dinge redete, ohne auf sein Wort zu reagieren. Und es könnte sicherlich so gewesen sein, dass er vor dem Hinaustreten geschimpft hatte. Pilsu, dessen Gesicht vor Scham gerötet war, hörte sich draußen bei den Leuten um, was der Japaner ihm nun gesagt habe, und er erfuhr, dass dieser ihn aufgefordert habe, den Schornstein des Hauses um drei Fuß zu erhöhen. Pilsu überfiel der Groll. Als er daran dachte, dass er von dem alten Mann mit der traditionellen Haartracht völlig vergaunert worden war, zitterte er vor Wut so sehr, dass es ihn noch nicht einmal hätte erquicken können, ihn totzuschlagen.

Weil sie doch von Natur aus ein eher freches Weib war, hätte sie doch zumindest spaßeshalber aus dem Zimmer herauskommen und sich großspurig benehmen können, wenn sie schon eine Schule besucht zu haben vorgab. Pah, verdammtes Weib! Er rannte vor Ärger hastig ins Zimmer hinein, das gegenüber lag. Er brüllte, vor Anspannung zitterten ihm all seine Glieder, und sprach aus, was er mutmaßte:

„Du kannst nicht einmal ein Wort Japanisch sprechen und hast gesagt, dass du eine Schule besucht hast? Du, Weib!"

Da wurde seine Frau schweigsam und ihr Gesicht errötete.

„So eine wie du bist nicht preiswert zu erstehen, weil du die Schule besucht hast, was!"

Pilsu verpasste ihr unvermittelt eine Ohrfeige auf ihre dralle Wange, obwohl er doch eigentlich eher Groll gegen seinen verdammten Schwiegervater hegte, der ihn hinters Licht geführt hatte; seine Frau war für ihn lediglich beklagenswert.

„Und du gehst mit leerem Koffer ein und aus, als wärst du ein Arzt. Ha, das ist doch lachhaft!"

Dann erst erhob sie den Kopf und verzog vorwurfsvoll den Mund. Mit diesen Worten warf sie die Autorität und das Selbstwertgefühl ihres Ehemanns vollends in den Koteimer und schüttelte diesen noch einmal kräftig durch. Ohne weitere Worte abzugeben, fiel er über sie her:

„Du, Weib, was? Plapperst du das noch einmal!", zog ihr ein Bein hoch und drohte ihr an, ihre Gabeln zu zerreißen.

Aber was sollte er nur machen? Seine Frau streckte bereitwillig auch das andere Bein in die Luft und sagte:

„Na, dann zerreiß mich mal!"

Aber wie hätte er zwei Beine auf einmal ergreifen und behandeln können, wenn er schon mit einem einzigen Bein überfordert war, weil es für ihn schon zu schwer war. In diesem Fall war es nun für ihn recht beklagenswert, dass es ihm an körperlicher Kraft mangelte.

„Ah, das ist ja widerlich!"

Er fauchte und beruhigte sich selbst, ließ schließlich auch das Bein, das er in der Hand hatte, wieder los.

Unter solchen Umständen wurde das Kind dann geboren. Nach dem Mondkalender war es Anfang November, ausgerechnet an diesem Tag herrschte fürchterlich schlechtes Wetter. Schon morgens klagte die werdende Mutter, sie habe Bauchschmerzen, ging dauernd in der Latrine ein und aus, und schließlich hatte sie es dann so gegen Abend an einer unangebrachten Stelle einfach fallen lassen. Wer hätte das zu diesem Zeitpunkt wissen können?

Nur weil sie plötzlich:

„Oh Gott, schaut euch das hier mal an!", rief und so wie eine Krähe kreischte, rannten die Familienmitglieder hastig zu ihr und sahen, dass das Kind zwischen zwei Fußabtretern hing.

„Das hatte ich mir schon gedacht, wie könntest du auch dein Kind ganz normal gebären!"

Die Schwiegermutter schnitt dabei eine Grimasse und schnalzte vor Unzufriedenheit. Auch der Schwiegervater schmatzte aus demselben Grund, als er das ganze mitansah. Jedenfalls wurde die Schwiegertochter nun sehr umständlich ins Zimmer geschleppt, indem sogar ihr Ehemann sie stützte, weil es nun einmal so dringlich war, und die Schwiegermutter trug den Säugling in ihren Händen ins Zimmer hinterher. Das Kind weinte und plärrte derweil mit seinem kleinen Mund.

Zwar hatte niemand versucht, absichtlich auf eine bestimmte Stelle zu schauen, aber aus dem, was in die Augen sprang, konnte man schnell merken, dass es sich um ein Mädchen handelte. Obwohl das Kind so begeistert empfangen worden war, wurde es aber nicht liebgehabt, anscheinend stand es unter keinem glücklichen Stern. Die Person, die das Kind am meisten hasste, war seine Großmutter. Ständig stachelte sie ihren Mann an. Wozu sollte man denn ein fremdes Kind aufziehen? Sie redete ihrem Mann ein, man solle es entweder aussetzen oder aus der Welt schaffen. Auch der Alte durchdachte alles in Ruhe und kam zum Schluss, ihr Argument sei gar nicht unangebracht. Wozu sollte man denn ein fremdes Kind mit großer Mühe aufziehen? Kann man damit Brei kochen oder Kuchen backen? Es hat überhaupt gar keinen Nutzen. Falls man aus ihm eine Kisaeng machen würde, könnte man vielleicht später von ihm ein wenig profitieren. Aber wie kann man so lange warten, bis es endlich aufgezogen und gesangmäßig ausgebildet ist? Wenn es je dazu käme, lägen die beiden Alten schon längst unter der Erde als weiße, erstarrte Skelette. Und überdies: Eine Tochter solch einer Mutter werde nach ihrer Mutter ausschlagen, oder? Wenn es also groß würde, würde dessen Gesicht sicherlich ebenso hässlich wie ein Kuchen, den man einmal mit der Hand ergriffen und dann einfach fallengelassen habe, und auch der Charakter wäre genauso unverschämt und frech wie derjenige seiner Mutter. Wenn der Großvater derartigen Gedanken nachhing, keimten in ihm gleichfalls gehässige Wünsche, fühlte er sich dem Wort seiner Frau verführerisch verbunden, ihr in irgendeiner Weise hörig. Jawohl, sie hat doch Recht, das blöde Kerlchen heulte kreischend Tag und Nacht.

Eines Tages ging die Mutter des Kindes nachmittags auf einen Besuch zu ihrer Stammfamilie. Vielleicht bezweckte sie, sich zumindest Geld für Zigaretten zu besorgen. Diese Gelegenheit ausnutzend schlich das alte Ehepaar in das Kinderzimmer. Das Kind lag im leeren Zimmer allein und ruhig. Wie die Alte ihn anwies, beugte er sich zum Kind hinunter, um es hochzuheben. Da kreischte es los, und aus seiner fröhlichen Stimmung heraus zog es am Bart seines Großvaters, ohne zu wissen, was los war. Weil das Kind schon zwei Monate alt war, konnte es auch schon kreischend lachen. Der Großvater schaute es ausgiebig an und dachte sich, ob er es nun totschlagen sollte? – Aber nein, nicht doch! Er hielt das Kind zunächst ganz nah an sein Gesicht.

„Na, du Stinkmausi, erkennst du mich? Ps, ps."

Er küsste es dabei auf seine Wange und hätschelte es, worauf er offensichtlich nicht mehr verzichten konnte.

Und sein Plan, den er sich schwer vorgenommen hatte, schmolz dahin. Die Gemahlin knurrte neben ihm verärgert:

„Habe ich dich hierher geschleppt, um zu schmusen? Warum verhältst du dich jetzt so albern?"

„Aber, aber! Wie kann jemand mit dem Antlitz eines Menschen so etwas tun?", und er vergaß, was er mit ihr abgesprochen hatte, beäugte sie feindselig und stellte sich unwissend.

Vielleicht hatte er das schon ein paar Mal so gemacht.

Sein Sohn Pilsu wusste nicht, was im Inneren seiner Eltern vor sich ging. Vor allem hatte er auch keine Muße herauszufinden, ob seine Tochter nun süß war oder nicht. Er setzte bei seiner täglichen Suche nach einer Anstellung Himmel und Erde in Bewegung und kam erst spät in der Nacht ermattet zurück. Wenn er vor Müdigkeit ins Bett fiel, fing er sofort an zu schnarchen und versank in tiefen Schlaf. Mit dem wenigen Geld, das das unregelmäßige Gewerbe seines Vaters abwarf, konnte sich seine Familie auf keinen Fall über Wasser halten. Die Situation war so besorgniserregend, dass er so schnell wie möglich irgendeine Verdienstmöglichkeit herbeizaubern musste.

Auch an jenem Tag kam Pilsu erst gegen Abend mit eingesunkenen Augen nach Hause zurück. Er zitterte vor Kälte und sagte mit verschränkten Armen zu seiner Frau:

„Bring mir bitte das Essen."

Und weiter:

„Ist in diesem Zimmer überhaupt kein Reisig nachgefüllt?"

Seine Frau zog das seitliche Ende ihrer Lippe kurz nach oben, anstatt zu antworten. Zum Aufheizen wären ja nur ein paar Holzstücke nachzulegen gewesen, aber heute hatte sie nicht die geringste Menge an Brennholz und konnte deshalb nichts tun, so dass das Ehepaar im kalten Zimmer schlafen musste. Auf dem abgekühlten Zimmerboden litt anscheinend auch das Kind, denn vor Kälte sah dessen Gesicht ganz eingeschrumpft aus.

Pilsu löffelte hastig den Reis, ohne ihr auch nur einen kurzen Seitenblick zu schenken. Es war bedrückend, dass sein Hunger – ohne Aussicht auf eine lang ersehnte Verdienstmöglichkeit – immer größer wurde.

Wenn man nicht genug zum Essen hat, braucht man die doppelte Menge, um satt zu werden, man wird immer gieriger. Das ist eine Schande. Als Pilsu den Löffel zur Seite legte, mit der Zungenspitze nach all den Körnern tastete, die zwischen den Zähnen steckten, und dann Wasser trinken wollte, sagt seine Frau zu ihm:

„Liebling, wir setzen unser Kind aus."

Sie blinzelte mit den Augen.

„Gerade hast du es geboren, und jetzt willst du es schon aussetzen?"

„Na ja..."

Seine Frau murmelte etwas mit einem verlegenen Gesichtsausdruck, sie fühlte, wie das Blut ihr zu Kopf stieg. In Wirklichkeit hatte sie das Kind kein bisschen lieb, obwohl es doch ihr eigenes war. Seinetwegen fühlte sie sich daran gehindert, vor ihren Schwiegereltern großspurig aufzutreten. Auch wenn sie sich angeberisch verhalten wollte, blamierte sie sich sogleich bis auf die Knochen, wenn das Kind im Zimmer plötzlich anfing, schrill zu schreien. Auch weil sie ihren Mann im Voraus betrogen hatte, hatte sie nicht Mumm genug, ihren Schwiegereltern angemessen entgegenzutreten. Es war schließlich ganz normal, dass man jemanden, den man eigentlich lieb hatte, zu hassen begann, nur weil man anderen Menschen Glauben schenkte, die andauernd ihren Hass ausdrückten.

„Ich meine, dass wir nicht weiter so erbärmlich leben sollten. Wenn das Kind in einem Haus aufgenommen wird, in dem man sich eins wünscht, dann wird es dort besser aufgehoben sein!"

Ihre Worte klangen recht gut.

„Vielleicht."

Er dachte in Ruhe darüber nach. In der Tat wäre es für das Kind viel besser, in einer nachwuchsarmen Familie aufgenommen zu werden und unter besseren Bedingungen aufzuwachsen, als auf solch einem eiskalten Zimmerboden sein Leben fristen zu müssen. Noch gab es zwar keine Anzeichen, aber später würde es versuchen, gierig viel zu essen, wenn es erst einmal heranwüchse. In diesen mittellosen Verhältnissen schien bereits der kleine Mund eines Kindes furchterregend. Und dazu noch heulte es in der Nacht schrill und laut, nun ja, es wäre für das Kind gut, und auch für alle anderen!

„Setze es aber bitte vor einem wohlhabenderen Haus aus."

„Ja, keine Sorge."

Der Ehemann trug das Kind im Arm, das ihm seine Frau, die bis Mitternacht wartete, mit einer Decke umhüllt übergab. Und dann schlich er aus dem Haus, ohne die Eltern von seinem Vorhaben zu unterrichten, schon allein aus der Befürchtung heraus, von ihnen abgekanzelt zu werden, wenn sie ihn erwischen sollten.

Auf der Straße war kaum eine Menschenseele zu sehen, es wehte nur der scharfe Wind auf und ab. Alle Dinge waren von vielen Schichten kühl-weißem Schnee grob bedeckt. Und es rieselte noch immer.

Bei solch einer Tat hätte man Pech, wenn man einem Polizisten begegnete. Ansonsten konnte man alles machen, wie und wo auch immer. Beängstigt ging er die hintere Gasse entlang bis zur Jongnostraße. Aber er rollte schon die Augen vor angespannter Unruhe, fürchtete bei jedem raschelnden Geräusch hinter sich ein auf ihn gerichtetes Messer.

Erst als er in eine Gasse in Daokjong einbog, beruhigte er sich wieder. Da keine Fußspuren im Neuschnee zu sehen waren, brauchte er nicht besorgt zu sein, dass die Sache schieflaufen würde. Das Caféviertel war die Gegend der Kisaengs, und in ihrer Nähe befanden sich oft Häuser, in denen Haushalte mit Nebenfrauen geführt wurden. Als Kisaeng war es schwer, ein Kind zu gebären. Daher geschah es oft, dass eine Kisaeng beabsichtigte, einen Säugling zu erwerben, um sich damit in ihrem einsamen Leben die Zeit zu vertreiben. Wenn das Kind in solch einem Haus aufgenommen werden würde, gäbe es kein besseres Schicksal. Das Kind könnte seinen Gurt aufbinden und sich den Bauch ordentlich vollschlagen, es würde vielleicht sogar bedauern, dass sein Bauch so klein sei, nicht wahr? Wenn es so kommen sollte, würde das Kind alles ihm verdanken und es ihm vielleicht doch irgendwann einmal vergelten...

Zuerst wählte er eine Eingangstür aus, die ihm gefiel. Als er eine Sackgasse erreichte, befand sich an ihrem Ende ein sauberes, pompöses Torhaus, das im westlichen Stil lackiert worden war. Seiner extravagant verzierten Fassade nach zu urteilen, könnte der Hausherr so reich sein, dass er über tausend Säcke Reis erntete.

Wenn die Haustür so aussieht..., dachte er sich und legte das Kind, das mit einer Decke vollkommen umhüllt war, auf einer Steinstufe ab. Das Kind schien in tiefem Schlaf versunken zu sein. Es würde jetzt schrill aufschreien, wenn es in der Kälte aufwachte. Dann käme eine Dienerin aus dem Eingangsbau und würde es auflesen und dann zu ihrem Herrn bringen. Die ganze Sache würde damit in Gang gesetzt werden.

Er ging eilig die Gasse hinaus, ohne sich noch einmal umzuschauen. Aber als er auf seinem Weg zurück vor Kälte mit verschränkten Armen schauderte, wurden seine Beine immer schwerer. Wenn es heulen würde, dann wäre Gott zu danken, aber was passiert, wenn es erfriert, bevor es heult? Es wäre dann so, dass er seine ganz gesunde Tochter in guter Absicht, ihr ein besseres Los zuteil werden zu lassen, dem Tod überantwortete. Er drehte sich um und ging nervös zurück zu der Stelle, wo er das Kind ausgesetzt hatte.

Das Kind lag immer noch still, ohne zu wissen, was vor sich ging. Aus Furcht, seine Beine zu verdrehen, wenn er von jemandem gesehen werden sollte, nahm er das Kind schnell in seinen Arm und verließ die Gasse. Das kann ich vielleicht im Frühling nächsten Jahres machen, wenn es denn überhaupt sein soll, aber doch nicht heute, dachte er sich. Er fühlte sich jetzt verwirrt, weil er selbst nicht wusste, weshalb er mit dem Kind losgezogen war.

Auf dem Weg zurück zu seinem Haus lief er stolz und reinen Gewissens auf einem breiten Pfad. Selbst seine Augen waren getrocknet, weil er dem kalten Wind entgegen laufen musste. Jedenfalls eine Sorge war er los, nun aber stand eine andere Sorge an. Wenn er mit dem Kind so zurückkäme, würde seine Frau ihn bestimmt dauernd anschnauzen. Ohnehin war er in die Lage geraten, dass sie ihn zurzeit bei jeder Gelegenheit verdross:

„Zurzeit behauptest du öfter, ein Arzt zu sein, was?“ oder:

„Wenn so ein Depp wie du ein Arzt wäre, das wäre was!“

‚Ach, wäre ich doch nicht mit dem Kind nach draußen gegangen, dann bliebe mir jetzt wenigstens diese unnötige Mühsal in der Kälte erspart!‘ Er schmatzte vor Ratlosigkeit und knurrte mehrmals.

Aus: *Munjang*, 12. 1939

NACHWORT DER ÜBERSETZERIN

Kim Juyong wurde am 11. Januar 1908 im Dorf Chung-ni, das in unmittelbarer Nähe von Chuncheon, der Hauptstadt der Provinz Gangwon-do, liegt, geboren. Er wuchs in bäuerlichen Verhältnissen auf. Mit 7 Jahren verstarb bereits seine Mutter, mit 9 Jahren, als auch sein Vater starb, verwaiste er mit seinen Geschwistern und lebte bei nahen Verwandten in Chuncheon, das damals den japanischen Namen *Shunsen* trug, weil Korea ab 1910 Teil des Japanischen Kaiserreiches (bis 1945) war. Er lernte in der Schule die chinesische Kalligraphie. Nach seiner Schulzeit studierte er in Seoul an der heutigen Yonsei-Universität und begann zu schreiben. Mit 22 Jahren litt er an einer wiederkehrenden Rippenfellentzündung und bekam drei Jahre später die Diagnose Lungenerkrankung. Er schrieb rund 30 Erzählungen, die er meist noch zu Lebzeiten zwischen 1933 und 1936 in Literaturzeitschriften und Wochenschriften veröffentlichte. Eine melancholische Grundstimmung durchzieht sein erzählerisches Werk, das sich mit dem bäuerlichen Landleben, seinen knorrigerdigen Gestalten und derben Sitten sehr gut auskennt, die er bisweilen äußerst düster, aber eben auch mit ironischer Verspieltheit vorführt. Kim Yujong starb am 29. März 1937 an Lungentuberkulose.

Die ausgewählten Kurzerzählungen, die hier erstmals in deutscher Übersetzung erscheinen, stellen einerseits die Lebensgeschichte des koreanischen Schriftstellers Kim Yujong dar, andererseits spiegeln sie die Sozialgeschichte Koreas der 1930er Jahre – also während der japanischen Kolonialzeit – auf eindrucksvolle und ausdrucksstarke Weise wider. Kim Yujong gilt in Korea als sehr bedeutender Schriftsteller, und es erstaunt demnach nicht, dass sein restauriertes Geburtshaus zu einem Literaturhaus mit regelmäßigen Kurzgeschichten-Wettbewerben, Symposien und literaturpädagogischen Veranstaltungen geworden ist und sogar die dortige Eisenbahnstation in Chuncheon seinen Namen trägt. Sein Erzählwerk wurde ins Chinesische, Englische und Vietnamesische übersetzt. Die Motivation, dieses Werk ins Deutsche zu übersetzen, ist allerdings nicht allein seinem literarhistorischen Ruhm geschuldet, sondern auch der geistesgeschichtlichen Bedeutung seiner Kurzerzählungen, die vielfältige Themen verarbeiten, und der einzigartigen Darstellung sozialer Milieus. Darüber hinaus ermöglicht die Lesbarkeit seiner Texte einen Zugang zur koreanischer Kultur des frühen 20. Jahrhunderts, und dieser stellt wiederum eine gute Voraussetzung für ein tiefere Verständnis der koreanischen Gegenwartskultur dar.

Kim Yujong gehörte zum „Club der neun Personen“ („Guinhoe“), in welchem die Schriftsteller die Ansicht vertraten, dass man Literatur als rein literarische Werke zu betrachten habe und diese nicht für soziale oder politische Zwecke gebraucht werden dürfe. Gleichwohl hat sich Kim Yujong aber in seinem kurzen Leben in sozialer Hinsicht leidenschaftlich engagiert; beispielsweise richtete er in seinem Heimatort Chuncheon die Abendschule „Gumbyonguisuk“ ein, an der er armen Kindern Unterricht erteilte.

Aus Gründen der besseren Lesbarkeit wurde in der vorliegenden Übersetzung vollständig auf Fußnoten und Anmerkungen verzichtet. An dieser Stelle gilt mein Dank den Gutachtern, deren Empfehlungen ich diesbezüglich und auch in anderen Hinsichten gefolgt bin. Ich gehe davon aus, dass immer wiederkehrende koreanische Bezeichnungen – z.B. Dynastiebezeichnungen wie Choson oder Währungsbezeichnungen wie Zon und Won – ohne Weiteres vom Leser erschlossen werden können.

Der Titel der Kurzerzählung „Kamelien“ hätte in der vorliegenden Übersetzung beinahe „Stumpflappige Fiebersträucher“ genannt werden sollen, weil für Kim Seonyong, der die gesammelten Erzählungen von Kim Yujong als Herausgeber betreute, die Kamelien die Blüten des gelben Stumpflappigen Fieberstrauches bezeichnen. Für die deutschsprachige Ausgabe habe ich mich dennoch an die Geläufigkeit des Originalausdrucks gehalten, weil im Deutschen der Gattungsname der Kamelien schlichtweg griffiger ist.

Dem „Korea Literature Translation Institute“ (KLTI) bin ich für die Übersetzungsförderung zu großem Dank verpflichtet. Insbesondere die vom KLTI erstellten Gutachten – sowohl in der Ausgangs- als auch in der Zielsprache – haben zu weiteren Verbesserungen dieser Übersetzung elementar beigetragen. Mein Dank gilt ebenso Herrn Dr. Holger Steidele, ohne dessen Engagement hinsichtlich der vorliegenden Übersetzung ich es mir sicher nicht vorgenommen hätte, die Werke von Kim Yujong ins Deutsche zu übertragen.

Yunhui Baek

Edition Delta

에디치온 델타 한국문학 시리즈

Koreanische Literatur

Einen der schönsten Titel für einen Gedichtband fand ich in der Edition Delta: *Als der Hahn im Dorf am Fluß krähte, hing der Mond noch im Dachgesims*. Poetisch und einprägsam.

Matthias Ulrich (Noxiana)

김유정 Kim Yujong

Kamelien

Erzählungen. Aus dem Koreanischen und mit einem Nachwort von Yunhui Baek. ISBN 978-3-927648-50-0

채만식 Chae Manshik

Ein Frühlingstag im Paradies

Roman. Aus dem Koreanischen und mit einem Nachwort von Yunhui Baek. ISBN 978-3-927648-47-0

마종기 Mah Chonggi

Augen aus Tau. Werkauswahl (1960-2010)

Gedichte. Aus dem Koreanischen und mit einem Nachwort von Gwi-Bun Schibel-Yang und Wolfgang Schibel. ISBN 978-3-927648-45-6

정영문 Jung Young Moon

Mondestrunken

Roman. Aus dem Koreanischen von Philipp Haas und Lee Byong-hun und mit einem Nachwort von Philipp Haas. ISBN 978-3-927648-43-2

신달자 Shin Dal Ja

Morgendämmerung. Werkauswahl (1989-2007)

Gedichte: Koreanisch (tw.) – Deutsch. Übersetzt und mit einem Nachwort von Sophia Tjonghi Seo. ISBN 978-3-927648-42-5

Edition Delta
에디치온 델타 한국문학 시리즈
Koreanische Literatur

황석영 Hwang Sok-Yong
UNKRAUT und andere Prosa
Erzählungen. Aus dem Koreanischen von Kang Seung-Hee, Oh Dong-Sik, Torsten Zaiak und Martin Tutsch. ISBN 978-3-927648-36-4

퇴계 Toegye (Lee Hwang/ Yi Hwang)
Als der Hahn im Dorf am Fluß krähte, hing der Mond noch im Dachgesims
Gedichte 1515-1570. Deutsche Fassungen von Tobias & Juana Burghardt auf der Grundlage der Vorarbeit von Doo-Hwan und Regine Choi und mit einem Nachwort von Tobias Burghardt. ISBN 978-3-927648-34-0

김선우 Kim Sun-Woo
Unter Pfirsichblüten eingeschlafen
Gedichte, zweisprachig: Koreanisch – Deutsch.
Übersetzt von Kang Seung-Hee und Kai Rohs. ISBN 978-3-927648-23-4

김훈 Kim Hoon
Schwertgesang
Roman. Aus dem Koreanischen von Heidi Kang und Sohyun Ahn.
ISBN 978-3-927648-22-7

박희진 Park Hijin
Himmelsnetz. Werkauswahl (1960-2003)
Gedichte: Koreanisch (tw.) – Deutsch. Übersetzt und mit einem Nachwort von Doo-Hwan und Regine Choi. ISBN 978-3-927648-21-0

시중 서점 구입 혹은 출판사로 직접 주문 가능.
In jeder guten Buchhandlung erhältlich oder direkt ab Verlag bestellen.